Ein X für ein U

Ein U-Boot-Krimi

Christoph Dien

Ein X für ein U

Ein U-Boot-Krimi

Ein Gesamtverzeichnis der lieferbaren Titel schicken wir Ihnen gerne zu.
Bitte senden Sie eine E-Mail mit Ihrer Adresse an:
vertrieb@koehler-mittler.de
Sie finden uns auch im Internet unter: www.koehler-mittler-shop.de

Bibliografische Information der Deutschen Nationalbibliothek
Die Deutsche Nationalbibliothek verzeichnet diese Publikation in der Deutschen Nationalbibliografie; detaillierte bibliografische Daten sind im Internet über https://portal.dnb.de abrufbar.

ISBN 978-3-8132-1126-9

Cover-Foto: picture alliance / YONHAPNEWS AGENCY | Yonhap
Lektorat: Annette Krüger
Druck und Bindung: Plump Druck & Medien GmbH,
Rolandsecker Weg 33, 53619 Rheinbreitbach
Gedruckt in Deutschland.

Inhalt

I.
Ein Tag leicht getrübter Freude

Es war einer dieser schönen, klaren Herbsttage an der Kieler Förde. Anderswo hätte man „goldener Oktober" gesagt, aber im Kieler Yacht-Club, dem Wilhelm II. einst den Titel „Kaiserlicher Yacht-Club" verliehen hatte, hieß es immer noch „Kaiserwetter": strahlender Sonnenschein, mittags fast zwanzig Grad und eine frische Brise, die selbst an diesem ganz normalen Donnerstag etliche Segler auf die Kieler Förde lockte.

Die Mitarbeiter des Kieler Yacht-Clubs hatten dafür allerdings jetzt keinen Blick. Sie waren damit beschäftigt, in der großen, mit dunkler Holzvertäfelung und Vitrinen voller Regatta-Pokale ausgestatteten Traditionsbar die Tafel für ein festliches Mittagessen vorzubereiten.

Gastgeber war Dr. Heino Laurenz Überall, Chef der Kieler Norddeutsche Werft AG, kurz NDW. Dort liebte man keine langen Worte, alle nannten ihn „Helü". Heute galt es, die Taufe des ersten für die Griechische Marine bestimmten Unterseeboots aus der neuen Baureihe U 311 zu feiern.

Hajo Meyer, Hoteldirektor im Kieler Yacht-Club, trieb seine Mitarbeiter an, die Ausrichtung der Gedecke und die Position der Stühle an den Längsseiten des Tisches noch einmal genauestens zu kontrollieren. An der schon vor Wochen übermittelten Gästeliste hatten sich in den letzten Tagen laufend Änderungen ergeben, stets mit der Folge umfangreicher Verschiebungen in der Tischordnung. Die letzte Änderung war Hajo Meyer erst am Morgen von Dr. Überalls Presse- und Protokollmitarbeiterin Inka Kohlweder mitgeteilt worden. Der griechische Verteidigungsminister Troianides hatte abgesagt. Prompt hatte sich auch der Parlamentarische Staatssekretär aus dem deutschen Verteidigungsministerium „krankheitshalber" entschuldigen lassen.

Höchstrangiger griechischer Taufgast war nun der Chef der griechischen Marine, Vizeadmiral Stephanos Papadopoulos. Mit ihm wurde Dr. Eleonore Dytis aus Athen erwartet, die als Taufpatin des neuen U-Bootes vorgesehen war. Es sollte nach ihrem verstorbenen Schwiegervater SM DYTIS heißen. Kapitän Apostolos Dytis war im Zweiten Weltkrieg U-Boot-Kommandant der Griechischen Marine und später deren Chef gewesen – einen würdigeren Namensgeber für das erste von Deutschen und Griechen gemeinsam geplante U-Boot hätte man kaum finden können.

Auf deutscher Seite vertrat der Inspekteur der Marine, Vizeadmiral Kornelius Glückauf, seine Streitkraft und zugleich das Bundesministerium der Verteidigung. Außerdem hatten der schleswig-holsteinische Ministerpräsident Dr. Lutz Detlefsen und der griechische Botschafter Professor Aristoteles Myrtis zugesagt.

Für Kiel und die Norddeutsche Werft war diese Bootstaufe ein Meilenstein. Das Programm U 311 stellte den Beginn einer ganz neuen technologischen Entwicklung dar. U-Boote müssen lange tauchen können, ohne Geräusche zu verursachen, die zu ihrer Entdeckung führen. Hierzu hatten die Ingenieure der Norddeutschen Werft einen U-Boot-Antrieb mit Brennstoffzelle entwickelt, um alle Bordsysteme ohne heiße Abgase und deutlich länger mit Energie zu versorgen als ein herkömmlicher Diesel-Motor.

Allerdings hatte sich die griechische Regierung bei ihrer Beschaffungsentscheidung nicht allein von der wegweisenden Technologie überzeugen lassen. Es bedurfte auch des guten Vorbildes des deutschen Verteidigungsministeriums, das sich schon Jahre zuvor für diese Art der Bordstromversorgung entschieden hatte.

Außerdem hatte die Norddeutsche Werft Anteile an der seinerzeit stark heruntergewirtschafteten Hellenic Dockyards S.A. (HDY) im Hafen von Piräus übernehmen müssen. Dies wiederum war mit einer Investitionszusage in dreistelliger Millionenhöhe einhergegangen, bevor die Griechen ihre Unterschrift unter den Beschaffungsvertrag für insgesamt vier Einheiten der neuen Bootsklasse gesetzt hatten. Maßgeblicher Verhandler des Vertragswerks war niemand anderes als Dr. Heino Laurenz Überall gewesen, damals noch einfaches Vorstandsmitglied der Norddeutschen Werft, nun ihr Chef.

Während Hajo Meyer die Halle des Kieler Yacht-Clubs mit dem großen, goldgerahmten Ölgemälde der kaiserlichen Yacht HOHENZOLLERN einer letzten Überprüfung unterzog, wurde ein roter Teppich zwischen der Eingangstür und dem Rezeptionstresen ausgerollt, neben dem einige Stufen in die Halle hochführten. Nachdem er seinen Rundgang mit zufriedener Miene abgeschlossen hatte, rief der Hoteldirektor seine Mitarbeiter zu einem letzten Einsatzgespräch zusammen.

Auf dem Werftgelände am anderen Fördeufer standen Chef „Helü“, Pressesprecherin Inka Kohlweder und Werftfotograf Ewald Fischmann erwartungsvoll auf der obersten Stufe zum Haupteingang des NDW-Verwaltungsgebäudes. Gleich um Punkt zehn sollte die minutiös geplante Taufzeremonie mit dem Eintreffen der Ehrengäste beginnen.

Inka Kohlweder, eine Mittdreißigerin mit brünetter Kurzhaarfrisur, hatte sich ins bewährte kleine Schwarze geworfen, darüber einen feuerroten Wollmantel.

Dr. Überall, ein graumelierter, auch jetzt im Herbst noch braungebrannter hochgewachsener Endfünfziger, hatte einen nachtblauen Zweireiher gewählt. Ein weißes Hemd, Werft-Manschettenknöpfe, heute natürlich mit U-Boot-Motiv, und eine dezent gestreifte blau-weiße Krawatte komplettierten den betont formellen Auftritt. Sein Gesicht mit der markanten Nase und den buschigen Augenbrauen zeigte Anspannung, denn vor ihm lag ein Tag unter seiner Regie, an dem nichts schiefgehen durfte.

Um fünf vor zehn bogen drei schwarze Mercedes-Limousinen auf das Werftgelände ein und kamen vor dem Verwaltungsgebäude zum Stehen. Als aus der mittleren Limousine ein uniformierter Beifahrer ausstieg, um Eleonore Dytis die Fondtür zu öffnen, eilte Dr. Überall die Stufen hinunter und begrüßte die Taufpatin mit einer tiefen Verbeugung. Währenddessen trat der griechische Marinechef Stephanos Papadopoulos hinzu, der neben ihr im Fond des Wagens gesessen hatte. Der protokollarisch ranghöchste Ehrengast war ein sehr schlanker, großer, weißhaariger Mann mit dickem Schnauzbart.

Dr. Überall begrüßte ihn wie einen vertrauten Freund:

„Willkommen zurück in Kiel, Herr Admiral!"

Aus den anderen Autos stiegen der Botschafter der Republik Hellas in Deutschland, Professor Aristoteles Myrtis, und der deutsche Inspekteur der Marine, Vizeadmiral Glückauf, mit seinem Adjutanten. Er stellte sich wie immer mit „Glückauf wie Schluckauf" vor, da er großen Wert darauf legte, im Gegensatz zum bekannten Ruhrgebietsgruß seinen Namen auf der ersten Silbe betont zu hören.

Nach den Begrüßungen bat Dr. Überall die Gäste, sich vor den Treppenstufen für ein Foto aufzustellen, zu seiner Rechten die Taufpatin und der Botschafter, zur Linken die beiden Marinechefs. Werftfotograf Fischmann ließ es sich nicht nehmen, zahlreiche Haltungsverbesserungen zu erbitten, bevor er mit dem Gesamtbild zufrieden war und gefühlt hundert Mal den Auslöser seiner Kamera betätigte.

Dann ging es mit dem Fahrstuhl in den obersten, fünften Stock des Gebäudes, wo im Besprechungsraum ein maritimes, sprich fischlastiges Empfangsbuffet aufgebaut war.

Hier warteten die wichtigsten Kieler Mitarbeiter des Programms U 311, Holger Gross und Thorsten Schnabel, sowie die Leiter der griechischen U-Boot-Bauüberwachung, Fregattenkapitän Evangelos Nautarakis und seine Stellvertreterin, Korvettenkapitänin Andrea Pamboulis. Die beiden waren von der Griechischen Marine gleich zu Beginn des Projekts nach Kiel entsandt worden, um jeden Schritt der Entstehung des neuen Bootes genau zu beobachten.

Als Admiral Papadopoulos mit den anderen Gästen und Dr. Überall im Gefolge den Raum betrat, begrüßte er seine Untergebenen mit einem seemännisch lauten *Kalimera, hetairoi*, „Seid gegrüßt, Kameraden!“, und stellte sie der Taufpatin als die wesentlichen Stützen der Griechischen Marine in Kiel vor. Er wirkte leutselig und gut aufgelegt, so als habe er sich wirklich auf diesen Tag gefreut. Zwar würde es bis zu den Probefahrten und der militärischen Indienststellung noch mehr als ein Jahr dauern, aber immerhin war bei der Taufzeremonie das Boot schon in einem weit fortgeschrittenen Fertigstellungsgrad zu besichtigen.

Indessen wandte sich Dr. Überall dem griechischen Botschafter und dem deutschem Marine-Inspekteur zu. Als guter Gastgeber betonte er gegenüber Professor Myrtis, welche Ehre es für die Werft sei, dass beide Repräsentanten des griechischen Staates an dieser Taufe teilnähmen. Es sei immerhin fast zehn Jahre her, dass er zusammen mit seinem damaligen Chef den Beschaffungs-, Erwerbs- und Kooperationsvertrag mit der griechischen Regierung unterschrieben habe. Seitdem habe die Norddeutsche Werft die griechische Neuerwerbung Hellenic Dockyards mit umfangreichen Investitionen teilweise sogar auf einen besseren Stand gebracht, als man ihn in Kiel habe.

„Verehrter Herr Dr. Überall“, sagte Botschafter Myrtis, der eine Mimik zwischen Anteilnahme und Amüsiertheit aufgesetzt hatte, „nicht dass wir uns um unseren heutigen Täufling noch Sorgen machen müssen, wenn Ihre Werft in einem so bemitleidenswerten Zustand ist!“

„So nun auch wieder nicht“, gab Dr. Überall gezwungen lachend zurück. „Immerhin haben wir den neuen Bootstyp von Grund auf neu konstruiert – eine außerordentliche Leistung unserer Ingenieure. Auf sie bin ich wirklich stolz.“

Er bedeutete seinen etwas verlegen in der Nähe stehenden Mitarbeitern, näher zu ihm und Botschafter Myrtis und Admiral Glückauf zu kommen, und stellte sie vor:

„Das hier ist der Leiter des gesamten Programms U 311, Herr Holger Gross. Er hat bereits andere große Exportaufträge abgewickelt, etwa mit Norwegen. Und Herr Thorsten Schnabel ist der

Kopf unserer technischen Projekttruppe. Beide werden Ihnen sicher gern von den Herausforderungen der U-311-Entwicklung erzählen."

Damit überließ er sie ihrem Smalltalk-Schicksal, denn er hatte nun der Taufpatin, die etwas beunruhigt wirkte, ihre Rolle bei der Zeremonie zu erläutern.

„Sehen Sie, Frau Dr. Dytis, es ist eigentlich ganz einfach. Auf der vor dem Boot aufgebauten Taufkanzel steht ein Pult, über das ein Seil führt. Es ist mit der Flasche verbunden, die Sie nach Aufsagen des Taufspruchs am Rumpf des U-Bootes zerschellen lassen werden. Sie durchtrennen es mit einem beilartigen Werkzeug, das wir Dexel nennen. Je weniger Hiebe Sie mit diesem Ding ausführen müssen, umso mehr Glück soll es dem Boot bringen."

Dr. Eleonore Dytis blickte immer noch etwas besorgt.

„Ich bin schon über achtzig und möglicherweise nicht allzu geschickt", sagte sie.

„Es wird schon alles gut gehen", versicherte Dr. Überall. „Nach Durchtrennen des Seils schwingt die Flasche an den Rumpf und alle Zuschauer werden Ihnen applaudieren und dreimal ‚Hipp-Hipp-Hurra' rufen. Dann erklingen die beiden Nationalhymnen und schon ist die Zeremonie zu Ende."

Dr. Überall lächelte ihr nur nochmals ermutigend zu und wandte sich dann zum griechischen Marinechef Papadopoulos.

„Herr Admiral, wie wir ja beide wissen, ist dies beileibe nicht Ihr erster Besuch auf unserer Werft. Der letzte muss vor rund acht Jahren gewesen sein, als Sie Chef der griechischen U-Boot-Flottille waren. Ich erinnere mich noch gut daran."

„Ja, Sie haben Recht", sagte Papadopoulos, „aber anders als heute, wo wir den herrlichen Blick auf die Förde genießen können, war das Wetter vor acht Jahren entsetzlich." Der Marinechef verzog das Gesicht zu einer Grimasse. Was war denn damals los?, versuchte sich Dr. Überall zu erinnern, während er den Admiral aufforderte, sich am Buffet zu bedienen. Irgendwie musste er dem Gespräch wieder eine heitere Wendung geben.

„Herr Admiral“, sagte er, „lassen Sie es mich so ausdrücken: Das heutige Wetter ist hell und sonnig wie hoffentlich auch die Zukunft unserer U-Boot-Zusammenarbeit! Wir freuen uns auf weitere gemeinsame Taufzeremonien, dann hoffentlich in Ihrem heimatlichen Hafen Piräus!“

Beim Reden schoss ihm durch den Kopf, was für ein nichtssagendes Vertriebler-Gewäsch er hier eigentlich losließ. Ein bisschen schämte er sich auch vor der ihm recht intellektuell erscheinenden Taufpatin. Andererseits war so ein Tag nun mal dazu da, gute Stimmung zwischen Kunden und Werft zu produzieren.

Immerhin hatte sich die Miene von Admiral Papadopulos wieder normalisiert.

Die letzten Monate waren für die Werftmannschaft recht anstrengend gewesen. Denn der Chef der Bauaufsicht, Fregattenkapitän – in der Rangordnung der Griechischen Marine „Commander“ – Evangelos Nautarakis, ein in Deutschland aufgewachsener und mit deutschem Schiffbaustudium ausgerüsteter Fachmann, hatte sich bei Sachfragen als sehr detailfreudig, bisweilen sogar pedantisch erwiesen.

Dr. Überall bezog ihn nun bewusst in das Gespräch ein:

„Kapitän Nautarakis, bei Ihnen möchte ich mich für die gute Kooperation, aber auch für Ihren kritischen und fachmännischen Blick auf den Bauprozess bedanken. Sie haben meinen Leuten das Leben nicht immer leichtgemacht. Aber nur durch gegenseitige Herausforderung wird man besser. So jedenfalls sehe ich unsere Zusammenarbeit, nämlich als herausforderndes Teamwork.“

„Herr Dr. Überall“, antwortete Nautarakis artig, „auch für mich und unsere kleine Bauaufsichtstruppe ist dieser Tag ein wichtiger und erfreulicher Zwischenschritt auf dem Weg zur Vollendung dieses ersten, wegweisenden Bootes. Ein solches ‚First-of-class‘-Abenteuer schafft immer besondere Herausforderungen, auf allen beteiligten Seiten. Insofern kann ich den Dank nur an Ihr Team zurückgeben.“ Inka Kohlweder klatschte nun in die Hände und forderte die Anwesenden auf, sich auf den Weg zur Taufzeremonie zu begeben. „Helü“ wurde etwas nervös. Es war schon viertel vor elf und immer noch fehlten Ministerpräsident Detlefsen und der Vorsitzende des NDW-Aufsichtsrats, Dr. Alexander Geldmacher. Hatten sie etwa auch „krankheitshalber“ abgesagt?

In diesem Moment kamen beide mit wehendem Mantel herein. Eilig machte Dr. Überall sie mit den anderen Ehrengästen bekannt und drängte dann selbst zum Aufbruch.

Am Platz für die Taufzeremonie direkt am Fördeufer war alles vorbereitet. Auf dem Shiplift, einer bis auf Wasserebene absenkbaren Plattform, lag das U-Boot mit seinen fast siebzig Metern Länge und seinem Durchmesser von mehr als sechs Metern. Bug und Rumpf waren geschmückt mit einer überdimensionalen griechischen Nationalflagge und Girlanden aus Tannengrün. Neben dem Shiplift befand sich eine Tribüne mit sechs Sitzreihen, auf der bereits Gäste Platz genommen hatten. Vor der Tribüne stand das Rednerpult. Daneben hatten eine Abordnung des Marinemusikkorps Kiel und die etwa dreißig Mann starke Besatzung des U-Bootes mit ihrem Kommandanten Aufstellung genommen.

Dr. Überall geleitete Taufpatin, Ministerpräsident und Botschafter zu den in der ersten Tribünenreihe für sie reservierten Plätzen und nahm selbst neben der Taufpatin Platz.

Um Punkt elf Uhr trat Inka Kohlweder ans Rednerpult und kündigte den ersten Programmpunkt an. Während das Musikkorps den Präsentiermarsch der I. Matrosendivision von Prinz Heinrich von Preußen spielte, schritten die Marinechefs nebeneinander die angetretene Formation der U-Boot-Besatzung ab. Dann nahmen auch sie ihre Plätze in der ersten Sitzreihe ein, um der Rede des Gastgebers und Werftchefs zu lauschen.

„Schiffstaufen sind immer ganz besondere Momente, in denen einem Stück Materie, wie Sie es hier vor uns sehen können“ – Dr. Überall deutete auf das hinter ihm liegende U-Boot –, „gleichsam eine Seele eingehaucht wird. Schiffe sind nach herkömmlicher Vorstellung so etwas wie Persönlichkeiten. Verehrte griechische Gäste, schon Ihre Vorfahren, die Griechen der Antike, haben ihren Schiffen durch die Taufe einen besonderen Segen der Götter verschaffen wollen. Erst danach wurden sie dem für sie bestimmten Element übergeben."

Mit leichtem Bedauern verzichtete Dr. Überall auf weitere philosophische Rede-Ausschmückungen, wie er sie so liebte, und würdigte nun die Taufpatin als Schwiegertochter des Bootsnamensgebers. Neben der Griechischen Marine und ihrem Bauaufsichtsteam sprach er auch den Mitarbeitern der Norddeutschen Werft seinen Dank aus. Er wartete ab, bis hierfür gebührend Beifall gespendet worden war, und wünschte dann der Crew des neuen Bootes allzeit gute Fahrt.

Die Reden des deutschen Marine-Inspekteurs Glückauf und seines griechischen Amtskollegen Papadopoulos folgten diesem Schema. Nur die Musikstücke unterschieden sich: erst „Anchors Aweigh", dann „Alexis Sorbas". Man sprach von einem besonderen Tag der Freude, gratulierte sich gegenseitig zu dem neuen, wegweisenden Bootstyp, den nun die Griechische Marine als erste der Welt nutzen würde, und richtete Grüße der jeweiligen Minister aus. Marine-Inspekteur Glückauf wünschte der Crew kameradschaftlichen Zusammenhalt auch in stürmischen Zeiten und illustrierte dies schmunzelnd mit der autobiografischen Anekdote einer Überwasserfahrt, bei der sich das alte U 306 alpha bei Sturm heftig auf die Seite gelegt hatte. Nur ein energischer Aufruf zur Disziplin durch den Kommandanten und die verschworene Gemeinschaft an Bord hätten ihn als seekranken Kadetten bei der Stange – und somit der Marine – gehalten. Admiral Papadopoulos fiel durch den unbewegten Gesichtsausdruck auf, mit dem er abschließend sagte: „Möge dieser Tag ein glücklicher Auftakt für Sie alle im Umgang mit diesem Boot sein und möge der weitere Weg bis zu seiner Indienststellung ein kurzer und reibungsloser sein!"

Nach der Melodie von „Muss i denn zum Städtele hinaus“ trat mit etwas mühsamen Schritten die Taufpatin ans Rednerpult. An ihrem guten Deutsch war zu merken, dass sie an der Seite ihres verstorbenen Ehemanns, eines deutsch-griechischen Rechtsprofessors, lange in Deutschland gelebt hatte.

Allerdings, wie die alte Dame da stand, ganz in Schwarz, mit schneeweißem schulterlangem Haar, nahezu kreideweißem Gesicht und einer auffälligen schwarz gerahmten Brille, wirkte sie auf Dr. Überall fast ein wenig unheimlich. Unwillkürlich kam ihm Pythia, die Wahrsagerin aus dem Orakel von Delphi, in den Sinn. Vielleicht hätte er bei seiner Redevorbereitung nicht so viel über die alten Griechen lesen sollen. Immerhin würde es hier anders als in Delphi wohl keine aufsteigenden Gase geben, die Dr. Eleonore Dytis in Trance versetzen könnten.

Er versuchte sich wieder auf ihre Rede zu konzentrieren.

„… mir niemals träumen lassen, dass ich einmal in Kiel ein Unterseeboot zu taufen hätte“, sagte die Taufpatin mit leiser, aber fester Stimme. „Nein, die Ehre gebührt in erster Linie meinem Schwiegervater, Kapitän Apostolos Dytis. Er wäre stolz gewesen, Namensgeber dieses neuen Bootes zu sein. Lassen Sie mich der Crew Worte mit auf den Weg geben, die ich unserem antiken Geschichtsschreiber Herodot entlehnt habe: *Lasset nichts unversucht, denn nichts geschieht von selbst, sondern alles pflegt vom Menschen her zu geschehen.* Und: *Die Herrschaft ist ein schlüpfriges Ding.* Darum gilt: *Der Erfolg bietet sich meist denen, die kühn handeln, nicht denen, die alles wägen und nichts wagen wollen.* Damit nun auf zur Tat!“

Dr. Überall bot der Taufpatin seinen Arm, um sie noch während des Applauses zu der um einige Stufen erhöhten Taufkanzel zu geleiten.

Die vor dem Boot aufgebaute Gerüstplattform war ebenfalls mit Tannenzweigen und mit einer Banderole in den schleswig-holsteinischen Landesfarben blau-weiß-rot dekoriert. Über ein Pult verlief die dünne Leine, deren Durchtrennen nach einem vielfach erprobten Mechanismus eine Magnum-Champagner-Flasche am Rumpf des Bootes zerschellen lassen würde.

Beide Marinechefs schauten besorgt zu, wie sich die zartgliedrige Dr. Eleonore Dytis vom Werftchef in die Handhabung des beilähnlichen Dexels einweisen ließ und dann von einem Zettel ablesend ins Mikrofon sprach:

„Ich taufe dich auf den Namen SM DYTIS und wünsche dir und deiner Crew allzeit gute Fahrt!"

Bei dem letzten Wort ergriff sie den Dexel und ließ ihn – offenbar zu einer Ein-Hub-Strategie entschlossen – aus größerer Höhe kraftvoll auf das Seil niedergehen. Es zerteilte sich sofort und die Flasche schwang in Richtung Rumpf, wo sie effektvoll zerschellte. Am Turm des Bootes wurde gleichzeitig ein Holzschild mit dem Namen SM DYTIS enthüllt.

Dr. Überall und die Marinechefs stimmten in den aufbrandenden Beifall und das dreifache „Hipp-Hipp-Hurra" ein und gratulierten Dr. Eleonore Dytis zu dem denkwürdigen, mit nur einem Dexelschlag vollendeten Taufakt. Nachdem die Nationalhymnen erklungen waren, bat Inka Kohlweder alle Gäste zum Empfang in das neben der Tribüne aufgebaute Festzelt.

Dr. Überall geleitete die Taufpatin die Kanzelstufen hinunter, wo sie sich mit allen Ehrengästen noch einmal zum Gruppenfoto aufstellten.

Wie immer bei solchen Anlässen war er froh, dass bis hierhin alles gut gegangen war. Was hatte er nicht schon für Überraschungen erlebt. Ein Ausfall der Mikrofonanlage war noch harmlos. Es hatte auch genau in dem Moment, als die Zeremonie auf der Taufkanzel anstand, einen Wolkenbruch gegeben oder der Dexel war so stumpf, dass er partout das Seil nicht zerteilen wollte – ein Grund böser Vorahnungen.

Während des Geklickes der Fotokamera kam Dr. Überall das von Eleonore Dytis gewählte Herodot-Zitat in den Sinn: *Lasset nichts unversucht, denn nichts geschieht von selbst, sondern alles pflegt vom Menschen her zu geschehen.*

Auf dem Parkplatz des Kieler Yacht-Clubs wartete bereits Hoteldirektor Hajo Meyer, um die zum Festessen geladenen Ehrengäste sowie die NDW-Spitze in Gestalt der Herren Geldmacher und Dr. Überall, das Bauteam und den Bootskommandanten zu begrüßen. Auf der Treppe zur Eingangshalle imponierte den griechischen Gästen besonders das überdimensionale Gemälde mit der Kaiseryacht HOHENZOLLERN. Hoteldirektor Meyer nahm dies zum Anlass, ihnen die Geschichte des ehrwürdigen, 1887 gegründeten Yacht-Clubs zu erläutern, in der Kaiser Wilhelm II. eine so besondere Rolle gespielt hatte.

Währenddessen wurde ein Aperitif gereicht. Nachdem sie sich schon beim Empfang im Festzelt mit dem Sekt zurückgehalten hatte, lehnte Dr. Eleonora Dytis dieses Mal Alkohol ganz ab.

„Geben Sie mir einfach nur ein Glas Wasser", bat sie, „ich fühle mich ein bisschen schwindelig."

„Brauchen Sie vielleicht etwas Ruhe?", erkundigte sich Dr. Überall besorgt.

„Nein danke, alles in Ordnung, ich würde mich nur gern hinsetzen", erwiderte die alte Dame.

Dr. Überall gab Inka Kohlweder einen Wink, die Gäste schon zur Tafel zu geleiten. Gemäß der Tischordnung wurde die Taufpatin mit dem Blick auf die Förde genau in der Mitte, zwischen Dr. Überall zu ihrer Linken und dem Ministerpräsidenten zu ihrer Rechten, platziert. Ihr gegenüber saßen Marinechef Papadopoulos und Botschafter Myrtis, umrahmt von Dr. Geldmacher und Inka Kohlweder.

Dr. Eleonora Dytis' Gesicht wirkte noch bleicher als während der Zeremonie, sodass Inka Kohlweder ihr anbot, schon einen Tee oder Kaffee zu bestellen.

„Nein danke", sagte die Taufpatin mit matter Stimme, „vermutlich sind es nur die Aufregung und die Anstrengung. Wenn ich etwas esse, wird es besser werden."

Inka Kohlweder wies einen Ober an, schnell den ersten Gang, eine Kraftbrühe, auftragen zu lassen. Die Taufpatin schien danach wieder etwas aufzuleben und ließ sich von Ministerpräsident Detlefsen in Smalltalk über lang vergangene Ostsee-Urlaubstage in Timmendorfer Strand verwickeln.

Nach der Suppe erhob sich der Ministerpräsident für seine Rede. Er begann mit einem Hinweis auf Schleswig-Holsteins dynastische Verbindung zu Griechenland. Bei dieser Anspielung auf die Abstammung des letzten griechischen Königs Georgios II. huschte ein Lächeln über das immer noch kreideweiße Gesicht der Taufpatin.

„Ich freue mich", sagte Dr. Lutz Detlefsen, „dass über die Beziehung zwischen Kiel und der Griechischen Marine diese Verbindung nunmehr mit neuem Leben erfüllt wird."

Er proklamierte den schleswig-holsteinischen Wahlspruch *Up ewig ungedeelt* als passendes Motto für die Beziehung der NDW-Standorte Kiel und Piräus und erhob dann sein Weinglas mit den Worten: „Auf die deutsch-griechische Freundschaft!"

Nun signalisierte auch Dr. Überall die Absicht, einige Worte zu sagen. Mit einem Blick auf den hinter ihm stehenden Beistelltisch versicherte er sich, dass dort alles Nötige lag.

In seiner Rede dankte er Dr. Eleonore Dytis für ihren beherzten Dexelschlag. Dann überreichte er ihr als traditionelles Erinnerungsstück das Werkzeug, mit dem sie das Seil zertrennt hatte, und den Kopf der zerborstenen Champagnerflasche. Die Gegenstände hatten helfende Hände inzwischen auf kleinen Mahagonipaneelen mit erläuternden Messingschildchen befestigt.

Die Taufpatin nickte dankend.

„Darüber hinaus", fuhr Dr. Überall fort, „ist es guter Brauch, der Patin ein Geschenk zu machen, das einem von ihr gewählten wohltätigen Zweck dient. Frau Dr. Dytis hat sich eine Spende an das Veteranenhilfswerk der Griechischen Marine gewünscht, dessen Präsident ihr Schwiegervater lange gewesen ist. Dies ist uns eine besondere Freude, sodass ich Sie, verehrte Taufpatin, nun bitten möchte, sich für die feierliche Scheckübergabe zu erheben."

Dr. Eleonore Dytis stand etwas mühsam von ihrem Stuhl auf.

Der NDW-Chef bot ihr erneut seinen Arm, um sie zur Stirnwand des Raumes zu führen, wo man für die Scheckübergabe samt obligatorischem Beweisfoto Aufstellung nahm. Inka Kohlweder, einen überdimensionalen Demo-Scheck unterm Arm, folgte mit Fotograf Fischmann.

Als Dr. Überall eben den Scheck in die Kamera halten wollte, bemerkte er auf einmal, wie das Gewicht an seinem rechten Arm schwerer wurde. Die Taufpatin begann zu schwanken und sank zu Boden. Obwohl er alles versuchte, die an seinem Arm hängende zierliche Person aufzufangen, gelang es ihm nicht. Lediglich einen abrupten Fall konnte er gerade noch verhindern.

Urplötzlich veränderte sich die Lage im Raum völlig. Alle am Tisch sprangen alarmiert auf. Evangelos Nautarakis versuchte zusammen mit Dr. Überall die Taufpatin wieder aufzurichten – vergeblich. Sie hatte einen entrückten, nicht mehr fixierten Blick, war also wohl ohnmächtig.

Der Ministerpräsident kniete sich neben sie. Er war vor seiner politischen Laufbahn Labormediziner gewesen und übernahm nun das Kommando, rief, man solle den Notarzt holen, den im Hotel vorhandenen Defibrillator herbeibringen und erst einmal nur das tun, was er sage. Dann drehte er die Ohnmächtige vorsichtig auf den Rücken und fühlte den Puls. Als er die Atmung kontrollierte, schien er zu zweifeln und begann sofort in geübter Form mit einer Herzdruckmassage und Mund-zu-Mund-Beatmung.

Noch während man ein Martinshorn näherkommen hörte, schien die Taufpatin das Bewusstsein wiederzuerlangen.

Dr. Überalls Erleichterung war riesig. Unausdenkbar, was es für das Vorhaben der neuen Bootsklasse und die Zusammenarbeit mit den Griechen bedeutet hätte, wenn hier Schlimmeres passiert wäre.

Kurz darauf trafen der Notarzt und zwei Rettungssanitäter mit Trage und Aluminiumkoffern voller medizinischer Geräte ein. Der Ministerpräsident, in diesem Moment ganz Mediziner, machte dem Kollegen Meldung über die durchgeführten Maßnahmen und den Zustand der Patientin, die nun, ihren Kopf auf Commander Nautarakis' Uniformjacke gebettet, Notarzt und Ministerpräsident anblickte.

„Was ist passiert?", fragte sie mit schwacher Stimme.

„Liebe Frau Dr. Dytis", erklärte ihr Ministerpräsident Detlefsen, „Sie hatten einen Schwächeanfall, aber wir haben alles unter Kontrolle. Wir haben Sie stabilisiert und nun ist ein Arzt hier, der sich um Sie kümmern wird."

Nachdem die Taufpatin, begleitet von Inka Kohlweder, zur Beobachtung ins Krankenhaus abtransportiert worden war, musste die Veranstaltung dennoch irgendwie weitergehen. Dr. Überall bat den griechischen Botschafter Professor Myrtis, anstelle von Dr. Eleonore Dytis die kurze Erwiderung zu übernehmen, die im Programm nach dem Hauptgang vorgesehen war.

Alle setzten sich wieder auf ihre Plätze.

Seezungenfilet mit Blattspinat und Rosmarin-Drillingen wurde aufgetragen, doch niemand widmete dieser köstlichen Spezialität des Kieler Yacht-Clubs auch nur eine Bemerkung. Alle Gespräche bei Tisch drehten sich immer noch um den Schwächeanfall der Hauptperson.

Nach dem Hauptgang erhob sich Botschafter Myrtis für seine Rede. „Lieber Herr Dr. Überall, sehr geehrter Herr Ministerpräsident, meine Herren Admirale, hoch geschätzte Gäste dieses denkwürdigen ..."

Dr. Überall hob die Hand, um zu unterbrechen.

„Gute Nachrichten! Gerade bekam ich per SMS die Information, dass die Ärzte in der Uniklinik nichts Ernstes bei unserer Taufpatin festgestellt haben. Sie war dehydriert und wird nun heute Nachmittag noch aufgepäppelt und beobachtet. Also Entwarnung!"

„Großartig, dies gerade jetzt zu hören", sagte Professor Myrtis. „Lassen Sie mich als Germanist aus Schillers ‚Ring des Polykrates' die berühmten Zeilen zitieren: *Noch keinen sah ich fröhlich enden, auf den mit immer vollen Händen die Götter ihre Gaben streun.* Lieber Herr Dr. Überall, bisher haben Sie und Ihre Mannschaft alles mit Bravour erledigt. Heute stand dieses höchst beachtliche neue Boot vor unseren Augen und wir glaubten, einen Tag der ungetrübten Freude miteinander zu erleben. Doch ungetrübte Freude gibt es eben nicht und so mussten wir mit dem heutigen Zwischenfall den Göttern unseren Tribut zollen. Ich wünschte, dieser kleine, ich möchte sagen milde Tribut möge das einzige Opfer gewesen sein, welches zu einem ansonsten glücklichen Ausgang dieses gemeinsamen Vorhabens zu bringen war."

Der Botschafter ließ weitere warme Worte über die SM DYTIS als Symbol der Verbundenheit von Griechenland, Deutschland, Schleswig-Holstein, der Norddeutschen Werft, der griechischen Marine, Kiel und Piräus folgen, und die Tischrunde spendete großzügig Beifall für seine gekonnt improvisierte Rede.

Nach dem Dessert – geeistes Lübecker Marzipan mit Roter Grütze – meldete sich letztmalig Dr. Überall zu Wort.

„Wenn ich richtig erinnere, geht es im ‚Ring des Polykrates' am Ende darum, dass die Götter das Opfer, das man ihnen bringen will, nicht annehmen. Wenn wir, oder besser unsere Taufpatin, heute schon ein Opfer bringen mussten, dann sollte es die Götter zumindest so gnädig stimmen, dass sie dem weiteren Weg der SM DYTIS bis zu ihrer Ablieferung bei Ihnen, Herr Admiral" – er blickte zu Marinechef Papadopoulos und erhob sein Glas –, „einen guten oder, wie ich hoffe, idealen Verlauf gönnen. Auf gutes Gelingen und natürlich auf die Griechische Marine!"

Während er das Glas ansetzte, prostete ihm der Admiral zu.

Dr. Überall hatte den Eindruck, dass auch Papadopoulos gern noch etwas gesagt hätte, aber nun näherte sich die Veranstaltung ihrem Ende. Nachdem er den Ehrengästen noch je ein Modell-U-Boot und einen NDW-Bildband mit der SM DYTIS auf dem Cover überreicht und sie verabschiedet hatte, wies er seinen Fahrer Frido Hansen an, ihn schnell zur Klinik zu fahren.

Während er im Fond seines Audi A8 saß, fühlte Dr. Überall wieder die große Erleichterung, dass die Sache so glimpflich ausgegangen war. In ihm lief die dramatische Phase des Essens noch einmal wie ein Film ab.

Er überlegte, was passiert wäre, wenn der Notarzt nur noch den Tod der Taufpatin hätte feststellen können. Welche diplomatischen Verwicklungen es gegeben hätte, welche Verdächtigungen man gegen den Kieler Yacht-Club ausgestreut hätte, welche Ermittlungen hätten angestellt werden müssen.

Auch die SM DYTIS ging ihm durch den Kopf. Für die Norddeutsche Werft war eine solche neue U-Boot-Serie ein Generationenprojekt. Boote dieses Typs würden sich über die nächsten Jahrzehnte verkaufen müssen.

Er dachte zurück an die Vertragsunterzeichnung mit den Griechen vor fast zehn Jahren. Langsam senkten sich seine Augenlider und er fiel in einen erholsamen Kurzschlaf.

II.
Commander Nautarakis im Ministerium

An einem sonnigen Mittwochmorgen im September des folgenden Jahres saß Fregattenkapitän Evangelos Nautarakis in seinem Büro mit Blick auf die Kieler Förde und beobachtete wie fast jeden Tag um kurz nach zehn das Anlegen der großen Color-Line-Fähre aus Oslo. Viele Passagiere standen auch heute an Deck, um das Anlegemanöver mitzubekommen.

Jedes Mal nahm sich Evangelos Nautarakis bei diesem Anblick vor, die Überfahrt endlich selbst einmal zu machen. Bisher war es dazu aus unerfindlichen Gründen nicht gekommen.

Darüber wunderte er sich umso mehr, als er nun schon über vier Jahre in diesem Büro seinen Dienst versah, was ihm manchmal unglaublich vorkam. Von ihm als Fregattenkapitän der Griechischen Marine würde man eigentlich erwarten, dass er ein größeres Marineschiff wie die HYDRA oder die SALAMIS durch die Ägäis manövrierte. Stattdessen hockte er in seiner üblichen Kieler Bürouniform – Jeans, kariertes Hemd und Sneakers – an seinem Schreibtisch in einem kleinen Büroraum auf der Norddeutschen Werft. Vor sich zwei Computer, einen von der Werft zur Verfügung gestellten PC und einen Laptop der Griechischen Marine mit der einschlägigen Sicherheitssoftware der griechischen Streitkräfte.

Aber Evangelos Nautarakis haderte nicht mit seinem Schicksal. Sein Karriereweg in der griechischen Marine, auf Griechisch *Polemiko Naftiko*, Kriegsflotte, hatte ihn bisher durchaus begünstigt.

Dabei hatte sich positiv ausgewirkt, dass er als Sohn eines in den Sechzigerjahren aus Kreta nach Deutschland ausgewanderten Gastwirts in Düsseldorf aufgewachsen und zur Schule gegangen war. Nach dem Abitur wurde er zur Griechischen Marine eingezogen. Eigentlich wollte er nur den Grundwehrdienst ableisten und dann in Deutschland ein Ingenieurstudium beginnen, doch zufällig wurde er der griechischen U-Boot-Flotte zugeteilt. Schnell entwickelte er eine Faszination für die Technologie der hochkomplexen Unterwasserfahrzeuge und ließ sich überreden, per Verpflichtung bei der Marine ein Schiffbaustudium in Hamburg zu absolvieren, das ihm der griechische Staat finanzierte.

Seine neue Kapitänsuniform hing auf einem Bügel an seinem Büroschrank. Er war jetzt dreiundvierzig Jahre alt und hatte sich eingestehen müssen, dass er mit seinen ein Meter achtzig zwar groß, aber nicht mehr schlank zu nennen war und allmählich die gastronomisch geprägte Figur seines Vaters annahm. Er versuchte, durch regelmäßiges Jogging entlang der Förde dagegen anzuarbeiten, leider bisher ohne Erfolg. Dies hatte es notwendig gemacht, vor etwa sechs Monaten zwei neue Ausgeh-Uniformen anzuschaffen. Die eine hing hier im Büro und die andere, an der er auch seine noch nicht allzu breite Ordensspange angebracht hatte, bei seinen Verwandten nahe Athen, wo er bei dortigen Dienstaufenthalten übernachtete.

Onkel Ioannis und Tante Fanni betrieben ein Hotel mit Restaurant auf der für ihre schönen Sonnenuntergänge bekannten Halbinsel Kap Sounion. Für Evangelos Nautarakis war der Aufenthalt dort schon als junger Marineoffizier immer ein besonderes Erlebnis gewesen. Der unvergleichliche Blick über das Meer ließ in ihm stets das Gefühl aufkommen, mit seiner Verpflichtung bei der Marine genau das Richtige getan zu haben. Diesen Anblick konnten der Rhein in Düsseldorf-Kaiserswerth oder die Kieler Förde nicht ersetzen.

Das hatte wohl mit seinen griechischen Wurzeln zu tun.

Am nächsten Tag stand für Evangelos Nautarakis wieder eine Dienstreise an. Der Chef der griechischen U-Boot-Flottille, Commodore Theodoros Lapis, hatte ihn für Freitag ins Hauptquartier der Griechischen Marine im Ministerium für Nationale Verteidigung in Athen beordert.

Die Fahrt mit seinem alten Mercedes nach Hamburg-Fuhlsbüttel und der Flug verliefen problemlos. Nach der Ankunft am Athener Flughafen Venizelos fuhr ihn Dimitrios Malenos, ein befreundeter Taxifahrer, zum Vorzugspreis die gut sechzig Kilometer nach Kap Sounion.

Dort kam Evangelos Nautarakis abends um sieben an. Tante Fanni begrüßte ihn wie jedes Mal mit einer Umarmung, während der in der Küche beschäftigte Onkel Ioannis nur von weitem *Kalimera* rief.

Evangelos Nautarakis freute sich, noch die letzten Minuten des Sonnenuntergangs mitzubekommen, der wie immer die griechische Seele in ihm ansprach.

Das ist eben doch etwas anderes als der Sonnenuntergang an der Förde oder am Rhein, dachte er wieder einmal, ohne genau zu wissen, warum er das eigentlich so empfand.

Vielleicht hing es auch mit dem Glas kretischen Weißweins zusammen, das seine Tante ihm in die Hand gedrückt hatte. Sie wusste genau, dass ihr Neffe im Angesicht des Sonnenuntergangs seine griechischen Momente hatte. Da die Familie Nautarakis ursprünglich aus Kreta stammte, hoffte sie, dass der Wein das Bewusstsein für seine griechischen Wurzeln noch verstärkte.

Nachdem die Sonne verschwunden war, begann Evangelos Nautarakis an den morgigen Tag zu denken. Er würde Commodore Lapis um neun Uhr in dessen Büro treffen. Auf keinen Fall durfte er zu spät kommen. Sein Vorgesetzter war ein sehr ehrgeiziger Offizier, dessen Karriere sicher noch nicht am erstrebten Ziel angelangt war. Ihm eilte der Ruf besonderer Ansprüche an seine Mitarbeiter voraus, dazu der Ruf absoluter Pünktlichkeit. Auf der Position als Kommandeur der U-Boot-Flottille der Griechischen Marine war er erst seit drei Monaten. Evangelos Nautarakis würde nun sein zweites Einzelgespräch bei ihm haben.

Das erste Gespräch war vor etwas mehr als zwei Monaten in kühler Atmosphäre vonstattengegangen. Commodore Lapis hatte wissen wollen, wie die Tests des ersten in Kiel gebauten U-Boots der neuen Klasse U 311 verlaufen waren, und er hatte auffallend intensiv nach möglichen Mängeln gefragt, obwohl doch alle Eindrücke von den ersten Testfahrten, die an die Griechische Marine weitergegeben worden waren, positiv ausgefallen waren.

Insgesamt hatte Evangelos Nautarakis sich bei diesem ersten Gespräch nicht recht wohlgefühlt. Umso sorgfältiger hatte er sich nun auf das zweite Gespräch vorbereitet und verschiedene Unterlagen eingepackt, um bei Bedarf konkrete Testdaten erläutern und fachlich einordnen zu können.

Nachdem Tante Fanni ihm den Schlüssel gegeben hatte, ging er in sein Hotelzimmer, wo wie immer sein „kleines Sturmgepäck" bereitstand: eine Reisetasche mit frischer Wäsche und soldatisch sparsamen Übernachtungsutensilien. Am Schrank hing seine zweite Uniform, die mit den Orden.

Um seine heile Ankunft zu melden, rief er seine Frau Anke in Kiel an. Sie hatten sich schon während der Kaiserswerther Schulzeit in Düsseldorf kennengelernt und waren, wie es für Soldatenfamilien typisch ist, mehrfach gemeinsam umgezogen. In Griechenland hatten sie im Raum Athen gewohnt, nun lebten sie seit gut vier Jahren wieder in Deutschland, an der Kieler Förde.

Evangelos Nautarakis erkundigte sich nach dem Schultag ihrer Kinder Georgi und Alici, war aber mit seinen Gedanken mehr bei seiner Vorbereitung auf den nächsten Tag.

Während er telefonierte, klopfte Tante Fanni an, um zu signalisieren, dass das Essen fertig sei. Er verabschiedete sich von Anke mit Gute-Nacht-Grüßen an die Kinder und ging einen Stock tiefer in den Speiseraum des Hotels, wo ein Drei-Gänge-Menü für ihn aufgetischt war.

Tante Fanni setzte sich gleich zu ihm.

„Warum bist du denn dieses Mal nach Athen gekommen?", fragte sie.

„Du weißt ja, dass ich in Kiel bin, weil ich dort den Bau des ersten für unsere Marine bestimmten U-Bootes der Klasse 311 überwache", antwortete Evangelos. „Das Boot kommt jetzt in die

Erprobung – kleinere und größere Testfahrten, alle unter der Regie der Werft. Wir sind sozusagen nur als Gäste dabei, die Fragen stellen und ihre eigenen Beobachtungen machen und festhalten. Bei offiziellen Statusgesprächen können wir dann aufgetretene Mängel ansprechen. Manchmal sind das Dinge, die sofort für alle Beteiligten offensichtlich sind, manchmal ist es weniger eindeutig. Diese Dinge müssen von der Werft zufriedenstellend beantwortet werden. Über die bisherigen Beobachtungen und die Position unseres Ministeriums will mein Chef mit mir reden."

„Die Deutschen sind doch Spitzeningenieure", meinte Tante Fanni, „kannst du dir vorstellen, dass da etwas nicht funktioniert?" „Die deutschen Schiffbauer sind schon gut, das weiß ich ja aus dem Studium", sagte Evangelos. „Aber ein U-Boot ist eines der komplexesten technischen Erzeugnisse, das man sich vorstellen kann. Es hat verglichen mit einem Großraumflugzeug ein Mehrfaches an Einzelteilen, alle auf engstem Raum verbaut, sodass jedes kleine Teil für ein ganzes Bootsleben halten und seine Funktion erfüllen muss."

Er erzählte seiner Tante mit der Begeisterung des Ingenieurs von der anspruchsvollen Verarbeitung dieser vielen Einzelteile, aber auch, dass ein solches Boot keinerlei Schwachstellen toleriert. Nichts darf irgendwelche Geräusche verursachen. Nicht erkannt und detektiert zu werden, ist einer der absolut wichtigsten Parameter für ein U-Boot. Schon der kleinste Verarbeitungsfehler macht unter Umständen die komplette Funktion des Bootes im Einsatz zunichte.

„Du musst dir das so vorstellen", erklärte er, „wenn getestet wird, ob das Boot auch wirklich keine unzulässigen Geräusche verursacht, dann fährt es in dreißig Meter Wassertiefe an sehr empfindlichen Mikrofonen vorbei. Wenn alles in Ordnung ist, nehmen sie die über dem Wasser kreischenden Möwen lauter wahr als das vorbeifahrende Boot."

„Das hätte ich nicht gedacht", sagte Tante Fanni, „weil das Boot doch allein schon durch seine Fortbewegung im Wasser eine Druckwelle und damit Geräusche verursachen muss. Aber das ist eben Hightech made in Germany."

Sie hatte schon seit ihrer Zeit als Au-pair-Mädchen in Deutschland eine große Bewunderung für die Technik, den Fleiß und die Genauigkeit der Deutschen.

Ihr Neffe hatte mittlerweile den gebratenen Ziegenkäse mit Salat, die mit Käse überbackenen Makkaroni und den Pistazienpudding zum Nachtisch verspeist, dazu ein weiteres Glas von dem kretischen Weißwein. Hoffentlich passte ihm die neue Uniform morgen noch.

Er entschuldigte sich recht bald und zog sich in sein Zimmer zurück, da er pünktlich und gut ausgeschlafen vor Commodore Lapis erscheinen wollte.

Als Evangelos Nautarakis am nächsten Morgen um kurz nach sechs den Speiseraum betrat, wartete Tante Fanni schon mit einem leckeren kontinentalen Frühstück auf ihn.

„Schade, dass du gleich nach deinem Termin wieder nach Hause fliegst", sagte sie. „Wer weiß, wann du das nächste Mal kommst. Wenn du wiederkommst, denk daran, dir eine Uniform mitzubringen. Ich habe sonst keine mehr für dich parat."

„Gut, dass du mich erinnerst", erwiderte Evangelos und machte sich über das Frühstück her. „An sich müsste ich mal eine dritte in Auftrag geben, aber damit warte ich, bis ich zum Kapitän zur See befördert werde. Das müsste eigentlich in den nächsten zwölf Monaten passieren. Zumindest, wenn sie im Ministerium nicht an mir rummeckern und mir eine schlechte Bewertung in die Personalakte drücken."

„Umso wichtiger, dass du mit diesem Lapis klarkommst", meinte Tante Fanni. „Tu bloß, was er von dir will, und meine nicht immer, dass du ihm mit deiner deutschen Ausbildung überlegen bist. Da sind sie empfindlich, das führt zu nichts Gutem."

„Du sagst es, einige Leute hier sind schon speziell. Ob Lapis dazugehört, habe ich noch nicht herausgefunden. Wir werden sehen. Nun muss ich schnell meine Uniformjacke und mein Gepäck holen, draußen steht das Taxi."

Evangelos Nautarakis eilte auf sein Zimmer und kam in formvollendetem Marinedress wieder herunter. Zum Glück passte noch alles, obwohl er auch vom Frühstück nicht viel übrig gelassen hatte.

Tante Fanni musterte ihn anerkennend.

„Uniform hebt doch immer und macht außerdem schlank! Alles Gute heute und lass hören, wie es gelaufen ist."

Sie winkte ihm fröhlich hinterher, als er das Taxi bestieg.

Auf dem Beifahrersitz umfing Evangelos Nautarakis Lavendelduft, denn sein Freund, der Taxifahrer, legte Wert darauf, dass stets ein angenehmes Raumklima im Wagen herrschte.

Dimitrios Malenos gab Gas und sie fuhren in schneller Fahrt über die E089 in Richtung Athen. Schon um kurz vor acht kamen sie an der Hauptwache des Verteidigungsministeriums am Mesogeion 227 an.

„Wann soll ich dich wieder abholen?", fragte Dimitrios.

„Mein Rückflug geht um dreizehn Uhr", antwortete Evangelos, „also komm bitte gegen elf. Wenn etwas dazwischenkommt, rufe ich dich an."

Evangelos Nautarakis trat in die Wache ein. Mit seinem Dienstausweis konnte er sofort durch ein Drehkreuz auf das Ministeriumsgelände gehen. Die Räume des Marinehauptquartiers im zweiten Stock erreichte er über einen altmodischen engen Aufzug. Vor dort aus betrat er einen langgestreckten Flur, an dessen Wänden große Ölbilder von Marineschiffen hingen.

Da er bei Commodore Lapis keinesfalls zu spät, aber auch nicht zu früh erscheinen durfte, ging er durch die „Beletage" der Marine in einen dahinter liegenden Bürotrakt, um seinen Crew-Kameraden Commander Christos Papanikolis zu treffen, der inzwischen Adjutant von Marinechef Stephanos Papadopoulos war.

„Hi Chris", sagte Evangelos Nautarakis betont fröhlich, als er unangemeldet das kleine Büro seines Kameraden betrat. „Wie ist das Leben, nachdem ihr gerade wieder einen neuen Minister bekommen habt? Hast du den überhaupt schon mal gesehen?"

„Und ob", antwortete Christos Papanikolis, „eine von Troianides' ersten Amtshandlungen war, dass er Papadopoulos samt engsten Mitarbeitern zu sich einbestellt hat, um uns zu erklären, was die neue Regierung von uns erwartet." „Und – was erwartet sie?" „Och, eigentlich ganz einfach: Dass wir bestmöglich ausgestattet sind und möglichst wenig dafür bezahlen. Aus Sicht eines Politikers, der neu ins Amt kommt, ist das doch legitim. Der Mann ist eben Ökonom durch und durch. Wie wir das praktisch hinbekommen, kann ihm wurscht sein. Dafür hat man ja seine Leute. Verstehst du, was ich meine?"

„Ich geb' mir Mühe!", antwortete Evangelos etwas gequält.

„Und was treibt dich heute her?", fragte Christos.

„Ich muss gleich zu Lapis. Muss berichten, wie's mit der DYTIS so läuft und wie schnell wir die Tests hinbekommen. Ich denke, der kann es gar nicht erwarten, dass das Boot Teil seiner U-Boot-Flottille wird."

„Dass du dich da mal nicht täuschst", sagte Christos nachdenklich. „Lapis gehört zur selben Partei wie unser Minister und hat vor, unter dessen Ägide weiter Karriere zu machen. Ich wette, du hörst von ihm eine Variation des Themas, von dem ich dir gerade erzählt habe: Wir müssen bestens ausgerüstet sein, aber dürfen nichts dafür bezahlen. Wie du das hinbekommst, ist dir überlassen."

„Klasse Einstimmung", entgegnete Evangelos, „dann gehe ich jetzt mal rüber zu ihm. Mal sehen, ob du recht behältst."

„Good luck", rief ihm Christos hinterher.

Nachdem er vor dem Spiegel der Herrentoilette noch einmal den Sitz von Krawatte und Frisur überprüft hatte, klopfte Evangelos Nautarakis genau eine Minute vor neun an die Tür zum Vorzimmer seines Vorgesetzten. Er trat ein und begrüßte die beiden Sekretärinnen.

Die ältere führte ihn sogleich in Commodore Lapis' Büro.

Der Kommandeur der U-Boot-Flottille erhob sich von seinem Schreibtisch. Mit ein Meter neunzig war Theodoros Lapis ein für griechische Verhältnisse und auch für U-Boot-Leute ungewöhnlich hoch gewachsener Mann, dabei ausgesprochen schlank. Sein dunkles Haar war militärisch kurz geschnitten und sein strenger, prüfender Gesichtsausdruck wurde durch eine randlose Brille noch verstärkt.

Er begann das Gespräch mit einer jovialen Begrüßung.

„Evangelos, gut, dich zu sehen! Ich hoffe, du hast in Kiel alles im Griff. Wie geht es sonst? Was macht die Familie?"

„Gut geht's", sagte Nautarakis, während er auf dem kleinen Sofa der Sitzgruppe Platz nahm, da er wusste, dass sein Vorgesetzter den mit dem Rücken zum Fenster stehenden Sessel bevorzugte, „mit der Familie ist alles okay."

„Heißt das, dass mit deinem U-Boot nicht alles okay ist?", setzte Lapis sofort nach. „Ich habe mir vorige Woche euren Zeitplan für die Tests der SM DYTIS angesehen. Dies ist auch der Grund, warum ich dich dringend sprechen wollte."

„Aus meiner Sicht sind wir auf gutem Wege", entgegnete Nautarakis, der sich schon wieder auf dem Prüfstand sah. „Wir haben in den letzten vier Wochen alle Tests nach unserem aktuellen Zeitplan mit der Werft abgearbeitet, teils im Dock, teils schon mit kurzen Fahrten auf die Kieler Förde. Dabei sind die üblichen Nacharbeitspunkte aufgetreten, die wir mit dem Werftteam einvernehmlich identifizieren und dokumentieren konnten. Mit meinem Counterpart auf der Werft, Projektleiter Holger Gross, gibt es nie Probleme. Er ist Schiffbauer, ich bin Schiffbauer, sodass wir uns bei Auftreten von Mängeln immer schnell einig sind."

„Aber jetzt habt ihr in der zweiten Oktoberwoche die erste mehrtägige Fahrt Richtung Skagerrak geplant. Was steht da an Tests an?“

„Hier“, sagte Nautarakis, indem er dem Commodore zwei Blatt Papier hinüberreichte, „auf dieser Excel-Tabelle stehen die Tests, die auf der Tour durchgeführt werden sollen – Revierfahrt, Tauchfahrt und so weiter. Das alles findet unter der Leitung der Werfttruppe statt, aber dank unseres guten Einvernehmens können wir immer Fragen und Wünsche äußern, wenn wir etwas genauer überprüft haben wollen. Dieser kooperative Modus zahlt sich für uns sehr aus, damit wir das Boot zügig durch die Tests und damit zur Abnahme bekommen.“

„Nun, Evangelos“, sagte Lapis gedehnt, „woher nimmst du eigentlich die Gewissheit, dass unsere Marine das Boot so schnell braucht?“ Was war das denn für eine Frage? Evangelos Nautarakis fühlte sich noch verunsicherter als beim ersten Gespräch.

„Es ist doch klar, dass unsere Marine schnell ihr eingekauftes Gerät erhalten will … ansonsten ergibt das doch gar keinen Sinn“, stammelte er.

„Lieber Commander Nautarakis“, sagte Commodore Lapis unter Hervorhebung des Dienstgradunterschieds, „das Konzept von Befehl und Gehorsam dürfte dir bekannt sein. Als Chef der griechischen U-Boot-Flottille sage ich dir nun, dass für uns bei der SM DYTIS Sorgfalt vor Schnelligkeit geht. Ich hoffe, du hast mich verstanden.“

„Bei allem Respekt“, rief Nautarakis, „soll das heißen, dass wir es bisher an der notwendigen Sorgfalt haben fehlen lassen?“

„Nein“, entgegnete Lapis, „das habe ich nicht gesagt, zumindest bisher nicht. Insofern solltest du mir nichts unterstellen, auch nicht indirekt, denn wir sprechen ja über die anstehenden Tests. Wenn ich sage ‚Sorgfalt vor Schnelligkeit‘, meine ich die Tests im Oktober.“

„Trotzdem möchte ich wissen, was mit ‚Sorgfalt vor Schnelligkeit‘ genau gemeint ist“, beharrte Nautarakis. „Sorgfalt praktizieren wir – meine kleine Einheit vor Ort und ich – ohnehin die ganze Zeit. Und wenn Schnelligkeit nicht das Thema ist, soll das heißen, dass wir den Abnahmeprozess für das Boot bewusst verlangsamen sollen? Will die Marine das Boot noch gar nicht haben? Ich möchte es verstehen, damit ich es auch richtig umsetzen kann."

Commodore Lapis lächelte schmal.

„Das Schöne am militärischen Prinzip von Befehl und Gehorsam ist ja, dass man einen Befehl nicht immer vollkommen verstehen muss, um ihn auszuführen", sagte er. „Man hat davon auszugehen, dass derjenige, der den Befehl erteilt, die Lage besser überblickt als man selbst. So ist es hier auch. Du musst nicht alles verstehen. Trotzdem sage ich dir, du solltest jetzt nicht wie ein halber Deutscher, sondern wie ein ganzer Grieche denken. Unser Land schleppt eine riesige Verschuldung mit sich herum, es steht am Rand der Staatspleite. Achtzig Prozent des Kaufpreises für das Boot haben wir den Deutschen schon bezahlt. Nun müssen wir nicht auch noch die letzten zwanzig Prozent berappen, ohne dass es Zugeständnisse der deutschen Regierung beim Schuldenerlass oder der griechischen Forderung nach Reparationszahlungen für die im Zweiten Weltkrieg von der Wehrmacht angerichteten Schäden gibt. Verstehst du nun?"

„Selbstverständlich, aber bei den Tests geht es ja um die Leistung der Werft", entgegnete Nautarakis, „was hat die mit den Finanzquerelen zwischen Deutschland und Griechenland zu tun? Sie ist doch ein privates Unternehmen, das allein daran gemessen wird, ob es seine vertragliche Leistung erbringt oder nicht."

„Ich fürchte, das siehst du falsch", sagte Lapis. „Wie die Werft gegenüber der deutschen Regierung damit umgeht, kann uns egal sein, solange wir die restlichen zwanzig Prozent nicht bezahlen. Oder wenn wir sie am Ende bezahlen, dann muss Griechenland dafür von den Deutschen an anderer Stelle etwas bekommen. Wenn du das nicht verstehen und umsetzen willst, bist du für den Job der falsche Mann."

„Nur damit ich diesen Befehl richtig verstehe“, sagte Nautarakis, „soll das heißen, ich hätte bei den anstehenden Tests der SM DYTIS Gründe dafür zu finden, dass die restlichen Zahlungen nicht geleistet werden müssen?“

„Na endlich“, rief Lapis, „hat ziemlich gedauert, aber genau darum geht es. Du wirst jetzt zurückfahren und dafür sorgen, dass weitere Tests nicht gefahren werden können und die Restzahlung nicht erfolgt. Das muss schon etwas Grundlegendes sein. Darüber wirst du mit deinem brillanten Ingenieur-Sachverstand kreativ nachdenken. Wofür haben wir dich schließlich in Deutschland Schiffbau studieren lassen?“

„Aber darauf habe ich nicht wirklich studiert“, murmelte Nautarakis.

„Es geht hier um unser Vaterland“, sagte der Commodore mit hörbarer Verärgerung. „Wenn dir dein Befehlshaber im Krieg sagt, du sollst eine Sprengladung an einem feindlichen Schiff anbringen, dann sagst du ja wohl auch nicht, du wolltest keine Menschen töten. Unsere Kollegen im Finanzministerium kämpfen jeden Tag einen heroischen Kampf gegen die sogenannte Troika, die unsere Staatsschulden prüft. Falls du dich hier und jetzt nicht klar dazu bekennst, in diesem Kampf mit allen Mitteln zu operieren und dabei auf der Seite unseres Vaterlandes zu stehen, werde ich mit dir sofort zu Papadopoulos gehen und du wirst heute von deinem Posten abberufen. Voraussichtlich war es das dann mit deiner Marinelaufbahn. Bei Befehlsverweigerung ist für dich kein Platz mehr in unserer Truppe.“

Evangelos Nautarakis spürte eine Art Brechreiz. Intuitiv wusste er, dass er nur spontan Ja oder Nein sagen konnte, mit allen Konsequenzen. Nicht einmal nach einem Moment Bedenkzeit konnte er fragen, denn auch das würde ihn als Glied einer intakten Befehl-und-Gehorsam-Kette disqualifizieren.

„Ich habe verstanden, was zu tun ist“, sagte er heiser, „und werde es im Sinne des mir erteilten Befehls umzusetzen versuchen. Ich stehe zur Fahne unserer Marine und werde bei nächster

Gelegenheit Vollzug melden.“ „Gut, Evangelos“, quittierte Commodore Lapis dieses Bekenntnis, „ich warte auf deine Meldung. Viel Erfolg und bis bald.“

Beide erhoben sich zum abschließenden Händedruck.

Der Commodore blickte dem Kapitän nochmals prüfend in die Augen und nickte dann leicht mit dem Kopf.

Draußen auf dem Flur war ihm immer noch schlecht. Er fühlte sich komplett gerädert. Wo war noch mal die Herrentoilette? Ach ja, rechts um die Ecke.

Als Evangelos Nautarakis im Vorraum in den Spiegel über dem Waschbecken blickte, sah er, dass sein Gesicht kreidebleich war.

Er schloss sich in der hinteren der beiden Toilettenkabinen ein, die beide frei waren. Ohne den Deckel zu öffnen, setzte er sich auf den Toilettensitz und atmete erst einmal durch. Er fühlte eine innere Leere und dabei eine anhaltende Übelkeit, aber ohne wirklichen Brechreiz.

Nach einiger Zeit hörte er die Tür zum Flur aufgehen und ein Paar Offiziersschuhe, zu erkennen an Metallkappen, die ein bestimmt wirkendes Klack-Klack erzeugten, den Raum schnellen Schrittes durchschreiten.

Die Tür der Nachbarkabine wurde mit lautem Schlag geschlossen, der Toilettendeckel aufgeklappt und die Brille besetzt. Es schien eine längere Sitzung zu werden, denn Nautarakis hörte in regelmäßigen Abständen Papier rascheln. Anscheinend hatte sein Nachbar es sich mit der Zeitung auf dem Klo gemütlich gemacht. Dazu begann er eine Melodie zu pfeifen, die eindeutig als „Ich bin ein Mädchen aus Piräus“ zu identifizieren war.

Evangelos Nautarakis erinnerte sich, dass er als junger Leutnant auf einem U-Boot unterwegs war, dessen Kommandant auf dem Örtchen immer laut zu pfeifen pflegte. Mittlerweile war dieser fröhliche und selbstbewusste Zeitgenosse zum Chef der griechischen Flotte aufgestiegen: Ioannis Kazantzakis. Nebenan pfiff es unverdrossen weiter, mindestens in der dritten Strophe.

Je länger dies andauerte, umso unangenehmer wurde Nautarakis seine stille Zuhörerrolle. Er überlegte: Entweder musste er sich jetzt weiter still verhalten, bis der Nachbar, der vermutlich gar nicht gemerkt hatte, dass sich jemand im Nebenabteil befand, von sich aus wieder abgezogen war, oder er musste seinerseits einschlägige Geräusche machen, um nicht in Verdacht zu geraten, sich als eine Art Spion zu betätigen.

Spontan zog er Toilettenpapier von der klappernden Rolle ab und erhob sich von seiner Sitzposition.

Es geschah das Erwartete: Der Nebenmann brach seine Zeitungslektüre und die musikalische Begleitung ab und begann rasch die Vorbereitungen zum Verlassen des Ortes. Nautarakis hörte wieder die Klack-Klack-Schritte in Richtung Vorraum. In diesem Moment entschloss er sich, selbst seine Tür zu öffnen und dem Nachbarn hinterherzugehen.

Schon von hinten erkannte er die Statur von Ioannis Kazantzakis, eine gedrungene, kompakte Erscheinung. Auch an den goldenen Schulterstücken konnte er ihn identifizieren, denn als Flottenchef war Kazantzakis heute Konteradmiral und damit einer der beiden Stellvertreter von Marinechef Vizeadmiral Stephanos Papadopoulos. Als Kazantzakis merkte, dass jemand ihm folgte, drehte er sich sofort um. Unter dem Arm trug er die zusammengefaltete „Proto Thema“, das Gegenstück zur deutschen Bildzeitung. „Evangelos“, rief er erfreut aus, „was machst du denn hier, so ein Zufall! Hatte erst gar nicht gemerkt, dass da jemand neben mir war, sonst hätte ich nicht so lange die Zeitung gelesen. Was macht die DYTIS? Ich kann es gar nicht erwarten, sie hier bei mir in Dienst zu stellen!“

Während sie im Vorraum nebeneinanderstanden und sich die Hände wuschen, versuchte Evangelos Nautarakis auf die Fragen des Admirals zu antworten, den er aus alter U-Boot-Zeit mit Vornamen anredete.

„Ioannis, wenn du etwas Zeit hast, erzähle ich dir in Kurzform, wo wir stehen. Hast du ein paar Minuten für mich in deinem Büro?"

„Leider habe ich um halb elf wieder einen Termin, sodass es mit einem Gespräch im Büro schwierig ist, aber lass uns ein paar Minuten hier auf dem Flur sprechen; ich kann immer aufgehalten worden sein, falls ich zu spät komme."

Sie stellten sich ans nahegelegene Fenster.

„In Kiel haben die Tests begonnen", begann Evangelos mit gedämpfter Stimme, „und wir wollen nun im Oktober die erste größere Testfahrt ins Skagerrak machen. Deshalb hat mich Commodore Lapis heute Morgen in sein Büro einbestellt. Mein Eindruck ist nun, dass die Marine mit der Übernahme des Bootes gar keine Eile hat, sondern andere Aspekte im Vordergrund stehen."

Er drückte sich bewusst diplomatisch aus, um die Reaktion von Ioannis Kazantzakis zu testen.

„Was meinst du mit ‚keine Eile'?", fragte der Admiral stirnrunzelnd. „Ich will als Flottenchef das Boot so schnell wie möglich im operativen Einsatz haben. Allerdings weiß ich, dass es hier im Hause auch andere, sagen wir, eher politisch motivierte Absichten gibt."

„Genau", sagte Evangelos, „ich habe verstanden, dass man die U-Boot-Frage offenbar mit größeren politischen Diskussionen zwischen Griechenland und Deutschland verknüpfen will."

„Ja,", sagte Ioannis Kazantzakis, „das ist der größte Quatsch überhaupt, denn es wird am Ende zu nichts führen, außer dass ich mein Boot später bekomme. Aber Papadopoulos hängt direkt an den Vorgaben des Ministers, der wieder an denen seines Premiers und der Partei, und Lapis bemüht sich, es seiner Karriere wegen allen recht zu machen, indem er es entsprechend exekutiert."

Evangelos Nautarakis wagte sich ein gutes Stück vor.

„Ioannis, was rätst du mir unter Kameraden? Was soll ich tun, wenn ich doch von meinem direkten Chef gesagt bekomme, das

Umsetzen dieser Linie sei eine Sache von Befehl und Gehorsam?“ „Unter uns“, Kazantzakis senkte ebenfalls die Stimme, „tu halt, was er dir sagt, wenn du nicht den ganzen Laden hier verlassen und dich anderweitig betätigen willst. Ich sage dir, je näher du der Politik kommst, umso beschissener wird das Arbeiten. Und hier sind wir verdammt nah dran. Nun mach es gut, denn es ist schon nach halb elf und ich muss dringend weiter!“

Er erhob grüßend die Hand und eilte davon.

Beim Verlassen der Hauptwache war Evangelos Nautarakis froh, dass Dimitrios Malenos mit seinem Taxi schon in Sichtweite bereitstand und sofort auf ihn zufuhr, als er auf die Straße trat.

Er stieg ein und nahm auf dem Beifahrersitz Platz.

„Na, wie ist es gelaufen?“, fragte ihn sein Freund. „Bist du gelobt worden, dass du uns bald ein neues U-Boot für die griechische Truppe verschaffst? Das brauchen wir doch dringend, damit wir den Türken in der Ägäis Einhalt gebieten können.“

„Ach“, seufzte Evangelos, „vergiss es. Immer, wenn ich hierhermuss, werd’ ich irgendwie rasiert. Heute auch. Bald habe ich keine Haare mehr oder ich muss mir vorher einen anderen Job suchen.“

„Oh nein“, rief Dimitrios, „am Ende bleibst du noch ganz in Deutschland! Denk an unser schönes Vaterland, die Tempel, das Meer, die Olivenbäume, die Sonne oder auch nur deine Tante Fanni. Du solltest stolz sein, dass du diese Uniform tragen darfst. Das ist doch auch Verpflichtung.“

„Ja, vor allem Verpflichtung“, gab Evangelos zurück. „Wenn du wüsstest, wie das belasten kann. Sicher will ich diesem Land und seiner Marine dienen, aber manchmal denke ich, du hast es besser – gondelst mit deinem Mercedes hier durch die Stadt oder mal aufs Land, und wenn du Feierabend hast, stellst du die Kiste vor deinem Haus ab und hast deine Ruhe.“ „Ganz so einfach stell dir das nicht vor“, widersprach Dimitrios. „Plötzlich geht was am Auto kaputt und ich muss meine Buchungen umorganisieren. Oder ein Gast will zu einer bestimmten Zeit irgendwo sein, es gibt irgendeine Behinderung und ich kann sehen, wie ich trotzdem pünktlich zum Ziel komme, indem ich durch Einbahnstraßen fahre oder mir sonst etwas einfallen lasse. Manchmal bin ich todmüde, wenn ich nach Hause komme, aber dann warten da noch meine Buchhaltung, die Steuer und sonstiger Bürokram."

„Welche Steuer?", fragte Evangelos. „Hier hat man doch, wenn man nicht der Dumme sein will, eine Firma auf Zypern."

„Ja, natürlich", sagte Dimitrios schon etwas genervt, „aber das ist viel komplizierter geworden. Wenn wir mit unseren paar Gewinnen den niedrigen zypriotischen Steuersätzen unterliegen wollen, müssen wir alle möglichen Kunstgriffe anwenden, um das nach den geltenden Regularien sauber hinzukriegen. Zum Beispiel ist unser Taxiunternehmen, über das das Leasing unserer Autos läuft, die Niederlassung unserer zypriotischen Mutter-Unternehmung. Auch ich als Fahrer bin dort angestellt. Das erfordert eine Menge Papierkrieg!"

„Okay, auch kein Zuckerschlecken", sagte Evangelos versöhnlich. Inzwischen waren sie am Flughafen Venizelos angekommen. Er sog noch einmal den Lavendelduft ein, der das Taxi erfüllte, verabschiedete sich von Dimitrios und verschwand in der Eingangshalle des Terminals.

Während des zweistündigen Flugs nach München versuchte Evangelos Nautarakis ein wenig zu schlafen, doch das heute Erlebte beschäftigte ihn noch zu sehr. Nun kamen ihm Zweifel, ob er alles richtig gemacht hatte.

Was wohl passiert wäre, wenn er am entscheidenden Punkt des Gesprächs mit Lapis nicht gesagt hätte: Alles klar, ich habe verstanden, sondern: Nicht mit mir, Commodore, es geht hier nicht um Befehl und Gehorsam, sondern um Recht oder Unrecht? Oder: Ich habe verstanden, aber Gehorsam, der auf Unrecht ausgerichtet ist, fällt am Ende auf den zurück, der den Befehl dazu erteilt?

Sein Kopf stellte immer mehr derartige Varianten bereit, weil etwas in ihm, das anfänglich nur Übelkeit verursacht hatte, sich nun über seine Ratio zu artikulieren versuchte.

Der Gedanke „Gehorsam und Unrecht“ ließ ihn nicht mehr los.

Er erinnerte sich an eine römische Sage, in der ein König seinen Sohn nach gewonnener Schlacht hinrichten ließ, weil der Sohn den Sieg errungen hatte, indem er einem Befehl des Vaters nicht gefolgt war. Eine archaische Konstellation, die aber auch heute noch auftreten kann, dachte Nautarakis. Macht man gute Arbeit, wird man am Ende doch dafür bestraft, nur weil man einem Befehl nicht folgt, auch wenn dieser mit Aufgabenstellung, Vertrag und Gesetz nicht im Einklang steht.

Seine Gedanken streiften vom alten Rom zur Neuzeit. Da gab es die Diskussion um den deutschen Widerstand vom 20. Juli, die ethischen Konflikte rund um den Tyrannenmord. Könnte es hier Parallelen geben? Gab es ein Recht oder sogar eine Pflicht, Unrecht abzuwenden, auch um den Preis, dass man dabei seinen militärischen Gehorsam über Bord warf?

Was wäre, wenn er zwar zum Schein den Befehl ausführte, sich aber insgeheim den deutschen Behörden anvertraute und diese warnte? Immerhin fühlte er sich ja fast genauso als Deutscher wie als Grieche. Oder was wäre, wenn er sich Holger Gross anvertraute und ihm sagte, er dürfe ihn auf keinen Fall verraten, aber er könne mit diesem Wissen ruhig zu den deutschen Behörden gehen?

Um zur Ruhe zu kommen, kaufte er sich ganz gegen seine Gewohnheit beim Kabinenpersonal eine kleine Flasche Rotwein, die er schnell austrank. Dabei rotierten seine Gedanken.

Keiner konnte ihm doch befehlen, etwas gegen sein Gewissen zu tun. Wenn ihn Befehlsverweigerung aber seine Karriere in der Marine kosten würde, hätte er umso mehr die moralische Berechtigung, dies durch eine Undercover-Aktion zu unterlaufen. Irgendwann schlief er doch ein.

Als er durch eine Kabinendurchsage des Piloten erwachte, der auf den Alpenblick aus der linken Fensterreihe hinwies, kehrten seine Gedanken sofort zu dem Problem „Befehl und Gehorsam" zurück. Er sah auf seine Uniform, dachte an die erhaltenen Auszeichnungen, an seine Familie, die sich in Kiel so wohlfühlte, und richtete sich in seinem Sitz gerade auf.

Verdammt, nein, ging es ihm durch den Kopf, so geht es eben doch nicht. Du, Fregattenkapitän Evangelos Christos Nautarakis, bist in erster Linie Diener der griechischen Nation, die dich bis heute gefördert hat. Du hast einen Beruf ergriffen, zu dem es gehört, sein Ich hintanzustellen, es schlimmstenfalls sogar für das Vaterland ganz aufzugeben. Was also bildest du dir eigentlich ein, dieses Vaterland zu hintergehen? Wenn dir dein Vorgesetzter befiehlt, dies oder jenes zu tun, musst du es eben ohne Wenn und Aber machen, auch wenn dein Seelchen dabei Verletzungen davonträgt. Verletzungen deines Körpers müsstest du ja auch wegstecken.

Angesichts des hellen Lichts und der klaren Atmosphäre, die er bis in die Kabine wahrnahm, obwohl er den Schnee auf den Alpen kaum sehen konnte, war er überzeugt, dass dieser Gedanke nun der richtige war.

München musste Evangelos Nautarakis den Terminal wechseln. Auf dem Weg herrschte großer Andrang an den Gastronomieständen und Autovermietungsschaltern. Was trieben wohl all diese Menschen und welche Konflikte oder Nöte trugen sie mit sich herum?

Indem er so in den Alltag eintauchte, relativierte sich für ihn das am Morgen Erlebte, sodass er sich beim Weiterflug nach Hamburg ein wenig entspannte. Zum ersten Mal wanderten seine Gedanken nun zu seiner Familie.

Was sollte er seiner Frau eigentlich erzählen? Anke interessierte sich durchaus für seine beruflichen Themen und war ihm öfters schon eine gute Ratgeberin gewesen. Allerdings wusste er: Wenn es um Gewissensfragen und um Recht oder Unrecht ging, kannte sie keine Grauzonen. Sie würde mit absoluter Sicherheit sagen, dass er, Befehl hin oder her, in keinem Fall etwas tun dürfe, was er mit seinem Gewissen nicht vereinbaren könne. Für eine gerechte Sache als Soldat eintreten und sogar sein Leben riskieren, das würde sie immer unterstützen. Aber sich für eine krumme politische Machenschaft in die Pflicht nehmen und letztlich verbiegen lassen, das hätte bei ihr keine Chance.

Dieses eindeutige Wissen weckte in ihm erneut Zweifel an der Position, die ihm vorhin über den Alpen noch so klar erschienen war.

Ich muss da eben allein durch, dachte er, schließlich bin ich ja der Soldat. Wäre ich in einem Kampf, müsste ich auch alles mit mir allein ausmachen. Außerdem ist Anke eine durch und durch deutsche Frau, die im Allerletzten eben nicht nachvollziehen muss, wie es in einem Griechen zugeht, wenn er zur blau-weißen Fahne der griechischen Nation gerufen wird, blau für Meer und Himmel, weiß für die Reinheit des Kampfes!

Commander Evangelos Nautarakis richtete sich wieder gerade in seinem Sitz auf und fasste den Entschluss: Er ganz allein musste einen Grund finden, um die zwanzigprozentige Restzahlung zu verhindern. Einen so überzeugenden Grund, dass niemand daran Zweifel haben konnte, weder seine Frau noch sein Bauüberwachungsteam, das er natürlich auch nicht einweihen konnte.

Er konnte ja die Kieler Kameraden, allen voran seine Stellvertreterin Andrea Pamboulis, schlecht morgen früh zusammenrufen und ihnen sagen: Bitte alle mal herhören, ich komme gerade von unserem Flottillenchef, der mir gesagt hat, wir müssen an der SM DYTIS etwas finden, damit unser Land die restlichen zwanzig Prozent des Kaufpreises nicht bezahlen muss. Seid so gut und helft mir! Wenn er das täte, würde ihn mindestens einer oder eine bei der Werft verpfeifen und die ganze staatswichtige Angelegenheit wäre geplatzt, bevor sie begonnen hätte. Der offene Umgang mit dem Thema wäre in seinem Team ein absolutes No-Go.

Also kam es allein auf ihn selbst, Fregattenkapitän Evangelos Nautarakis, an.

Er hatte es in der Hand, einen Mangel zu sehen und zu reklamieren; er hatte es in der Hand, wie damit gegenüber der Werft umgegangen würde. Er selbst musste dafür sorgen, dass die Angelegenheit hinreichende Glaubwürdigkeit erlangte.

Anke würde er nur das Allernötigste erzählen.

III.
SM DYTIS auf Testfahrt zum Skagerrak

Das U 311 sollte ein modernisierter, größerer und mit dem neuesten technischen Antrieb versehener Nachfolger des vielfach verkauften und bewährten U 309 sein – und wie dieses seit Jahrzehnten gebaute Boot ein sogenanntes Exportboot. Für die Deutsche Marine baute die Norddeutsche Werft andere Boote, solche, die für die flache Ostsee tauglich waren. Sie hatten eine gedrungenere Form und sollten wegen der Minengefahr nicht auf Magnetkräfte reagieren, während Tiefwasserboote wie U 309 und U 311 einen höheren Turm und einen Bootsdruckkörper aus normalem Schiffbaustahl hatten.

Die Besonderheit der SM DYTIS, des ersten Bootes der Klasse U 311, lag in ihrem außenluftunabhängigen Brennstoffzellenantrieb, der bewirkte, dass sie seltener zum Schnorcheln an die Oberfläche kommen musste als die Boote der Klasse U 309. Das machte ein Auffinden für mögliche Gegner schwieriger.

Fregattenkapitän Evangelos Nautarakis hatte sich auf seine Kieler Aufgabe gewissenhaft vorbereitet. Ausgiebig hatte er mit dem NDW-Konstruktionsteam alle neuen Features des Bootes studiert, um seine technische Besonderheiten und Designelemente zu verstehen. Ein neuer Bootsentwurf hatte wie jede Neuentwicklung seine Ecken und Kanten, von denen man erst im praktischen Einsatz sah, wie sie sich konkret auswirkten.

Evangelos Nautarakis war nun mehr als gespannt auf die geplante Ausfahrt ins Skagerrak. Das komplette Kieler Team der Griechischen Marine würde an Bord sein, ebenso eine etwa gleich starke Mannschaft der Werft unter ihrem Werftkapitän Andreas Schmahlfuss. Der frühere U-Boot-Kommandant der Bundesmarine hatte den Spitznamen Gasfuß, weil er bei Testfahrten gern mal ordentlich aufdrehte, um Kunden die Qualität der NDW-Produkte vor Augen zu führen. Auch Projektleiter Holger Gross würde wahrscheinlich mit von der Partie sein. Evangelos

Nautarakis schien es in letzter Zeit, als hätte Korvettenkapitänin Andrea Pamboulis ein Auge auf ihn geworfen. Ob Holger Gross das erwiderte, war ihm aber bisher verborgen geblieben. Immerhin war er ja verheiratet. Allerdings war seine Frau ein ziemlicher Besen. Also, wer weiß.

Am Montagmorgen nach der Athen-Reise rief Evangelos Nautarakis sein kleines Team im Besprechungsraum neben seinem Büro zusammen.

„Kameradinnen und Kameraden", begann er, „ihr wollt natürlich wissen, was am Freitag im Ministerium bei Commodore Lapis zur Sprache kam. Ihm ging es um die genaue Vorbereitung der Testfahrt zum Skagerrak. Man will unter allen Umständen sicherstellen, dass die Inbetriebnahme der DYTIS planmäßig verläuft. Ich habe unseren Flottenchef, Konteradmiral Kazantzakis, getroffen, den ich von früheren U-Boot-Einsätzen gut kenne. Auch er hat mir versichert, wie wichtig ihm eine zügige Indienststellung der DYTIS ist. Ich kann also nur hoffen, dass unsere Werftkollegen alle Tests sorgfältig vorbereiten und sich hier keine Freiheiten nehmen, weil sie meinen, wir seien ja die gutmütigen Griechen. Ich erwarte von jeder und jedem Einzelnen von euch, in eurem Bereich mit eurem Werft-Counterpart alles im Detail durchzugehen, damit nichts schiefgeht. Die Werftkollegen müssen verstehen, dass es uns wirklich ernst damit ist. Ich selbst werde nachher mit Holger Gross reden und ihm dieselbe Botschaft vermitteln. Noch Fragen?"

Alle bis auf Andrea Pamboulis schüttelten verneinend den Kopf und verließen den Raum. „Du weißt ja, dass ich mich mit Holger ganz gut verstehe", sagte sie etwas zögernd. „Ich könnte ihm den Ernst, mit dem unsere Oberen Druck auf uns und dich machen, mit meinen Worten gut vermitteln."

„Mach das! Tu, was immer ihm unter die Haut geht", erwiderte Nautarakis.

Holger Gross, Ende fünfzig, war von der Erscheinung her ein typischer Seemann: kompakte, stattliche Gestalt von ein Meter fünfundsiebzig, dichtes graues Haar und kurzgeschnittener grauer Vollbart. Als früherer U-Boot-Kommandant war er über ein Schiffbaustudium schon vor vielen Jahren zur Werft gekommen und hatte als Projektleiter für verschiedenste, auch ausländische Kunden reiche Erfahrung gesammelt – in puncto Technik ebenso wie im Umgang mit menschlichen Charakteren.

Den griechischen Kunden schätzte er nicht zuletzt wegen der Fachkompetenz von Evangelos Nautarakis als sachbezogen und pflegeleicht ein. Eine Rolle bei dieser positiven Wahrnehmung spielten aber wohl auch die Avancen von Nautarakis' Stellvertreterin, Korvettenkapitänin Andrea Pamboulis, allerdings ohne dass er sich das selbst eingestanden hätte.

In seinem Büro in dem für das Projektteam DYTIS freigemachten Gebäudetrakt saß Holger Gross gerade am Schreibtisch und arbeitete sich durch einige schriftliche Unterlagen, als Evangelos Nautarakis durch die offene Bürotür hereinkam. Holger Gross lächelte ihn über seine halbe Lesebrille hinweg an, erhob sich und begrüßte ihn mit Handschlag.

„Na, was sind die Instruktionen deines Chefs? Sollen wir das Boot schon übermorgen an euch abgeben oder dürfen wir noch die vorgesehenen Tests fahren?"

„Unsere Flotte würde die DYTIS lieber heute als morgen im operativen Betrieb haben", antwortete Evangelos Nautarakis, „da hast du schon den richtigen Riecher. Aber trotzdem kommt ihr uns so leicht nicht davon. Erst müssen alle Tests penibel vorgefahren werden. Wir haben ja schon achtzig Prozent des Kaufpreises für das Boot bezahlt und wollen gerade in diesen Zeiten, wo bei uns Geld Mangelware ist, eine absolut gute Gegenleistung dafür haben. Das sehe ich als meine persönliche Verantwortung gegenüber dem griechischen Steuerzahler."

„Soweit es davon welche gibt", versuchte Holger Gross zu scherzen. „Muss es ja", fuhr Evangelos Nautarakis unbeirrt fort,

„woher soll das Geld denn kommen? Daher habe ich heute meinen Leuten gesagt, dass sie mit deinen Mitarbeitern ganz genau über alle auf der Skagerrak-Fahrt anstehenden Tests sprechen sollen, die Spezifikationen durchgehen müssen, offene Fragen zu klären haben und so weiter."

„Verstanden", sagte Holger Gross in professionellem Ton, „setz dich und lass uns die Liste mit den geplanten Tests durchgehen und über die Randbedingungen und die Dokumentation reden. Am besten Revierfahrt, Tauchfahrt und Überwasserfahrt hintereinanderweg, denn in dieser Reihenfolge werden wir die Testabschnitte ja abarbeiten."

Sie nahmen sich jeder einen dicken Stapel von Excel-Sheets vor und gingen sie gemeinsam durch. Hier und da gab es Änderungen, die Holger Gross gleich digital einpflegte.

Am Ende wurde Organisatorisches besprochen: Verteilung der Kojen und Nutzung der Besprechungsplätze, Häufigkeit der gemeinschaftlichen Lagebesprechungen, Regelung der medizinischen Notfallversorgung an Bord und Notfallpläne beim Ausfall wichtiger Systeme. Dem Kapitän des Bootes während dieser Fahrt unter Werftflagge, Korvettenkapitän a.D. Andreas Schmahlfuss, hatten sich im Notfall alle Mitfahrer an Bord unterzuordnen. Evangelos Nautarakis würde dies seinen Leuten noch extra mitteilen, da sie ja gewöhnt waren, Uniformträgern zu folgen, Schmahlfuss aber inzwischen wieder Zivilist war.

So weit, so unproblematisch.

Die gesamte weitere Arbeitswoche brütete Evangelos Nautarakis über den Excel-Listen und überlegte, woran er die ihm aufgegebene Mängelfeststellung am ehesten würde festmachen können.

Aufgrund seiner Erfahrung hatte er ein gutes Gefühl dafür, wo die Stärken und Schwächen der SM DYTIS liegen könnten. Nach der nahtlosen Begleitung des Bootes in seinem Entstehungsprozess ging er nicht davon aus, dass die verbaute Technik als solche viele Verarbeitungsfehler aufweisen würde.

Auch kannte er natürlich den seinerzeit zwischen seinem Ministerium und der Werft geschlossenen Bauvertrag. Dieser sah bei Mängeln in der Verarbeitung und bei den Leistungsparametern des Bootes immer erst eine Nachbesserung durch die Werft vor.

Wenn gravierende Mängel sich nach mehrfachem Nachbessern als nicht behebbar erweisen sollten, kam zunächst eine Reduzierung des Kaufpreises in Betracht. Im alleräußersten Fall, wenn nicht behebbare Mängel die Gebrauchstauglichkeit gravierend beeinträchtigen sollten, wäre eine Rückweisung des Bootes von Seiten des Kunden möglich. Die Werft müsste das Boot zurücknehmen und die schon bezahlten Kaufpreisanteile wieder an den griechischen Kunden zurückgeben.

Das wollte sein Ministerium aber im Grunde auch nicht.

Evangelos Nautarakis wusste also, dass die Hürden für das, was Commodore Lapis von ihm erwartete, schon rein vertraglich recht hoch lagen.

Je länger er sich damit beschäftigte, umso klarer wurde ihm, dass es nicht das Rügen irgendwelcher Kleinmängel war, was ihn ans Ziel bringen konnte. Denn dafür wurde nach üblichen Gepflogenheiten eine sogenannte Mängelliste erstellt, die später Stück für Stück abgearbeitet wurde.

Vertraglich war diese Mängelbeseitigung durch die Werft gleich doppelt abgesichert. Zum einen durch eine Klausel, wonach die letzten zehn Prozent des Kaufpreises so lange zurückgehalten wurden, bis die Mängelliste komplett erledigt war. Zum anderen hielt der Kunde auch eine von der Werft gestellte Performance-Garantie in Höhe von ebenfalls zehn Prozent des Kaufpreises in Händen. Diese konnte der griechische Staat notfalls bei der Bank zu Geld machen, falls die Werft sich weigerte, die Mängel vertragsgerecht zu beheben.

Evangelos Nautarakis war klar, dass in diesen Mechanismen kein Ansatzpunkt für eine Aktion lag, wie sein Ministerium sie sich vorstellte. Dafür musste eine andere Art Aufhänger gefunden werden.

Etwas, das man nicht ohne Weiteres durch Mängelbehebung beseitigen konnte. Etwas, das die Leistung des Bootes insgesamt in Frage stellte, es der Griechischen Marine aber trotzdem möglich machte, das Boot ohne Bezahlung der letzten zwanzig Prozent noch zu übernehmen.

Ein solches „Ding" wäre – so stand es ihm mittlerweile klar vor Augen – der einzige richtige Hebel. Ihm kam es vor, als brauche er auf der Testfahrt neben seinen sechs normalen Sinnen so etwas wie einen siebten Sinn nur für das Herausfinden dieser Chance.

Er konnte sich hier auf niemanden sonst abstützen, musste das ganz allein herausfinden, mit sich ausmachen, entscheiden und schließlich vor aller Augen achtbar durchziehen. Obendrein musste er es schließlich noch allen Oberen in seinem Ministerium recht machen, denen, die die zwanzig Prozent nicht bezahlen wollten, ebenso wie denjenigen, die schnellstmöglich die SM DYTIS in den regulären Marinedienst übernehmen wollten.

Evangelos Nautarakis sah sich vor einer Mega-Herausforderung, sicherlich der größten seines bisherigen Berufslebens.

Auch die Möglichkeiten des Scheiterns standen ihm deutlich vor Augen. Man stelle sich vor, er machte die Mängelrüge an irgendetwas fest in dem Glauben, dieses Phänomen erfülle alle von ihm durchdeklinierten Anforderungen, er würde dies monieren und im Handumdrehen würde ihm die Werft sagen, das sei ja nur eine Kleinigkeit, die sich in der kommenden Woche durch den Austausch eines simplen Teils beheben ließe. Schon wäre alles Kalkül dahin.

Evangelos Nautarakis begriff, dass die Testfahrt ins Skagerrak eine unwiederholbare, absolut einmalige Chance im Sinne eines Jetzt oder Nie sein würde, aber für ihn zugleich ein extremes Risiko. Erkannte er die Chance nicht oder nutzte sie nicht optimal auf den Punkt, so wäre sie dahin und käme nicht wieder.

Je näher der kommende Sonntagnachmittag rückte, an dem die Fahrmannschaft der Werft und der kleine Trupp der Griechischen Marine die Ausfahrt beginnen wollten, desto drückender spürte er die Verantwortung auf sich lasten, diese Chance optimal zu nutzen.

Er dachte darüber nach, wie andere Menschen entscheidende Situationen vorbereitet hatten, indem sie sich körperlich fit machten und versuchten, auf Vorrat Schlaf zu bunkern oder auch durch Drogen Aufmerksamkeit und Kreativität für eine kurze Zeitspanne über das normale Maß hinaus zu steigern.

Er beschloss, an Bord auf keinen Fall auch nur einen Tropfen Alkohol anzurühren, selbst wenn er ihm noch so freundlich angeboten würde. Und er würde sich vorher in der Apotheke mit Vitaminen, Traubenzucker und Paracetamol gegen mögliche Kopfschmerzen eindecken, um jederzeit maximal aufmerksam und präsent zu sein.

Am frühen Sonntagnachmittag versammelten sich alle Testfahrer neben der auf dem Shiplift der Werft liegenden SM DYTIS. Familienangehörige waren mitgekommen, um sie gebührend zu verabschieden.

Der Mittelteil des Shiplift, die vertikal verfahrbare Aufzugsplattform, war bereits abgesenkt worden, sodass die SM DYTIS fahrbereit im Fördewasser lag. Die Mitfahrer gelangten bequem von den Seiten des Shiplift auf das Oberdeck des Bootskörpers. Dort befand sich eine Einstiegsluke, durch die jetzt einer nach dem anderen mit kurzem Winken zu den an Land verbleibenden Angehörigen im Boot verschwand.

Evangelos Nautarakis verabschiedete sich von Anke und den Kindern jeweils mit einer Umarmung und einem dicken Kuss, als stünde er vor einem Flug zum Mond. Er ging als letzter seiner griechischen Baubetreuungsmannschaft an Bord.

Der Abstieg erfolgte wie bei jedem U-Boot über einen engen, runden Schacht, dessen Ränder er mit seiner in den letzten Jahren hinzugewonnenen Leibesfülle das eine oder andere Mal berührte. Er machte er sich aber nichts daraus und hangelte sich mit der Routine des U-Boot-Fahrers durch die verschiedenen Leiterabschnitte nach unten, wobei er mit einem lauten „Abwärts"-Ruf sicherstellte, dass ihm niemand im Weg stand und verletzt werden konnte.

Im Innern angekommen, blieb er auf dem Oberdeck, wo ihn Holger Gross als oberster Werftrepräsentant an Bord förmlich willkommen hieß. Kapitän Schmahlfuss kletterte an ihnen vorbei wieder nach oben, um seinen Auslaufposten an der Spitze des U-Boot-Turmes einzunehmen.

Die Stimmung an Bord war gut, als Holger Gross und Evangelos Nautarakis sich mit ihren Teams zur Auftaktbesprechung in der Offiziersmesse trafen. Alle schienen sich als ein gemeinsames Team zu verstehen, das der SM DYTIS bei ihren ersten ernsthaften Schwimm- und Tauchversuchen so viel Hilfestellung wie möglich geben wollte, um sie alsbald abnahme- und einsatzfähig werden zu lassen.

Nach der Besprechung bot der Werftsmutje ein zünftiges Flens aus der Bügelflasche an.

Obwohl er sich strikt vorgenommen hatte, auf Alkohol zu verzichten, konnte Commander Nautarakis sich dem nicht verschließen, nicht nur weil dies sein Lieblingsbier war, sondern auch weil er als griechischer Teamchef nicht den Eindruck erwecken wollte, diese freundliche Geste abzulehnen. Alles andere hätte auf Unverständnis beim Rest der Mannschaft stoßen und ihn dem Verdacht aussetzen können, nicht normal drauf zu sein. Also ließ er den Bügel mit dem üblichen Plopp aufschnappen, um mit den anderen auf eine gute Jungfernfahrt anzustoßen.

Während der Begrüßungszusammenkunft hatte sich die SM DYTIS nahezu unmerklich schon ein ganzes Stück von der Werft entfernt. Kapitän Schmahlfuss befand sich derweil allein oben auf dem Turm-Luk und genoss die Aussicht über die herbstlich-ruhige Kieler Förde. Neben ihm wehten die Deutschlandfahne und die NDW-Eignerflagge im mäßigen Fördewind. Andreas Schmahlfuss gehörte zu dem Typus Mensch, der seinem Namen alle Ehre macht. Er war schmal von seiner ganzen Erscheinung her, mit Mitte fünfzig fast glatzköpfig, mit scharfer, schmal ausgebildeter Nase und auffallend großen Ohrmuscheln. Zum heutigen Anlass trug er einen alten Bundeswehrparka, darunter über einem Donald-Duck-T-Shirt die graue Standard-Drillichjacke der Norddeutschen Werft mit deren Logo auf dem Rücken.

Seine schmale Silhouette rührte nicht zuletzt daher, dass er Kettenraucher war und jede Gelegenheit an der frischen Luft nutzte, um einige Züge an einer Marlboro-Filterzigarette zu tun. So auch jetzt, während er seinen Blick auf den altehrwürdigen Kieler Yacht-Club richtete, den sie gerade passierten. Er erinnerte ihn an seine aktive Regatta-Seglerzeit. Damals trug er den Spitznamen Speedy Andy, erst später auf der Werft taufte man ihn Gasfuß.

Manche Spaziergänger am Ufer der Förde schienen das sich ihnen bietende Bild richtig als Werftprobefahrt zu deuten und winkten. Andreas Schmahlfuss winkte zurück. So glitt die SM DYTIS gemächlich die Förde hinunter in Richtung offene See.

Auch Commander Evangelos Nautarakis wollte das seemännische Gefühl genießen und mühte sich die steile Leiter durch den Turm hinauf. Dabei rief er „Aufwärts“, um zu signalisieren, dass er nach oben wollte, und um zu verhindern, dass Kapitän Schmahlfuss im selben Augenblick auf ihn hinabstieg.

Oben angekommen, hielt er sich am Rand des Turm-Luk fest und grüßte den Kapitän.

„Hi, Andy, alles im Griff?“ „Auf dem sinkenden Schiff“, erwiderte Andreas Schmahlfuss lässig und ließ sein rasselndes Kettenraucherlachen hören. „Siehst du irgendwelche Probleme bei den anstehenden Tests?“, fragte Evangelos.

„Nö, eigentlich nicht. Der Dampfer sollte im Grunde für alle Tests fit sein, aber wir haben ja gelernt, dass man es genau immer erst hinterher weiß. Außerdem ist der 311er anders gebaut und auch deutlich schwerer als der 309er. Das kann zu anderem Verhalten beim Auftauchen führen, aber auch wenn wir an der Oberfläche rumgondeln. Bin selbst gespannt, wie unser Moby Dick dabei im Wasser liegt.“

Evangelos Nautarakis hörte genau zu, weil er wusste, dass Praktiker wie Schmahlfuss, die sich nicht um Verträge kümmerten, oft ungeschminkte Wahrheiten aussprachen, die man sonst vom Projektleiter in offiziellen Runden bestimmt nicht hören würde, nicht einmal abends beim Bier.

Er hatte über die Jahre im Umgang mit allen Ebenen der Norddeutschen Werft gelernt, dass sie im Kern wie ein Mönchsorden funktionierte: Alle hatten ein Gelübde abgelegt, durch Dick und Dünn zusammenzuhalten. Wenn es irgendwo Probleme gab, wurde darüber nach außen strikt geschwiegen, bis im Innern eine Lösung gefunden war. Gerade weil U-Boote eine so große Komplexität aufwiesen, konnte immer mal etwas schiefgehen. Auch wurde gerade bei einem neuen Bootstyp mit vielen Dingen notgedrungen experimentiert. Aber nach außen wurde vertreten, dass immer alles prima und erstklassig sei. Denn das war man sich als weltweit führendes Unternehmen bei diesen Produkten schuldig.

Daher sah Evangelos Nautarakis ein Gespräch, wie er es jetzt im Fördewind auf dem Turm-Luk führte, als besondere Gelegenheit an, um an Informationen zu kommen. Natürlich hoffte er, dass sein Gegenüber ihn nicht durchschauen und weiter locker aus der Hüfte zu ihm reden würde.

Aber trotz nächster Zigarette und einiger Nachfragen kam nicht mehr viel. Kapitän Schmahlfuss war seinerseits erfahren genug, um sich nicht aufs Glatteis führen zu lassen, zumal er wusste, dass es sich um einen ganz neuen Bootstyp handelte, der hier seine erste ernsthafte Testfahrt begann – und das unter den wachsamen Augen des Kunden. Auf der Steuerbordseite kam das Marine-Ehrenmal in Laboe in den Blick, das beide mit der kurzen Andeutung eines militärischen Grußes ehrten.

Die Werftmannschaft auf der SM DYTIS war in Hochstimmung, denn die Testfahrt hatte bislang einen durchaus harmonischen Verlauf genommen. Die zum Programm Revierfahrt gehörenden Tests waren leicht vor dem Plan bereits am Dienstagmittag absolviert worden. Anschließend hatte der spannendere Teil Tauchfahrt begonnen – spannender, weil bei der Durchsage „Klarmachen zum Tauchen“ und den zugehörigen roten Blinkzeichen selbst Routiniers immer noch ein gewisser Nervenkitzel überkommt. Aber auch dieser Abschnitt war am Mittwoch lediglich mit ein paar unbedeutenden Mängelanzeigen absolviert worden.

Es blieb der Abschnitt Überwassermarschfahrt, der für die Rückfahrt vom Skagerrak am heutigen Donnerstag vorgesehen war. Die anstehenden Tests sah niemand als kritisch an, weil es nur um Dinge gehen sollte, die nicht zu den Kerneigenschaften eines U-Bootes im Kampf gehören, beispielsweise wie es sich an der Oberfläche unter bestimmten Seegangsparametern verhält.

Kapitän Schmahlfuss trug der guten Laune Rechnung, indem er bei Beginn des offiziellen Testprogramms, das in aufgewühlter See stattfand, ordentlich Speed machte und den ihm zugeschriebenen Gasfuß ganz durchdrückte. Er mobilisierte die über neuntausend PS der Maschine, um die Spitzengeschwindigkeit von zwölf Knoten zu erreichen.

Dabei wurde allen Crew-Mitgliedern an Bord etwas mulmig zumute, Evangelos Nautarakis wurde sogar regelrecht seekrank. Damit hatte er bei seinen Reisevorbereitungen nicht gerechnet. Aber die Bordapotheke konnte allen, denen es schlecht ging, mit Pflastern oder Tabletten aushelfen. Als Fachmann wusste Nautarakis natürlich, dass U-Boote nicht für eine Fahrt bei starkem Seegang an der Oberfläche gemacht sind. Je nach Wellenprofil schaukeln sie sich auf und geraten in eine zunehmend dynamische Bewegung, das sogenannte parametrische Rollen.

Die SM DYTIS rollte mitunter mit bis zu fünfzig Grad Abweichung von der Mittellinie auf die eine, dann auf die andere Seite, verbunden mit einer Stampfbewegung durch Ein- und Auftauchen des Bugs.

Kapitän Schmahlfuss hätte mühelos gegensteuern können, entweder durch leichtes Abweichen vom Kurs oder durch Rücknahme der Geschwindigkeit. Aber heute wollte er wohl seinem Spitznamen Ehre machen und bewirkte, dass alle Teilnehmer dieser denkwürdigen Testfahrt sich mit Spucktüten bewaffnet an irgendwelche festen Gegenstände klammerten, um nicht bei jeder Rollbewegung quer durch das Boot katapultiert zu werden.

So elend sich Nautarakis fühlte, so klar war ihm, dass hier die entscheidende Idee lag: Dieses parametrische Rollen musste ihm das gesuchte Argument liefern, um das Boot nicht abzunehmen und die restlichen zwanzig Prozent des Kaufpreises nicht zu bezahlen.

Krampfhaft versuchte er, trotz Rollbewegung und Übelkeit seine Gedanken zu fokussieren.

Er wusste, dass die Vertragsspezifikation für diese Zustände keine eindeutigen Grenzwerte festgelegt hatte, weil sich solch ein Boot ohnehin immer wieder wie ein Stehaufmännchen zur Mitte aufrichtet. Das parametrische Rollverhalten konnte für die Leistungsfähigkeit des Bootes also kein ausschlaggebendes Kriterium darstellen. Aber er erinnerte sich, im Studium von einer anerkannten Regel der Technik gehört zu haben, wonach sich U-Boote immer nur bis zu maximal fünfundvierzig Grad zur Seite neigen dürfen, egal wie widrig die Seegangsverhältnisse sein mögen.

Mühsam arbeitete er sich in die Operationszentrale des Bootes vor, um dort ein Foto von der Anzeige der Seitenneigung zu machen, genau im Moment, in dem sich die SM DYTIS wieder einmal maximal auf die Seite legte. Er erreichte ein Kontrollterminal, klemmte sich auf den davor angebrachten Arbeitssitz und schaltete die Anzeige der Seitenneigung ein. Schon nach wenigen Sekunden erschien der Wert zweiundfünfzig Grad. Sein I-Phone hatte er so in Anschlag gebracht, dass ihm trotz der enormen Schwankung des Bootes ein Foto dieser spektakulären Zahl gelang.

Er versuchte sich auf dem Sitz zu halten, indem er die Armlehnen umklammerte, so gut er dies mit seinem I-Phone in der Hand konnte. Auch war ihm nach wie vor übel. Aber er dachte an die ihm aufgegebene Mission und überlegte fieberhaft, wie das weitere Verfahren abzulaufen hatte.

Er würde beim Einlaufen in Kiel erst einmal mit Korvettenkapitänin Andrea Pamboulis zu Holger Gross gehen, um ihm mitzuteilen, dass das Boot beim Test der Überwasserfahrt einen gravierenden Mangel aufgewiesen habe, der in der generellen Konstruktion liegen müsse.

Gross würde dies natürlich von sich weisen und erklären, das Boot verhalte sich genauso wie jeder zigarrenförmige Körper ohne Stabilisatoren bei derartigem Seegang. Dabei würde man es zunächst belassen, um später einen formgerechten Brief an die Projektleitung zu schreiben und darin den Mangel zum vertragsrelevanten Punkt zu machen.

Um sicherzugehen, dass ihn seine Erinnerung an die im Studium gelernte Regel der Technik nicht trog, versuchte Nautarakis aus seinem Team den jungen Kapitänleutnant Kyriakos Skopostolos zu finden, der ebenfalls Schiffbau studiert und sich dabei auf U-Boot-Bau spezialisiert hatte. Andrea Pamboulis, die sich bei Grundsatzfragen auch gut auskannte, wollte er nicht fragen, um nicht Holger Gross vorzeitig Witterung zu verschaffen. Er fand Skopostolos schließlich in seiner Koje, da auch er mit heftiger Seekrankheit zu kämpfen hatte.

„Kyriakos, hast du während deines Studiums von einer anerkannten Regel der Technik gehört, die besagt, wie weit sich U-Boote bei der Überwasserfahrt auf die Seite legen dürfen?“, fragte er seinen nicht im Vollbesitz der Arbeitskraft befindlichen Mitarbeiter.

„Ja, Chef, denke schon, kann mich dunkel an so etwas erinnern.“ „Geht es genauer?“ „Ich meine, es waren nicht mehr als fünfundvierzig Grad“, stöhnte Kyriakos. „Okay, das reicht mir schon“, sagte Evangelos. „Gute Besserung und denk dran, dass du auf dem Rummel bei der Kieler Woche für so einen Spaß sogar bezahlen würdest."

Seine Übelkeit ließ schon nach, Kapitän Schmahlfuss schien etwas Speed herausgenommen zu haben. Daher legte das Boot sich im Moment nur noch mit circa zwanzig Grad auf die Seite, was im Vergleich wie ein erholsames Schaukelprogramm wirkte.

Kyriakos Skopostolos' Auskunft war der letzte Anstoß gewesen, den Commander Nautarakis innerlich noch gebraucht hatte. Nun wollte er seinen Plan durchziehen. Noch vor dem Einlaufen in Kiel würde es eine offizielle Schlussbesprechung an Bord geben.

Die Einfahrt in den Shiplift bei der Norddeutschen Werft in Kiel war Freitag um zwölf Uhr mittags geplant. Um kurz vor zehn trafen sich Holger Gross und Andreas Schmahlfuss mit Evangelos Nautarakis und seiner Stellvertreterin Andrea Pamboulis in der Offiziersmesse.

Projektleiter Gross und Bauaufsichtschef Nautarakis legten jeweils ihr Bündel Excel-Sheets mit den einzelnen Testprogrammen auf den Tisch und begannen ihre Notizen abzugleichen. Abgesehen von Kleinigkeiten stimmten ihre Befunde bei den Abschnitten Revierfahrt und Tauchfahrt überein.

Um kurz vor elf Uhr kam man zum dritten Abschnitt, der Überwasserfahrt.

Holger Gross war bereits in entspannter Stimmung, da er einem guten Abschluss nicht nur dieser, sondern der gesamten Testfahrt entgegenzusehen meinte.

„Bei der Überwasserfahrt hat ja unser Captain Gasfuß richtig aufgedreht", sagte er gut gelaunt, „und unser Boot hat sich ganz schön auf die Seite gelegt. Aber darauf kommt es bekanntlich nicht an. Wichtig ist nur, dass es sich von allein wieder aufrichtet. Das hat Speedy Andy perfekt aus unserer DYTIS herausgekitzelt."

„Kann man so sehen", erwiderte Evangelos Nautarakis kühl, „kann man aber auch anders sehen. Wir in unserem Team sind uns einig, dass ein Boot sich nach den anerkannten Regeln der Technik nicht so weit auf die Seite legen darf, wie die DYTIS es gestern getan hat."

Er holte sein I-Phone heraus und präsentierte das Foto von der Anzeige der Seitenneigung.

„Zweiundfünfzig Grad Seitenlage", fuhr er fort, „das ist eine Eigenschaft, von der ich als gelernter Schiffbauer noch nie gehört habe, dass sie für ein U-Boot akzeptabel ist. Und zwar unabhängig davon, welche Wellen, Winde oder sonstigen Seegangsverhältnisse herrschen. Ich fürchte, dass wir hier ein ernstes Problem vor uns haben, von dem zumindest ich noch nicht weiß, wie man es löst."

Andreas Schmahlfuss wurde von einem Hustenanfall geschüttelt, der ganz aus den Tiefen seiner Raucherlunge zu kommen schien.

Holger Gross blickte hilfesuchend zu Andrea Pamboulis, die ihm jedoch diesmal ein professionelles Pokerface präsentierte.

„Evangelos, mal unter uns", versuchte er die entstandene Kluft zu überbrücken, „lass uns doch hier nicht einen solchen Popanz aufbauen. Ja, wir sind flott durch die nicht ganz kleinen Wellen geritten. Das konnten wir getrost tun, weil wir alle das Verhalten eines solchen Bootes an der Oberfläche kennen und wissen, dass es irgendwann anfängt, zu rollen und sich von einer Seite auf die andere zu legen. Es ging darum, die DYTIS an ihre physikalischen Grenzen zu bringen. Im Normalbetrieb würde es zu diesen zweiundfünfzig Grad nie kommen, weil jeder vernünftige U-Boot-Fahrer vorher etwas Speed rausnehmen und das Boot sich wieder herunterschaukeln würde. Also warum hieraus einen Punkt machen?"

„Schon klar, dass euch das unangenehm ist", sagte Nautarakis, „aber die Fahrt war nun einmal, wie sie war. Das jetzt ungeschehen machen zu wollen, wäre wie der Versuch, Zahnpasta in die Tube zurückzudrücken. Als Leiter des Bauüberwachungsteams der Griechischen Marine bin ich zusammen mit meinem

Team“ – er schaute zu seiner immer noch ausdrucklos blickenden Kollegin Pamboulis – „der Auffassung, dass die SM DYTIS Eigenschaften aufweist, die nicht mit den anerkannten Regeln der Technik im Einklang stehen.“

„Und was machen wir damit?“, fragte Holger Gross.

„Das müssen wir in Athen entscheiden, dafür bin ich hier nicht autorisiert“, sagte Nautarakis und ergriff seinen Papierstapel. „Die Besprechung ist hiermit beendet.“

Der kurze Rest der Fahrt verlief in gedrückter Stimmung. Das deutsche und das griechische Team gingen sich nach Kräften aus dem Weg.

Nach dem Anlegemanöver auf dem Shiplift gab es das traditionelle Einlaufbier, wiederum in Gestalt einer Flasche Flens, das jedoch niemandem richtig schmecken wollte. Alle versuchten, sich möglichst schnell zu verabschieden.

Auch Commander Nautarakis sah zu, dass er wegkam.

IV.
Dr. Überall erhält ein Schreiben

Dr. Heino Laurenz Überalls Sekretärin Sandra Nordmann, eine Mittvierzigerin mit blondem Bubikopf, saß in ihrem Vorzimmerbüro im fünften Stock und sah auf den mittäglichen Strom der NDW-Mitarbeiter zur Kantine, vorbei an der Schiffbauhalle 11 und dem die Halle langsam passierenden Werftkran. Es war ein ruhiger Tag im Büro, denn „Helü“ war unterwegs und wurde erst am frühen Nachmittag erwartet.

Plötzlich stand sein Fahrer Frido Hansen in der Tür.

„Chef ist schon zurück!“, rief er, „wurde unten noch aufgehalten. Hier ist schon mal seine Tasche. Ach ja, und unsere Christel von der Post hat mir diesen Brief für ihn in die Hand gedrückt.“

Am blau umrandeten gelbgrundigen Wappen mit griechischer Flagge erkannte Sandra Nordmann gleich, dass es sich um ein Schreiben des griechischen Verteidigungsministeriums handelte. Es musste um etwas Wichtiges im Zusammenhang mit dem U-Boot-Programm gehen, zumal ausdrücklich der Name ihres Chefs als Adressat darauf stand.

Nachdem sie den Brief geöffnet hatte, las sie als Absender den Chef des Rüstungsdirektorats im griechischen Verteidigungsministerium, Generalleutnant Ioannis Platonides, offizieller Vertreter des griechischen U-Boot-Kunden.

Sie legte gerade Brief und Kuvert in eine Postmappe, als Dr. Überall das Vorzimmer betrat.

„Na, alles im Griff, Frau Nordmann?“, fragte er leutselig. „Ich freue mich schon auf heute Abend, meine Frau und ich haben Karten für ein Konzert im Plöner Schloss.“

„Das wird sicher schön, aber vorher habe ich leider noch diesen Brief“, sagte seine Sekretärin und reichte ihm die Mappe. Dr. Überall verschwand stirnrunzelnd damit in seinem Zimmer.

Sandra Nordmann hatte sich auf der Werft vom Lehrling zur Chefassistentin hochgearbeitet und führte das Büro von

Dr. Überall bereits seit mehr als zehn Jahren. Sie ahnte, was kam. Nach kaum einer Minute hörte sie ihren Chef brüllen.

„So eine Unverschämtheit!“

Der Erwerb der Hellenic Dockyards S.A. in Athen, deren Anteile seit rund zehn Jahren zu hundert Prozent bei der NDW-Gruppe lagen, war ein unternehmerisches Werk, das unter starker Beteiligung von Dr. Überall in seiner Zeit als Vertriebsvorstand der NDW-Gruppe zustande gekommen war. Maßgeblich ihm war es zu verdanken gewesen, dass die Verantwortlichen der damaligen griechischen Regierung nach langen Verhandlungen dafür gewonnen werden konnten, in eine umfassende Partnerschaft einzusteigen.

Vereinfacht gesagt, beruhte Dr. Überalls Plan darauf, dass der griechische Staat die ihm gehörende Werft privatisieren und mit Investitionen der Norddeutschen Werft die U-Boot-Kapazität der Hellenic Dockyards modernisieren, aber auch ausbauen sollte. Im Gegenzug sollte Griechenland der Erstkunde für vier neue Boote der Klasse U 311 werden. Das Typschiff SM DYTIS sollte in Kiel gebaut werden, die drei weiteren Boote unter Anleitung und Verantwortung der Norddeutschen Werft in der neuen U-Boot-Werft in Athen.

Dr. Überall hatte sich als Architekt dieses für beide Seiten visionären Planes so gut etablieren können, dass er nur wenig später den Vorstandsvorsitz der NDW-Gruppe angetragen bekommen hatte, den er nun schon seit etwa acht Jahren ausübte. Dass die SM DYTIS erst vor Kurzem ihre erste längere Testfahrt absolviert hatte, war der bei solchen Vorhaben langen Entwicklungszeit geschuldet.

Jetzt war es Anfang November und Dr. Überall hatte die Querelen, die durch die Schräglage der DYTIS während der Testfahrt ausgelöst worden waren, als längst abgehakt angesehen. Noch vor wenigen Tagen hatte er bei Holger Gross nachgefragt, ob aus der Geschichte noch etwas nachgekommen sei. Der hatte gemeint, sie sei, wie so vieles bei den Griechen, glücklicherweise im Sande verlaufen. Nun aber hatte Dr. Überall dieses an ihn persönlich adressierte Schreiben des griechischen nationalen Rüstungsdirektors Generalleutnant Ioannis Platonides vor sich. Ungläubig, dass das Geschriebene schwarz auf weiß dort stand, las er es erneut Wort für Wort durch:

Sehr geehrter Herr Dr. Überall,
unter Bezug auf den zwischen dem griechischen Verteidigungsministerium und der Norddeutsche Werft AG bestehenden Vertrag über die Beschaffung und den Bau der SM DYTIS (Baunummer 295) sowie der drei bei Hellenic Dockyards zu bauenden Folgeboote (Baunummern 296–298) teile ich Ihnen mit, dass sich bei der Testfahrt der SM DYTIS im Monat Oktober aus Kundensicht schwerwiegende Mängel bezüglich der Seetauglichkeit des Bootes ergeben haben. Sie lassen aus unserer Sicht auf einen grundlegenden Konstruktionsmangel schließen, der damit nicht nur die SM DYTIS, sondern alle vier kontrahierten Boote der neuen Klasse U 311 betrifft.
Es handelt sich, wie von unserem Baubetreuungsteam gegenüber Ihrer Projektleitung bereits am letzten Tag der Testfahrt notifiziert, um ein bei der Überwasserfahrt unter bestimmten Seegangsbedingungen auftretendes parametrisches Rollen mit einer Seitenlage des Bootes, die um mehr als fünfzig Grad von der lotrechten Mittellinie abweicht und damit einen Verstoß gegen die anerkannten Regeln der Technik darstellt.
Wir erwarten daher Verständnis, dass wir angesichts der bereits erfolgten erheblichen Anzahlungen für das Gesamtprogramm aller vier Boote der Klasse U 311 ab sofort alle weiteren Fortschrittszahlungen im Rahmen des o.g. Vertrags einstellen müssen, um unsere vertraglichen Ansprüche aus dem oben referenzierten Mangel abzusichern.
Mit vorzüglicher Hochachtung
Generalleutnant Ioannis Platonides

Dr. Überall unterstrich die Wörter „parametrisches Rollen“ und „anerkannte Regeln der Technik“ sowie die Passage „alle weiteren Fortschrittszahlungen im Rahmen des o.g. Vertrags einstellen“, neben die er ein dickes Ausrufungszeichen an den Rand malte.

Er war lange genug im Geschäft, um zu wissen, dass dieser Brief maßgeblichen Einfluss auf die Norddeutsche Werft insgesamt, aber genauso auf seine eigene Tätigkeit haben würde.

Energisch drückte er auf den Telefonknopf.

„Frau Nordmann, wir müssen unseren Aufsichtsratsvorsitzenden über diesen Brief informieren. Aber erst mal holen Sie ganz schnell Herrn Gross!“

Aus der alarmierten Art ihres sonst eher gelassen agierenden Chefs schloss Sandra Nordmann, dass das Schreiben aus Griechenland es wirklich in sich haben musste. Via Telefonanlage klingelte sie Holger Gross heran, der von ihr umgehend durch die geöffnete Tür in Dr. Überalls Zimmer förmlich hineingeschaufelt wurde.

„Moin, Herr Gross“, begann der NDW-Chef, „machen Sie doch bitte die Tür zu, und dann setzen Sie sich mal gut und fest hier aufs Sofa und lesen diesen gerade von unseren griechischen Freunden eingegangenen Brief.“

Den Mund angewidert verzogen, hielt Dr. Überall das Schreiben am weit ausgestreckten Arm seinem Mitarbeiter entgegen.

Während Holger Gross den Inhalt erfasste, verdüsterte sich seine bislang gleichmütige Miene zusehends.

„Das ist ja eine schöne Scheiße!“, platzte er heraus. „Ich hätte nicht gedacht, dass Nautarakis und seine Leute aus so einer Mücke einen derartigen Elefanten machen. Ich weiß noch genau, wie er am Ende der Testfahrt um ein Gespräch bat, das ich bewusst zusammen mit Schmahlfuss geführt habe, auch weil Nautarakis seine Vertreterin – Sie wissen schon, Andrea Pamboulis –

dabeihatte. Da kam er mit dieser Beobachtung um die Ecke, die DYTIS hätte sich bei der Überwasserfahrt um bis zu zweiundfünfzig Grad zur Seite gelegt, was nicht in Ordnung sei und gegen einen anerkannten Grundsatz der Technik verstoße. Ich habe versucht, ihm diesen Quatsch auszureden, indem ich gesagt habe, dass es doch im realen Leben darauf gar nicht ankommt, weil jeder gute U-Boot-Kommandant bei einem Aufschaukeln hin zum parametrischen Rollen ein bisschen Speed rausnimmt, woraufhin sich die Kiste sofort wieder Richtung Mitte und Schwerpunkt einpendelt. Wir hatten eben nur das Problem, dass unser lieber Kollege Gasfuß am Ende der Testfahrt gut gelaunt Spaß daran hatte, das neue Teil bis an seine physikalischen Grenzen zu bringen und die Jungs und Mädels aus der Ägäis mal richtig durchzuschütteln. Sie wissen auch, dass da manchmal die Pferde mit ihm durchgehen."

„Das Überschreiten von Grenzen und die Verantwortung dafür sind ein gesondertes Thema", erwiderte Dr. Überall. „Sie hatten die Position, um das zu unterbinden, denn in der NDW-Hierarchie stehen Sie höher als unser Schmahlfuss-Gasfuß."

Holger Gross wurde rot. „Aber lassen Sie uns zunächst darüber nachdenken, wie wir diesem Schreiben am besten begegnen", fuhr Dr. Überall fort. „Das ist jetzt für mich die vordringliche Frage. Sie müssen sie nicht sofort beantworten. Wichtiger ist mir, dass wir uns sehr gründlich mit dem technischen Phänomen des parametrischen Rollens, mit der Vertragslage, mit dem angeblichen Verstoß gegen eine Regel der Technik, mit der Angemessenheit des Komplettstopps von Zahlungen und auch mit dem Vergleich zwischen den neuen 311er-Booten und den alten 309ern beschäftigen. Zu diesen Themen brauche ich spätestens in zwei Tagen einen Zwischenstand."

„Bekommen Sie", murmelte Holger Gross und machte Anstalten aufzustehen. Aber Dr. Überall war noch nicht fertig.

„Übrigens ist dies nach meiner Erfahrung ein Fall, bei dem man auch Aufklärungsarbeit im Hintergrund leisten muss. Wir sollten also versuchen, alle verfügbaren informellen Kontakte zur griechischen Seite zu nutzen, um mehr darüber zu erfahren, was die Kundenseite zu diesem Verhalten treibt, was politisch dahintersteckt und wer in Athen eigentlich die Strippen zieht. Wer so einen Brief schreibt, nimmt in Kauf, dass sich Fertigstellung und Abnahme seines schon weitgehend bezahlten Bootes verschieben. Wer das hinnimmt, kann nicht das natürliche Interesse aller Marineleute teilen, ein neues Boot möglichst schnell in Dienst zu stellen. Ich vermute stark, dass hier politische Kräfte am Werk sind, die wir näher in den Blick nehmen sollten."

„Ich rede mit Nautarakis", meinte Holger Gross, „der ist ja halber Deutscher. Schauen wir mal, ob er mir was sagt."

„Gehen Sie davon aus, dass Nautarakis nur ausführendes Organ ist", sagte Dr. Überall, „und dabei wird er Profi genug sein, um Ihnen trotz aller guten Zusammenarbeit nichts zu sagen. Sie müssen sich andere Wege überlegen. Interessant könnte sein, was Ihnen Andrea Pamboulis sagt."

„Hm, ich werde mich wohl mal außerhalb der Werft mit ihr treffen, das lässt sich bestimmt machen", sagte Holger Gross.

„Machen Sie das oder fragen Sie auch irgendeinen Griechen, der gar nichts mit dem Projektteam zu tun hat. Scannen Sie das gesamte Ihnen bekannte griechische Umfeld."

Nachdem Holger Gross sich ziemlich kleinlaut verabschiedet hatte, um im Vorzimmer mit Sandra Nordmann den nächsten Termin abzumachen, lehnte Dr. Überall sich in seinem Bürostuhl zurück. Er dachte an das abendliche Konzert, das ihm jetzt ganz weit weg und als lästige Verpflichtung vorkam, die er seiner Frau zuliebe absolvieren musste.

Während er aus dem Fenster starrte, kam das tägliche Ablegemanöver der Color-Line-Fähre in seinen Blick. Eigentlich hatte er das ganze DYTIS-Team – Werft- und Kundenseite – einmal zur Arbeitsbesprechung auf die Oslo-Fähre einladen wollen. Für den Teamzusammenhalt wäre das sicher gut gewesen. Doch nach dem heutigen Brief erschien ihm die Idee, den griechischen Kunden mit Annehmlichkeiten zu erfreuen, vollkommen abwegig. Er sah der auslaufenden Fähre nach, bis sie aus seinem Blickfeld verschwunden war.

Dieses Schreiben des Ministeriums würde der Auftakt für großes Ungemach sein.

Holger Gross hatte nicht das Privileg, von seinem Büro auf die Förde sehen zu können. Er blickte aus seinem Fenster auf das Minarett einer vor Kurzem nahe der Werft errichteten Moschee, aus deren Lautsprechern immer freitags um die Mittagszeit das Werftgelände mit Koranversen beschallt wurde, die je nach Windrichtung auch auf der anderen Fördeseite noch zu hören waren.

Im Moment aber genoss er die Ruhe seines Arbeitszimmers, in das er sich eingeschlossen hatte, um ungestört nachdenken zu können.

Eins stand für ihn fest: Kapitän Schmahlfuss hatte mit seiner Überwasserfahrt gründlich Mist gebaut und er selbst hatte sich nichts Böses dabei gedacht, was im Nachhinein betrachtet ein schwerer Fehler war. Als Projektleiter hätte er diese vermeintlich lustige Wellenreiterei verhindern müssen.

Aber Vorwürfe und Selbstbezichtigungen brachten ihn jetzt nicht weiter.

Also was tun? Mit Evangelos Nautarakis reden? Der hatte sich in seiner soldatischen Korrektheit sicher längst in seiner Position eingemauert. Dr. Überall hatte bestimmt recht: Vermutlich hatte Nautarakis selbst das angebliche Problem mit der DYTIS nach Athen berichtet und dort die Aktionskette bis zum heute eingetroffenen Brief in Gang gesetzt. Bei ihm konnte man eine Sinnesumkehr oder bessere Einsicht nicht erwarten.

Anders war es möglicherweise bei Andrea Pamboulis. Sie war ehrgeizig, wollte in der Marine etwas werden und hatte dort vermutlich noch andere Förderer als Nautarakis. Außerdem gab es die Chance, sie persönlich zu sich herüberzuziehen. Die Chance musste unbedingt ausgetestet werden, allein schon im Interesse der Norddeutschen Werft. Er würde sie zum Essen einladen, vielleicht in den Kieler Yacht-Club. Das würde ihr bestimmt gefallen.

Holger Gross dachte an die Leute, mit denen er Kontakt gehabt hatte, als er Chef des deutschen Projektteams beim Aufbau der Werftanlage bei Hellenic Dockyards in Athen gewesen war.

Da war Stylianos Elephantinou, der Chef von Hellenic Dockyards, als die Werft noch dem griechischen Staat gehörte. Er war ihm immer als gut vernetzter Geschäftsmann im maritimen Business erschienen, auch wenn sich ihm die Quelle seines Wohlstands nie recht erschlossen hatte. Aber eine anzapfbare Informationsquelle für das, was auf der griechischen Seite gerade vorging, konnte Elephantinou allemal sein.

Da war Vizeadmiral a.D. Poseidonis Stourinios, der damals amtierende, inzwischen pensionierte Marinechef. Der hochangesehene Offizier könnte allerdings durch seine unbedingte Loyalität zum griechischen Staat und seiner Marine daran gehindert sein, für die Norddeutsche Werft zur Aufklärung des Sachverhalts beizutragen.

Schließlich war da noch Demosthenes Koulas, der immer den Anschein erweckt hatte, er könne im griechischen Verteidigungsministerium alles hinter den Kulissen regeln. Der frühere Leiter des Ministerbüros war nun als Geschäftsvermittler tätig.

Holger Gross schrieb die drei Namen sofort auf, recht zufrieden mit sich, dass sie ihm so bald eingefallen waren. Um die Scharte bei Dr. Überall auszuwetzen, bat er Sandra Nordmann, ihm bei „Helü“ gleich einen kurzfristigen Termin zu geben.

„Na, da sind Sie ja schneller zurück, als ich gedacht hatte“, sagte Dr. Überall und bat Holger Gross wieder auf dem Sofa Platz zu nehmen. „Aber machen Sie fix, weil ich gleich zum Konzert nach

Plön muss." Er schien über das schnelle Feedback erfreut und hatte ihn noch am selben Tag spätnachmittags in seinem Büro empfangen.

„Also hier nur kurz ein paar erste Ideen", sagte Holger Gross. „Da ich die Erfahrung gemacht habe, dass man in Griechenland nur auf mehreren parallelen Wegen zum Ziel kommt und immer das Eigeninteresse der Gesprächspartner im Blick haben muss, empfehle ich dies auch in unserem Fall zu tun."

Dr. Überall nickte. „Das sehen Sie ganz richtig. Mir würde da zum Beispiel Stylianos Elephantinou einfallen, den …"

„… habe ich auch auf meinem Zettel", warf Holger Gross ein, bevor ihm sein Chef mit weiteren Namen zuvorkommen konnte. „Zusätzlich sind mir noch der frühere Marinechef Stourinios sowie Demosthenes Koulas, damals im Ministerium, in den Sinn gekommen." „Oh, Koulas ist eine gute Idee", sagte Dr. Überall, „der hatte in allen möglichen Dingen seine Finger und hat sie vermutlich immer noch drin. Dann lassen Sie uns mal gleich einen Schlachtplan entwerfen – Frau Nordmann!"

Er rief seine Sekretärin mit ins Zimmer und fuhr fort:

„Ich schlage vor, dass Holger Gross und ich für einige Tage nach Athen reisen, Standort im Hotel Grande Bretagne am Syntagma-Platz neben all den Regierungsgebäuden, wo wir in der Bar sicher auch ein paar Abgeordnete oder Minister treffen werden. Zunächst versuche ich, Termine mit Verteidigungsminister Troianides und Rüstungsdirektor Platonides zu bekommen. Dann verabreden wir beide uns mit Stylianos Elephantinou und Poseidonis Stourinios, und Herr Gross nimmt sich Demosthenes Koulas vor. Frau Nordmann, Sie suchen schon mal alle Kontaktdaten heraus. Morgen früh schreibe ich als Erstes an den Minister. Sobald wir einen Termin mit ihm haben, schreibe ich an Platonides, danach buchen Sie die Reise und drum herum arrangieren wir die anderen Termine."

Dr. Überalls seelisches Gleichgewicht hatte sich erkennbar verbessert. Holger Gross machte Anstalten aufzustehen.

„Aber bevor Sie gehen", bremste sein Chef, „bedenken Sie, dass wir uns auch um die inhaltliche Seite kümmern müssen. In Athen nur Hallo zu sagen und sich über den Zahlungsstopp zu beschweren, reicht nicht. Wir müssen in der Sache etwas auf der Pfanne haben. Sie kümmern sich schnellstmöglich um das Thema Seitenneigung des Bootes."

„Ja, natürlich", sagte Holger Gross, „das bespreche ich gleich morgen früh mit meinen Leuten."

Er wandte sich zum Hinausgehen.

„Im Übrigen", rief Dr. Überall ihm hinterher, „werde ich mich unter vier Augen mit Ihrem Counterpart Nautarakis zusammensetzen, um zu testen, was er von dem Brief des Rüstungsdirektorats weiß und ob er dahintersteht oder nicht. Schaden kann es nicht und sicherlich erwartet er das auch."

Während Dr. Überall an diesem Abend zusammen mit seiner Frau Annegret im Plöner Schloss einem Doppelkonzert von Johann Sebastian Bach lauschte und dabei die Griechen für einige Stunden vergaß, hatten sich Holger und Karen Gross schon vor Längerem ein Essen im Restaurant „Hellas" vorgenommen. Sie mochten griechische Küche und hatten bei mehreren Urlauben auch Land und Leute schätzen gelernt.

Das vor einigen Monaten neu eröffnete „Hellas" war Holger Gross schon von Evangelos Nautarakis und Andrea Pamboulis empfohlen worden. Restaurantchef Kostas Aslanides begrüßte ihn und seine Frau Karen nun persönlich und führte sie zu ihrem reservierten Tisch. Ausnahmsweise schien an diesem Ort die traditionelle griechisch-türkische Feindschaft außer Kraft gesetzt, denn der Kellner, der ihre Bestellungen entgegennahm, wurde Mehmet gerufen.

Holger Gross erzählte seiner Frau, was am Tag passiert war.

Karen Gross, eine durch und durch resolute und handfeste Physiotherapeutin, war gegenüber Dingen, die sie nicht genau einschätzen konnte, immer skeptischer als er. „Ich habe den Verdacht, dass diese Ereignisse dir, aber auch der Werft noch schwer zu schaffen machen werden“, sagte sie, nachdem beide ihr Lieblingsgericht Souvlaki serviert bekommen hatten.

„Nun sei doch nicht so misstrauisch“, sagte Holger Gross und nahm einen Schluck Retsina, „die Taufpatin hat das Seil schließlich mit einem Hieb durchtrennt, das muss einfach Glück bringen. Wir werden den Griechen diesen Quatsch schon ausreden. Sie schaden sich doch selbst, wenn sie die Fertigstellung der DYTIS unnötig verzögern. Übrigens wollte ich mich dazu mit Andrea Pamboulis im Yacht-Club treffen – du weißt, die Stellvertreterin von Evangelos Nautarakis, mit der ich bei der Arbeit ganz gut klarkomme. Von der kriege ich bestimmt raus, was hinter dem ganzen Zinnober steckt.“

„Dass du dir da mal nicht was antust“, sagte Karen mit strengem Blick durch ihre großen, kreisrunden Brillengläser. „Was machst du, wenn die Gute deine rein dienstliche Fragerei falsch versteht?“ Holger Gross, der diesen Testballon bewusst gestartet hatte, versuchte seiner Frau zu erklären, was er vorhatte und dass sie sich keine Sorgen machen solle.

Im Ergebnis führten seine Ausführungen dazu, dass beide ihrem Souvlaki wenig Aufmerksamkeit widmeten und ihnen die Lust auf einen Nachtisch verging.

Wortlos fuhren sie nach Hause.

Am nächsten Morgen um acht rief Holger Gross seine stellvertretenden Projektleiter – Thorsten Schnabel für Technik und Ralf Engels für Kaufmännisches – in sein Büro. Wegen seiner Expertise, aber auch wegen der von ihm verschuldeten Nummer mit dem rollenden U-Boot musste zudem Andreas Schmahlfuss antreten, obwohl er als Werftkapitän nicht zum Projektteam gehörte.

„Also Männer, große Scheiße“, kam Holger Gross gleich zur Sache, „das griechische Rüstungsdirektorat hat an ‚Helü‘ geschrieben. Sie reklamieren wegen des Rollens der DYTIS bei der Testfahrt einen Verstoß gegen die anerkannten Regeln der Technik und einen darauf bezogenen Konstruktionsmangel der gesamten 311er-Klasse. Das Blödeste ist, dass die Griechen alle weiteren Zahlungen auf das komplette Programm einstellen. Ihr könnt euch vorstellen, was da oben bei „Helü" gestern los war. Den Brief lesen und mich zu sich raufzitieren war für ihn eins."

Betretene Blicke in der Runde.

„Wir haben nun überlegt, was zu tun ist", fuhr er fort. „Wir werden uns in Athen umhören, was überhaupt den Anstoß für diese Aktion gegeben hat. Sicher ist auch Politik im Spiel. Die andere Sache ist, und deswegen sitzen wir hier zusammen, dass wir ganz objektiv diesem Rollphänomen auf den Grund gehen müssen."

Die Gesichter der Zuhörenden entspannten sich, denn jetzt ging es um Technik.

„Generell ist das Rollen ja von den 309ern schon bekannt", holte Holger Gross weiter aus. „Wenn man mit diesen runden Zigarren bei starkem Seegang an der Oberfläche unterwegs ist, müssen die rollen. Das ist eine Sache der puren Physik. Aber ich habe keinen 309er gesehen, der sich so stark auf die Seite gelegt hat, wie das unsere DYTIS bei der Testfahrt hinbekommen hat. Dazu sollt ihr, Thorsten und Andy, euch schnellstmöglich Gedanken machen. Du, Ralf, guckst ganz genau in den Vertrag und die Spezifikationen bezüglich dieses Verhaltens. Wir müssen uns einen Reim auf das Thema anerkannte Regeln der Technik machen. Das ist auch ein Punkt für dich, Thorsten."

Andreas Schmahlfuss räusperte sich.

„Ich weiß, dass der Vorwurf im Raum steht, ich wär' zu schnell gefahren oder hätte durch Speed-Herausnehmen die Aufschaukelei abmildern können. Mag ja alles sein, ändert aber nichts daran, dass der neue Dampfer sich anders verhält als das alte Modell. Meine These ist, dass es diese komischen Aufschwimmkörper unter dem Kohlefaserdeckel sind, die das Boot zu einem anderen Verhalten bringen, denn diese Dinger hatten wir beim 309er nicht."

„Gut, das müssen wir untersuchen", erwiderte Holger Gross, „ich sehe auch die Griechen jetzt auf genau dieser Fährte. Wenn wir sie davon abbringen wollen, müssen wir das mit hieb- und stichfesten Beweisen tun. Kollege Nautarakis ist zu sehr deutscher Schiffbauer, als dass wir ihn an der Nase herumführen oder mit leichter Kost abspeisen könnten."

Thorsten Schnabel fixierte Holger Gross mit seinen hervortretenden wasserblauen Augen, bevor er sein Statement abgab.

„Der für U 311 neu geformte, längere und auch vom Durchmesser her größere Druckkörper muss sich bei einem dynamischen Seegang anders verhalten als ein 309er. Das ist für mich geradezu zwingend und überhaupt nicht schlimm. Jeder Fachkundige weiß das. Wie viel das in Grad Seitenneigung ausmacht, hat bisher niemanden interessiert oder gestört, solange sich das Boot nicht komplett auf den Kopf dreht, was aber allein vom Schwerpunkt her bei beiden Bootsklassen völlig ausgeschlossen ist."

Holger Gross strich sich nachdenklich über den Bart. Er konnte Thorsten nur Recht geben. Trotzdem mussten sie mit dem rätselhaften Verhalten des Kunden irgendwie umgehen.

„Wenn ich den Vertrag richtig vor Augen habe", meinte nun Ralf Engels, „gibt es dort gar keinen spezifischen Grenzwert für die Seitenneigung. Den angeblichen Mangel nun präzise an den fotografierten zweiundfünfzig Grad Seitenlage festzumachen, erscheint mir aus Kundensicht gewagt, um nicht zu sagen absurd."

„Das sind im Moment alles Annahmen, die nun verifiziert werden müssen", resümierte Holger Gross. „Genau das erwarte ich von euch, absolut vorrangig und schnell. Es geht hier um viel Geld, aber auch um unser Ansehen als U-Boot-Bauer!"

Ob dieser Appell seine Mitarbeiter beeindruckte, war nicht klar auszumachen. Im üblichen gelassenen Bürotrott verließen sie den Raum. Zwei Etagen höher hatte sich Dr. Überall an die Formulierung seines Schreibens an den griechischen Verteidigungsminister gemacht. Als Werftmann der alten Schule saß er wie meistens an normalen Arbeitstagen in einem zweireihigen Marineblazer und dezent blau-rot gestreifter NDW-Hauskrawatte mit Firmenlogo am Schreibtisch. Dabei hatte er die Förde im Rücken, um nicht durch den Schiffsverkehr abgelenkt zu werden.

Das Diktat halbfertig im Kopf, rief er schließlich Sandra Nordmann mit ihrem Stenoblock herein. Er begann, wie er es oft bei schwierigeren Texten zu tun pflegte, im Raum umherzugehen und dabei zügig zu diktieren:

An den Minister für Nationale Verteidigung der Hellenischen Republik, Seine Exzellenz, Herrn Drakos Troianides, übliche Adresse
Betreff: Submarine SM DYTIS

Sehr geehrter Herr Minister,

mit der aus Werftsicht weitestgehend gelungenen Testfahrt Ihres ersten U-Bootes der Klasse NDW U 311 mit der Bezeichnung SM DYTIS im Oktober dieses Jahres tritt das bestehende Bauprogramm U 311 für die Hellenische Republik und die Griechische Marine in eine entscheidende Phase. Aufgrund der weiteren Boote, die bei Hellenic Dockyards in Athen gebaut werden sollen, ist der Erfolg des Programms auch für das Renommee der griechischen Verteidigungsindustrie von erheblicher Bedeutung. Vor diesem Hintergrund und angesichts jüngster Äußerungen Ihres Rüstungsdirektorats bitte ich Sie, sehr geehrter Herr Minister, um ein möglichst kurzfristiges Gespräch bei Ihnen in Athen.

Er warf Sandra Nordmann einen verschwörerischen Blick zu und fuhr fort:

Ihr freundliches Einverständnis voraussetzend, wird sich mein Sekretariat in den nächsten Tagen mit Ihren Mitarbeitern wegen einer konkreten Terminvereinbarung in Verbindung setzen. In der Hoff-

nung auf eine baldige Möglichkeit des Austauschs sowie mit dem Ausdruck vorzüglicher Hochachtung, Ihr usw.

Sandra Nordmann wusste, was auf sie zukam. Ein telefonischer Kontakt mit dem griechischen Verteidigungsministerium glich aus ihrer Sicht als zupackende Flachland-Norddeutsche der Bezwingung einer steilen Bergwand.

„Chef, das kostet aber Härtefall-Zulage“, sagte sie.

„Wenn Sie das geschafft haben, gibt’s ’ne Schachtel Marzipan“, erwiderte Dr. Überall mit einem Blick, der keinen Zweifel ließ, wie wichtig ihm hier der schnelle Erfolg war.

Als Sandra Nordmann ihm nach wenigen Minuten den fertigen Brief vorlegte, war er mit seinem Text auch nach nochmaligem Lesen zufrieden und unterschrieb besonders schwungvoll.

„Den Brief schicken Sie als eingescannte Anlage per Mail sofort an das Ministerbüro“, wies er sie an. „Morgen können Sie dort telefonisch Ihr Glück versuchen. Ach, und noch was: Ich brauche bei nächster Gelegenheit unter vier Augen Commander Nautarakis.“

Kurz vor vier am Nachmittag dieses Tages stand Evangelos Nautarakis in seiner ordenlosen Dienstuniform bei Sandra Nordmann in der Bürotür.

„Na, wie geht’s hier oben?“, fragte er in unschuldigem Ton.

„Hier brennt der Busch“, gab Sandra Nordmann zurück, auch weil sie sich darüber ärgerte, wie viel Arbeit ihr der Brief des Rüstungsdirektors mutmaßlich noch eintragen würde. „Aber Sie werden es ja vom Chef gleich selbst hören.“

„Was hören?“ In diesem Moment öffnete sich die Tür zum Büro von Dr. Überall.

Der NDW-Chef begrüßte Commander Nautarakis betont freundlich, bat ihn herein und forderte ihn auf, auf dem Besucherstuhl Platz zu nehmen, während er sich wieder in seinen

Chefsessel hinter dem Schreibtisch setzte. „Sicherlich wissen Sie, was Ihr Rüstungsdirektor General Platonides mir geschrieben hat“, sagte er und wies auf den vor ihm liegenden Brief.

„Ja, natürlich“, sagte Nautarakis.

„Sicherlich ist Ihnen auch bewusst, was für ein Fass hier aufgemacht wird. Uns vorzuwerfen, dass die SM DYTIS einen gravierenden Konstruktionsmangel hat, ist nicht nur harter Tobak, sondern beschädigt die gesamte strategische Zusammenarbeit, die wir mit dem Bauprogramm und der Privatisierung der Hellenic Dockyards in Athen vereinbart haben. Wir hatten dabei ja eine Art gemeinsame Werkbank im Blick, auf der wir das Modell U 311 nicht nur für Griechenland, sondern anschließend auch für etliche andere Länder bauen wollten, und zwar mit erheblichen Wertschöpfungsanteilen in Ihrem Land. Mit diesem Schreiben sind die Leute, die das bei Ihnen betreiben, auf dem besten Wege, alles zu zerstören.“

Evangelos Nautarakis bemühte sich um einen neutralen Gesichtsausdruck.

„Meine Frage ist“, fuhr Dr. Überall fort, „ob das wirklich gewollt sein kann und wie Sie dies persönlich sehen. Ich weiß ja, dass Sie halber Deutscher sind, Schule und Studium bei uns absolviert haben, also irgendwie so ticken wie wir. Daher auch mein Wunsch, dass wir heute unter vier Augen miteinander reden.“

„Ich danke Ihnen für das entgegengebrachte Vertrauen“, erwiderte Nautarakis. „Zugleich muss ich betonen, dass ich mich als Angehöriger der griechischen Streitkräfte bewusst entschieden habe, loyal der griechischen Fahne zu dienen. Außerdem habe ich hier in Kiel als Vertreter Ihres Kunden dessen Interessen wahrzunehmen. Das schließt auch Meinungsverschiedenheiten ein, die sachlich ausgetragen werden müssten. Was aus bestimmten Themen politisch gemacht wird, ist nicht unter meiner Kontrolle. Darüber müssen Sie mit dem zuständigen Minister und auch den Oberen der Griechischen Marine sprechen.“ „Und Ihre persönliche Einschätzung?“, fragte Dr. Überall.

„Ich kann nur sagen, dass das Verhalten der SM DYTIS auf der Testfahrt durchaus gut war, solange es um die Revierfahrt und die Tauchfahrt ging. Als wir jedoch zur Überwasserfahrt kamen, wurden wir alle im Boot in bisher nie gekannter Form durchgeschüttelt."

Dr. Überalls zweifelnder Blick ließ es Evangelos Nautarakis nötig erscheinen, noch dicker aufzutragen.

„Stellen Sie sich vor, dieser Raum hier würde sich im Winkel von zweiundfünfzig Grad auf die Seite legen und anschließend wieder zurückpendeln, um sich unmittelbar danach zur anderen Seite auf mehr als fünfundvierzig Grad in die Schräglage zu begeben. Ich möchte gern sehen, wie Sie reagieren würden. Seegang sind wir ja alle gewöhnt Aber so etwas hatte selbst ich als geübter U-Boot-Fahrer noch nie erlebt."

Die Schilderung schien ihre Wirkung auf sein jetzt finster dreinblickendes Gegenüber nicht zu verfehlen.

„Daher sage ich hier unter uns", fuhr Nautarakis fort, „mit Ihrem Design kann etwas nicht stimmen. Mag sein, dass es nur eine Kleinigkeit ist, vielleicht auch nicht. Wir als Kunde können nicht in der Pflicht sein, das für Sie herauszufinden. Das ist Sache der Werft. Nicht mehr und nicht weniger habe ich Ihrem Team unter der Leitung von Holger Gross und anschließend der Leitung unserer U-Boot-Flottille berichtet."

„Danke für Ihre Offenheit", sagte Dr. Überall. „Ihre Erfahrung als Schiffbauer, Marineoffizier und U-Boot-Fahrer respektiere ich. Aber warum setzt man sich nicht hier unter Fachleuten zusammen und redet sachlich über das Thema und mögliche Lösungen? Warum gleich dieses Schwert mit dem Zahlungsstopp und dieser offizielle Brief an mich?"

Evangelos Nautarakis überlegte einen Moment und sah dabei aus dem Fenster. „Ich bin mir nicht sicher, wie ich Ihnen das erklären soll", antwortete er schließlich. „Die Werft ist für uns so etwas wie ein übermächtiger Partner. Sie haben jahrzehntelange Erfahrung im Bau von U-Booten, Sie haben hier ein Team im Einsatz, das mindestens zehnmal größer ist als unseres. Wir haben aus eigener Kraft gar keine Möglichkeit, mit einem grundsätzlichen Anliegen durchzudringen, wenn es nicht von unserem Ministerium und dem Rüstungsdirektorat flankiert wird. Sicher säße ich nicht hier bei Ihnen, wenn es diesen Brief nicht gäbe."

„Da haben Sie wahrscheinlich recht", räumte Dr. Überall ein und beeilte sich, die Wertschätzung der Norddeutschen Werft für die Griechische Marine als langjährigen Kunden herauszustreichen.

Evangelos Nautarakis glaubte, das Gespräch sei nun zu Ende. Umso überraschter war er über Dr. Überalls nächste, brisante Frage.

„Was meinen Sie, sind in diesem Prozess auf griechischer Seite politische Interessen oder Einflussnahmen am Werk?"

„Herr Dr. Überall", erwiderte Nautarakis, „Sie sind lange genug im Geschäft, um zu wissen, dass ein solches Programm immer ganz oben in der politischen Aufmerksamkeit steht. Ich kann nur wiederholen: Diese Frage müssen Sie Ihren politischen Gesprächspartnern stellen, wenn Sie demnächst in Athen sind."

„Danke für den Hinweis", sagte der NDW-Chef kühl.

Er schien blasser geworden zu sein und hatte die Mundwinkel herabgezogen.

Evangelos Nautarakis spürte Dr. Überalls Verärgerung und hatte selbst das Gefühl, hier könnte ihm ein falscher Zungenschlag hineingeraten sein.

Er versuchte eine Nachbesserung.

„Ich weiß, dass Sie diese Antwort nicht zufriedenstellt. Daher versuche ich es zu differenzieren. Wir Soldaten haben natürlich auch eine Privatmeinung, die aber in einem solchen Gespräch wie hier nichts verloren hat. Sie sprechen mit mir als dem Repräsentanten der Griechischen Marine und nicht mit dem Privatmann Evangelos Nautarakis. Insofern hoffe ich auf Ihr Verständnis, wenn ich Ihre Erwartungen nicht erfüllen kann."
„Ich verstehe schon", gab Dr. Überall jetzt freundlicher zurück.

Ihm schien klar zu werden, dass er einen in seiner griechischen Marineuniform vor ihm sitzenden Commander nicht so an die Kante hätte führen dürfen.

Beide sahen sich einen Moment in die Augen, ohne etwas zu sagen. Evangelos Nautarakis war erleichtert, als Dr. Überall nach diesem Augenblick des Schweigens wieder in einen geschäftsmäßigen Tonfall zurückfand.

„Das Thema ist nun auf dem Tisch und wir als Werft müssen damit umgehen. Meine einzige Erwartung an Sie ist, dass Sie ihren Sachverstand und Ihre Autorität in der Griechischen Marine dafür einsetzen, dass wir partnerschaftlich und fair darüber diskutieren, bis wir eine allseits akzeptable Lösung gefunden haben."

„Dazu haben Sie mein Wort", sagte Evangelos Nautarakis.

Er lächelte Dr. Überall zu und ergriff seine ausgestreckte Hand.

Am Freitagmorgen kam Dr. Überall wie immer, wenn er nicht geschäftlich unterwegs war, pünktlich um acht ins Büro. Sandra Nordmann war, auch wie immer, fünfzehn Minuten früher da, um die Kaffeemaschine in Gang zu bringen und den Computer hochzufahren.

„Schönen guten Morgen", begrüßte sie ihren Chef, „wir hatten ja zuletzt besprochen, die Reaktion des Ministerbüros in Athen abzuwarten. Wie befürchtet, hat sich von dort noch nichts getan. Soll ich mal anrufen, um zu sehen, ob man dort Ihre Mail wenigstens erhalten und zur Kenntnis genommen hat?"

Es war klar, dass das eine rein rhetorische Frage war.

„Just to please me", gab Dr. Überall mit breitem Grinsen zurück. „I will do my very best!", antwortete Sandra Nordmann rollengemäß.

„Aber nicht schon jetzt um kurz nach acht", sagte Dr. Überall, „denn dann ist dort noch niemand an Deck. Vor zehn brauchen Sie es gar nicht zu versuchen, besser erst um elf, damit die Griechen auf einer gewissen Betriebstemperatur sind."

„Schon klar, ich kenne ja unsere Pappenheimer."

Dr. Überall ging in sein Zimmer und las wie immer als Erstes die für ihn bereitliegenden Kieler Nachrichten. Die heutige Ausgabe zeigte auf der Titelseite ein Foto der SM DYTIS im Dock der Norddeutschen Werft mit einem Artikel des wohlbekannten Lokalreporters Bernd Brückner und der Schlagzeile: *Neues U-Boot beinahe umgekippt – Alarmierende Nachrichten von Probefahrt durchgesickert.*

Als Sandra Nordmann ihm den Kaffee brachte, starrte Dr. Überall immer noch auf den Artikel.

„Das ist ja das Allerhinterletzte", grollte er. „Frau Nordmann, holen Sie mir sofort den Brückner an die Strippe!"

Seine Sekretärin versuchte vergeblich, den Reporter in der Redaktion zu erreichen.

„Da geht noch keiner ran", rief sie, „Sie wissen doch, unsere Journalisten arbeiten wie die Griechen. Vor zehn geht da nix."

„Dann den Chefredakteur!", verlangte Dr. Überall.

Sandra Nordmann versuchte, Dr. Martin Albrecht zu erreichen, natürlich erfolglos – schließlich war er ebenfalls Journalist.

„Nichts zu machen um diese Zeit", beendete sie ihre Versuche.

Um seinen Unmut irgendwo loszuwerden, rief Dr. Überall Commander Nautarakis an, der auch gleich am Apparat war.

„Ich bin wirklich entsetzt über die Geschichte in den heutigen Kieler Nachrichten", legte Dr. Überall los, „es ist unglaublich, was da alles durchgestochen wird. Jetzt wird die Geschichte so aufgemotzt, dass man meint, die DYTIS hätte sich um die eigene Achse gedreht und wäre nur knapp einer Katastrophe entgangen. Wir wissen nicht, wer dem Brückner so einen Unfug erzählt hat. Ich kann mir nicht vorstellen, dass jemand von der Werft das in die Welt gesetzt hat. Sie wissen ja, hier hält man zusammen wie Pech und Schwefel. Aber auch Sie sollten Ihre Leute dazu vergattern, auf jeden Fall die Klappe zu halten."

Man konnte direkt hören, wie Evangelos Nautarakis einschnappte.

„Herr Dr. Überall, bei allem Respekt, aber ich muss mir die Unterstellung, dass meine Leute oder ich die Quelle für diesen Artikel gewesen seien, in aller Form namens der Griechischen Marine verbitten. Wir haben einen soldatischen Eid geschworen und wissen besser als die meisten Zivilisten, wie mit Geheimnissen umzugehen ist. Ich habe die Ergebnisse der Testfahrt extra als militärisches Geheimnis eingestuft. Wer sie an Dritte herausgibt, riskiert eine langjährige Gefängnisstrafe. Das können Sie also ausschließen. Ich will mich auch bewusst nicht an Spekulationen beteiligen, wer es auf Seiten der Norddeutschen Werft gewesen sein könnte. Da mag es ja die verschiedenartigsten Interessen geben. Aber bitte, das ist nicht meine Baustelle."

Dr. Überall, durch diese Antwort keineswegs besänftigt, schaltete dennoch ein wenig zurück.

„Hätten Sie denn eine Idee, wie man die Sache in der Öffentlichkeit wieder richtigstellen könnte?"

„Da kann ich Ihnen auch nicht helfen", erwiderte Commander Nautarakis, „ich bin ja nicht Ihr Pressesprecher."

Wenigstens schien Sandra Nordmann nun bei ihren Telefonierversuchen beim griechischen Verteidigungsministerium Erfolg zu haben.

„Hello, this is Sandra Nordmann, assistant to the CEO of Norddeutsche Werft in Kiel, Germany", begann sie routiniert, „ich würde gern wissen, ob Sie unsere E-Mail mit dem Brief von Dr. Überall an Minister Drakos Troianides erhalten haben."

„Hello, here Minister's Office, I cannot hear you. Who is calling?", sagte eine schwer zu verstehende weibliche Stimme am anderen Ende der Leitung.

Sandra Nordmann wiederholte ihren Spruch, konnte aber wiederum nicht durchdringen. Dann machte es knack und tut, tut, tut … Umgehend wählte sie erneut dieselbe Nummer. Dieses Mal meldete sich eine männliche Stimme und Sandra Nordmann wiederholte ihr Anliegen. „I am sorry, the Minister is not in his office“, erwiderte die männliche Stimme.

„Ich möchte gar nicht den Herrn Minister sprechen“, sagte Sandra Nordmann, „ich würde nur gern wissen, ob Sie unsere E-Mail mit dem Brief unseres CEO Dr. Überall an Herrn Minister Drakos Troianides erhalten haben.“

„I am sorry, aber ich beschäftige mich nicht mit E-Mails an den Minister“, sagte die männliche Stimme.

„Können Sie mich dann bitte mit der Person verbinden, die E-Mails an den Herrn Minister bearbeitet?“, fragte Sandra Nordmann.

Daraufhin entstand Stille auf der anderen Seite, so als würde sich der Angesprochene in einem großen Raum voller Menschen nach der richtigen Person umsehen. Nach einer Weile ertönte ein Räuspern.

„Sorry, aber die Person, die sich mit den Mails beschäftigt, ist im Urlaub“, sagte nun die männliche Stimme. „Hier ist niemand, mit dem ich Sie verbinden könnte.“

Sandra Nordmann als erfahrene Chefsekretärin konnte es nicht fassen.

„Bitte“, rief sie, „es wird doch jemand anderes für den Herrn Minister seine Mails sichten, solange die Person, die das sonst tut, im Urlaub ist!“

Daraufhin herrschte wiederum Stille am anderen Ende der Leitung, gefolgt von einem Knacken und tut, tut, tut …

Verdammter Mist! fluchte Sandra Nordmann innerlich und versuchte es sofort wieder. Unmittelbar nach dem Drücken der Telefonnummer meldete sich eine selbstbewusst klingende Männerstimme. „Drakos speaking, hello my dear, how did you sleep in my arms last night? What are we going to do tonight?“

Sandra Nordmann fasste sich schnell und stellte geistesgegenwärtig zu ihrem Chef durch.

„Der Minister für Sie!“

Dr. Überall übernahm das Gespräch.

„Guten Tag, Herr Minister, hier spricht Heino Überall, CEO der Norddeutschen Werft in Kiel. Wie geht es Ihnen?"

„Oh", entfuhr es Drakos Troianides, „ich muss zugeben, dass ich etwas überrascht bin, da ich eigentlich jemand anders am Telefon erwartet hatte. Aber mir geht es gut, danke."

„Herr Minister, da wir nun miteinander sprechen: Ich habe Ihnen einen Brief geschickt und darin um eine Gesprächsmöglichkeit bei Ihnen gebeten. Es geht um unser U-Boot-Programm, genauer gesagt um die Probefahrt der SM DYTIS."

„Ja, ja, ich habe davon gehört, dass es da ein Problem gab. Aber ich bin einfacher Ökonom und kein Ingenieur. Also sprechen Sie darüber mit meinen Fachleuten. Ich wünsche Ihnen einen guten Tag."

Im nächsten Moment hörte Dr. Überall das wohlbekannte Knacken und tut, tut, tut …

Er rief Sandra Nordmann zu sich.

„Wie hatten Sie den denn an die Strippe bekommen?"

„Er hat mich wohl für sein jüngstes Date gehalten. Konnten Sie denn alles Notwendige mit ihm klären, Datum, Uhrzeit?"

„Ach was, überhaupt nichts", antwortete Dr. Überall frustriert, „er hat meine Terminbitte rundheraus abgelehnt und mich auf seine ‚Fachleute' verwiesen. Eine Unverschämtheit!"

„Und jetzt? Was ist der Plan B?", fragte Sandra Nordmann etwas vorlaut.

Dr. Überall schaute leicht beleidigt.

„Nun, ich muss jetzt meinen letzten politischen Joker aktivieren, den ich in Athen noch habe", sagte er. „Das ist Finanzminister Paraskevolou, den ich aus der Verhandlungszeit vor rund zehn Jahren kenne. Sie wissen ja, damals war er Staatssekretär im Finanzministerium und wir haben gemeinsam viele Steine aus dem Weg räumen können. Versuchen Sie mal, seine aktuellen Kontaktdaten herauszubekommen."

Er begann sogleich eine Mail zu entwerfen, in der er den Finanzminister um ein kurzfristiges Gespräch unter Einbeziehung von Verteidigungsminister Drakos Troianides bat. Sandra Nordmann hatte die Adresse schnell gefunden, und die Mail wurde abgesendet.

Dr. Überall dachte an ähnliche Erlebnisse während der Verhandlungen über den Erwerb der Hellenic Dockyards zurück.

Wenn sie etwas von dir wollen, musst du springen, aber wehe, du willst etwas von ihnen, das ihnen nicht in den Kram passt. Dann läufst du ihnen hinterher ohne Ende.

So schien es jetzt auch zu sein. Zumindest wollte im Moment keiner mit ihm reden. Die Schlussfolgerung war, dass offenbar niemand ein wirkliches Interesse an der planmäßigen Abnahme des Bootes hatte.

Das irritierte ihn am meisten von allem.

Bei der Lagebesprechung mit Holger Gross und seinen Stellvertretern Thorsten Schnabel und Ralf Engels am frühen Nachmittag redete Dr. Überall sich über den Artikel in den Kieler Nachrichten noch einmal richtig in Rage.

„Das ist alles einfach unfassbar!“, rief er. „Aber Wehklagen nützt nichts, wir müssen einen vertretbaren Umgang mit dem Problem finden, und zwar schnell.“

Er untermalte diesen Satz mit einem Faustschlag auf den Tisch.

Holger Gross zuckte bei dieser ungewohnten Geste seines Chefs merklich zusammen und wies dann wortlos in Richtung des Kollegen Engels, der nun zum Vertraglichen referierte. „Der Bauvertrag über die SM DYTIS und die drei Folgeboote hat mit allen Anlagen über achthundert Seiten. Auch wenn ich nicht alles nochmals Wort für Wort gelesen habe, konnte ich doch die wichtigsten Passagen für unser Thema überprüfen. Da ist zum einen die über zweihundert Seiten starke technische Spezifikation. Dort gibt es eine Anlage mit der Prüfspezifikation zu den einzelnen Testzuständen des Bootes, wie sie bei der Testfahrt im Oktober auch abgearbeitet wurden. Unter Ziffer zweiundzwanzig heißt es: *Bei der Überwasserfahrt gelten Richtwerte, wonach sich das Boot bei Windstärken bis einschließlich Beaufort-Stärke sieben um bis zu fünfzig Grad, bei Windstärken zwischen acht und zehn um bis zu fünfundfünfzig Grad und bei Windstärken oberhalb zehn um bis zu maximal sechzig Grad zur Seite neigen darf, jeweils gemessen als Abweichung von einer lotrechten Mittelachse.*"

Dr. Überall hielt es vor Ungeduld kaum auf seinem Stuhl.

„Schön", sagte er, „wenn wir doch bei der Fahrt Windstärke acht oder mehr hatten, ist ja alles in Ordnung."

„Ja", sagte Holger Gross, „das Dumme ist nur, dass wir zu dem Zeitpunkt, als Nautarakis das berühmte Foto gemacht hat, vermutlich noch nicht Windstärke acht nachweisen können, sondern erst sieben. Das zeigt zumindest die Aufschreibung der Windstärkenmessung an Bord der DYTIS."

In diesem Moment steckte Sandra Nordmann den Kopf zur Tür hinein.

„Chef, Finanzminister Paraskevolou für Sie am Apparat!"

Dr. Überall machte einen Sprung in Richtung seines Schreibtischs und bedeutete Gross, Schnabel und Engels, sitzen zu bleiben.

Sandra Nordmann stellte das Gespräch durch.

„Guten Tag, Herr Minister", rief Dr. Überall hinter seinem Schreibtisch stehend in den Hörer, „es ist sehr gut, von Ihnen zu hören! Ich hoffe, es geht Ihnen gut?"

Seine Mitarbeiter starrten auf ihren Chef.

„Ja, Herr Minister, ich weiß es sehr zu schätzen, dass Sie zu einem Gespräch schon am kommenden Mittwoch um zehn Uhr bei Ihnen im Büro bereit sind. Könnten Sie sich vorstellen, Ihren Kollegen Troianides zu überreden, dazuzukommen? Das würde ich sehr begrüßen."

Dr. Überall hielt wieder einen Moment inne, um zuzuhören.

„Herr Minister" sagte er dann, „als ich ganz kurz mit Minister Troianides am Telefon sprechen konnte, wollte er mich auf seine Fachleute verweisen. Mit denen allein wird es aber keine Lösung geben. Daher wäre ein Gespräch mit Ihnen und Ihrem Verteidigungskollegen am kommenden Mittwoch wirklich exzellent! Ich danke Ihnen sehr herzlich für Ihre Unterstützung!“

Nach einer weiteren Pause rief er in den Hörer:

„Herr Minister, ich danke Ihnen nochmals und freue mich auf das Treffen am kommenden Mittwoch. Bis dann!“

Dr. Überall legte auf. „Tja, die Notwendigkeit zu wissen, wo wir genau stehen, kommt nun schneller als gedacht“, sagte er mit breitem Siegerlächeln.

Er rief Sandra Nordmann herein und bat sie, für Holger Gross und sich selbst den Hinflug nach Athen am Montagnachmittag und den Rückflug am Donnerstagnachmittag zu buchen. Alle anderen Termine in Griechenland mussten nun in dieses Zeitfenster hineingepackt werden.

Schließlich wandte er sich wieder an die Anwesenden.

„Wo waren wir stehen geblieben?“

„Bei der Windstärke“, antwortete Holger Gross. „Es ging um den Nachweis, ob es schon Windstärke acht war oder nur sieben und ein bisschen.“

„Haben Sie alle Wetterdienstdaten abgefragt?“, fragte Dr. Überall. „Klar“, sagte Ralf Engels, „aber das sieht für uns noch ungünstiger aus, weil diese Daten immer nur für ein größeres Seegebiet zu haben sind. Da waren wir näher bei Windstärke sechs als bei sieben.“

„Wissen wir denn, warum der Kahn sich so aufschaukelt, offenbar ja mehr, als wir es vom 309er gewöhnt waren?“, fragte Dr. Überall.

„Bisher haben wir nur Vermutungen“, sagte Thorsten Schnabel. „Der Bootskörper hat am Bug eine rundere Form als sein Vorläufer, was allerdings auch Vorteile hat. Außerdem dürfte es mit der Ballast- und Masseverteilung im Boot zu tun haben. Das ist aus unserer Sicht aber alles so unkritisch wie das Schaukeln an sich. Ein Unterwasserboot ist eben, wie der Name schon sagt, rein physikalisch nicht für eine Überwasserfahrt bei hohen Wellen gedacht. Wenn das so wäre, sähe es aus wie eine Fregatte." „Ist ja alles richtig", unterbrach Dr. Überall diese ihm etwas trivial erscheinenden Belehrungen, „es ändert aber nichts daran, dass wir aus der Nummer so herauskommen müssen, dass uns nicht das gesamte Programm abstürzt und obendrein unser Ruf beschädigt wird."

Thorsten Schnabel blickte etwas gekränkt aus seinen hervortretenden wasserblauen Augen.

„Ich fasse vorläufig zusammen", sagte Dr. Überall. „Wir haben Richtwerte in der Vertragsspezifikation, die eine Seitenlage von zweiundfünfzig Grad zulassen, sofern die gemessene Windstärke acht oder höher ist. Das zeigt schon mal, dass eine solche Seitenlage von der Physik her durchaus zulässig ist und damit kein Grundsatzproblem darstellt. Hauptproblem gegenüber unserem Kunden ist also, dass Windstärke acht in dem Moment, in dem die zweiundfünfzig Grad angezeigt wurden, nicht klar nachweisbar ist. Darum zieht sich unser Kunde an dem Argument hoch, das Boot hätte sich stärker auf die Seite gelegt, als es die Richtwerte der Prüfspezifikation erlauben. Das macht er an einer anerkannten Regel der Technik fest, die wir aber so nicht nachvollziehen können. Richtig?"

Er wandte sich mit einer fragenden Geste an Thorsten Schnabel.

„Die anerkannten Regeln der Technik sind letztlich solche, die durch uns als U-Boot-Designer mitgeprägt worden sind", antwortete Schnabel immer noch leicht beleidigt. „Entscheidend ist der Schwerpunkt des physikalischen Körpers, um dessen Rollverhalten es geht. Für unser Boot ergibt sich daraus ein Ablenkungswinkel von sechzig Grad für die maximal zulässige Seitenneigung."

„Gut, so könnte ich es als Ingenieur auch nachvollziehen", sagte Dr. Überall. „Wenn wir also in Athen mit den Entscheidern sprechen, würde ich wie folgt argumentieren. Erstens: Von der Physik her bewegt sich das Boot in den Grenzen, die von den Regeln der Technik vorgegeben sind. Abhängig vom Schwerpunkt bedeutet dies eine maximale Seitenlage von sechzig Grad, die hier keinesfalls überschritten wurde. Zweitens: Die konkrete Seitenabweichung ist abhängig von der Anregung, sprich von der Windstärke und dem sich daraus ergebenden Wellenprofil, wobei es nicht darum gehen kann, ob man bei den festgestellten zweiundfünfzig Grad Seitenlage nun genau Windstärke acht oder ein Stück weniger hatte. Das fällt zum einen unter Messungenauigkeit und zum anderen war das Boot erwiesenermaßen nie in einem kritischen Zustand außerhalb der physikalisch zulässigen Werte."

Sandra Nordmann steckte nochmals ihren Bubikopf zur Tür herein, da sie nun endlich Bernd Brückner von den Kieler Nachrichten am Telefon hatte.

„Der kommt mir jetzt gerade recht", rief Dr. Überall kampfeslustig und stellte das Telefon laut, sodass die Anwesenden das Gespräch mithören konnten.

„Hallo, Herr Brückner, da haben Sie ja eine schöne Räuberpistole auf Seite eins Ihrer Zeitung veröffentlicht", legte er los, „Sie wissen doch, dass so etwas, wenn es nicht stimmt, unser Geschäft massiv schädigt."

„Was heißt hier ‚nicht stimmt'?", gab Brückner zurück. „Gehen Sie mal davon aus, dass ich eine verlässliche Quelle habe, sonst hätte ich das nicht so geschrieben."

„Aber Sie hätten ja auch uns mal fragen können", schnaubte Dr. Überall, „sonst fragen Sie bei jeder kleinsten Gelegenheit. Ich will Ihnen mal in Kurzform erklären, warum Sie mit Ihrem Artikel auf dem Holzweg sind: Erstens ist ein U-Boot bekanntlich nicht für eine Fahrt bei starkem Wind und Seegang an der Meeresoberfläche gemacht. Sonst hätte es ja Stabilisatoren und sähe aus wie ein Kreuzfahrt- oder Containerschiff" – er benutzte bewusst nicht den Vergleich mit einem Kampfschiff. „Dabei verhält sich das Boot physikalisch wie ein Stehaufmännchen, komplett umkippen kann es gar nicht. Und zweitens hat sich unser Boot niemals außerhalb der zulässigen Grenzwerte bewegt."

„Aber warum kann Ihr Kunde, die Griechische Marine, behaupten, das Boot habe sich während der Testfahrt entgegen den anerkannten Regeln der Technik verhalten, hätte also einen Mangel?“, fragte Reporter Brückner.

„Da werden Sie wohl der Kundenseite auf den Leim gegangen sein“, erwiderte Dr. Überall. „Anscheinend will man in Athen schlicht keine weiteren Zahlungen an die Norddeutsche Werft leisten.“

„Darf ich Sie damit zitieren?“, fragte Brückner.

„Nein“, antwortete Dr. Überall kategorisch, „Sie haben mich gefragt, warum der Kunde sich meiner Meinung nach so verhält. Als reine Hintergrundinformation habe ich Ihnen gesagt, was ich aktuell dazu denke, mehr nicht.“

Brückner nahm dies zur Kenntnis und bedankte sich für das Gespräch.

Dr. Überall kehrte zur Sitzgruppe mit Gross, Schnabel und Engels zurück.

„Also doch der Nautarakis und seine Leute, die hier die Kieler Nachrichten verrückt gemacht haben“, warf er halb fragend in die Runde.

„Ich weiß nicht recht“, meinte Holger Gross. „Eigentlich schätze ich Nautarakis als verlässlichen und korrekten Zeitgenossen. So etwas traue ich ihm nicht zu. Es sei denn, er hätte dazu eine Weisung aus seinem Ministerium erhalten. Ich würde nicht ausschließen, dass der Pressestab des Ministeriums selbst tätig geworden ist und die Kieler Nachrichten angesprochen hat. Dafür spricht für mich die Streuung des Verdachts, das Boot sei knapp an einer Katastrophe vorbeigeschlittert. So eine schon physikalisch gesehen unsinnige Story hätte Nautarakis als Schiffbauer nie unter die Leute gebracht.“

„Wie auch immer“, beschloss Dr. Überall dieses Thema. „Sagen Sie mal, Herr Gross, Sie wollten sich doch mit Nautarakis’ Stellvertreterin Andrea Pamboulis treffen. Hat das schon stattgefunden?“

„Nein“, sagte Holger Gross errötend, „die Verabredung ist heute Abend, und zwar habe ich sie in den Kieler Yacht-Club eingeladen. Das darf ich doch auf Firmenkosten tun?“

„Meine Genehmigung haben Sie, aber denken Sie an Compliance. Das Essen sollte sich im Rahmen halten.“

Bereits seit Viertel vor sieben wartete Holger Gross an der Bar im Restaurant des Kieler Yacht-Clubs, das man vom Haupteingang aus über die dunkel holzgetäfelte Bar erreichte. Im Sommer war das Restaurant wegen seines schönen Blicks auf die Förde und auf die vor dem Yacht-Club liegenden Segelboote beliebt. Nun im November war die abendliche Aussicht weniger spektakulär.

Um fünf vor sieben erschien Andrea Pamboulis.

Sie hatte sich so in Schale geworfen, dass Holger Gross sie auf den ersten Blick nicht erkannte. Die Korvettenkapitänin war Ende dreißig, von kleiner Gestalt, mit scharf geschnittenen Gesichtszügen, einer markanten Nase und schwarzen, im Alltag streng zurückgekämmten und zum Pferdeschwanz zusammengebundenen Haaren. Heute Abend trug sie sie offen. Dazu hatte sie Make-up aufgelegt und ein leuchtend rotes Seidenkleid angezogen, das ihr, kombiniert mit High Heels, eine weit elegantere Erscheinung verlieh, als Holger Gross sie von ihr kannte.

„Wow, schick siehst du aus“, begrüßte er sie. „Es kommt ja auch nicht alle Tage vor, dass du mich in den Kieler Yacht-Club einlädst“, entgegnete Andrea. „Ich habe mich sehr auf diesen Abend gefreut und hoffe, dass wir über alles reden, nur nicht über die schaukelnde DYTIS und den blöden Artikel von heute Morgen in den Kieler Nachrichten.“

„Versprochen“, sagte Holger Gross, obwohl er ja einen anderen Plan hatte.

Andrea machte ihm nun ebenfalls Komplimente.

„Ich hab dich schon immer als Teamleiter bewundert“, sagte

sie. „Wie schön, dass wir heute mal privat zusammen sein können, in dieser tollen Umgebung. Wenn sie jetzt für uns auch noch gut kochen, wird das ein perfekter Abend.“

Sie setzten sich an den reservierten Tisch in der ersten Reihe am Fenster.

Schon während sie die Speisekarte studierten, geriet Holger Gross innerlich in immer größere Konfusion über den Charakter dieses Treffens. Einerseits hätte er nach Andreas Eröffnung das Ganze gern in einen eher privaten Abend einmünden lassen, der dann natürlich auf seine Kosten gehen musste. Andererseits würde sein Chef ihn ganz bestimmt ausfragen, was er nun herausbekommen hätte.

Er fühlte, dass er so oder so in eine schwierige Situation käme, auch wenn er den Abend nicht auf Firmenrechnung bestritt. Nicht zuletzt müsste er das dann ja seiner Frau erklären – oder es vor ihr verheimlichen.

Der Ober kam, um ihre Bestellung aufzunehmen. Andrea Pamboulis hatte sich für Austern als Vorspeise und Seeteufel als Hauptgang entschieden. Holger Gross schloss sich bei den Austern an, entschied sich aber beim Hauptgang für Rumpsteak. Beim Wein schlug er einen kräftigen deutschen Riesling vor, auch um Andrea nicht die Gelegenheit zu geben, einen teureren ausländischen Wein auszusuchen.

Sie redeten über alles Mögliche. Einmal landeten sie beim Thema mediterrane Küche und Holger Gross fing an, über Ähnlichkeiten und Unterschiede von Griechen und Türken zu sinnieren, aber irgendwie lotste Andrea das Gespräch wieder heraus aus diesem potenziell politischen Fahrwasser. Tatsächlich berührten sie das Thema DYTIS und U-Boot den ganzen Abend nicht. Allerdings lief bei Holger Gross ständig im Hinterkopf mit, wie er das wohl seinem Chef beibringen würde. Er legte sich die Erklärung zurecht, es habe zunächst eines Abends zum Warmwerden bedurft, um beim nächsten Mal umso leichter an Informationen zu kommen.

Als sie gegen halb elf den Kieler Yacht-Club verließen, brachte er Andrea noch zu ihrem Smart, dem von der Norddeutschen Werft gestellten Baustellenfahrzeug.

Beim Zurücksetzen aus der Parklücke lächelte sie ihn aus dem geöffneten Seitenfenster an.

„Das war ein wunderbarer Abend. Aber demnächst werde ich dich bei mir in meiner kleinen Wohnung bekochen. Du magst doch griechische Küche?"

Holger Gross nickte etwas überrumpelt.

„Also, Montag in einer Woche bei mir zum griechischen Abend, abgemacht?"

„Ja, gern", sagte Holger Gross, ohne sich lange zu besinnen.

„Ich freue mich schon darauf, dich zu verwöhnen!", rief Andrea, winkte ihm aus dem Autofenster zu und fuhr davon.

Als Holger Gross gegen dreiundzwanzig Uhr nach Hause kam, hatte er seine Gedanken einigermaßen geordnet und war zu dem Entschluss gekommen, dieses Abenteuer nur aus Pflichtgefühl gegenüber dem Unternehmen einzugehen.

Karen saß stumm vor dem Fernseher und würdigte ihn keines Blickes.

„Was ist denn los mit dir?", fragte er zaghaft.

„Ich bin sauer", erwiderte Karen. „Den ganzen Freitagabend treibst du dich mit dieser Griechin im Kieler Yacht-Club rum. Mit mir warst du das letzte Mal vor mindestens fünf Jahren da. Hat die Sause wenigstens dein Chef gezahlt, wenn sie denn dienstlich war?"

„Der Abend war für die Katz, habe nichts rausbekommen."

„Und für nichts brauchtest du so viele Stunden?"

„Gerade weil es so zäh und unergiebig war, hat es so lange gedauert. Ich musste ja immer wieder neu ansetzen, um an die gewünschten Informationen zu kommen. Aber alles umsonst."

„Armer Irrer", schnaubte Karen.

Holger Gross verzog sich ohne weitere Kommentare ins Schlafzimmer, während sie sich wieder dem Fernseher zuwandte.

An diesem Freitag war Evangelos Nautarakis schon um fünf Uhr nachmittags nach Hause gekommen.

„Du hast mir ja ganz verschwiegen, dass du auf der Testfahrt mit der DYTIS in Lebensgefahr warst!", empfing ihn Anke aufgeregt.

Dabei hielt sie ihm die Titelseite der Kieler Nachrichten entgegen.

„Ach, was für ein Unfug", antwortete Evangelos, „wenn es kritisch gewesen wäre, hätte ich dir das erzählt. So war es aber nicht. Alles auf gut Deutsch gequirlte Schafscheiße, was die Zeitung da schreibt."

„Aber irgendwie müssen die ja darauf gekommen sein", meinte Anke, „komplett erfinden tut ein Journalist so was doch nicht. Ich habe den Verdacht, dass du mir etwas verschweigst. Vermutlich, weil es mich beunruhigen würde."

„Nein, wirklich nicht. Wir haben diese Seitenlage gegenüber der Werft dokumentiert, weil man nie weiß, ob man so etwas irgendwann zum Thema machen muss. Auch wissen wir noch nicht, ob das im Einklang mit unserem Vertrag ist oder nicht, also ob wir es als Mangel rügen müssen. Und wenn etwas auf Papier steht, bekommt es plötzlich Beine und landet in der Presse."
„Habt ihr das lanciert, um die Werft unter Druck zu bringen?"

„Ich zumindest nicht. Du glaubst doch wohl nicht, dass ich mich als deutscher Ingenieur an der Verbreitung von solchem Bockmist beteilige, von dem jeder Fachkundige weiß, dass er nicht stimmen kann."

„Also war es jemand aus deinem Team?"

„Nein, auf meine Leute kann ich mich hundertprozentig verlassen. Es hat keinen Sinn, wild jeden zu verdächtigen." „Aber Andrea, deiner Vertreterin, der traue ich nicht über den Weg", beharrte Anke. „Ich hab' beobachtet, dass sie mit den Männern vom Projektteam anzubandeln versucht, was mir schon nicht gefällt. Und sie soll doch früher bei der militärischen Abwehr beschäftigt gewesen sein. Das war mir schon immer suspekt."

„Mit mir hat sie nie anzubandeln versucht. Und die Geheimdienst-Story ist doch reine Spekulation."

„Wie du meinst, aber ich glaube, du bist da zu harmlos. Ich habe für so etwas den schärferen Blick. Ich kann dir nur raten, wachsam zu sein. Übrigens sind wir immer noch nicht weiter bei der Frage, wer diese Geschichte an die Kieler Nachrichten weitergegeben hat."

„Wenn ich das wüsste, wäre mir auch wohler", sagte Evangelos Nautarakis. „Mir ist schon klar, dass Leute wie Dr. Überall mich ganz oben auf der Verdachtsliste haben. Übrigens hat mich Commodore Lapis für Dienstagmorgen kommender Woche wieder zu sich ins Büro bestellt. Ich muss am Montag wieder rüber nach Athen. Tante Fanni weiß schon Bescheid."

V.
Eulen nach Athen tragen oder dort abholen

Ein grauer, ungemütlicher Novembermontag in Kiel. Fahrer Frido Hansen wartete mit dem Audi A8 vor dem Haupteingang des NDW-Verwaltungsgebäudes, um Chef „Helü“ und U-311-Projektleiter Holger Gross zum Flughafen nach Hamburg-Fuhlsbüttel zu bringen.

Um halb zehn kamen sie die Stufen herunter. Dr. Überall trug einen seiner doppelreihigen Blazer, Holger Gross wie immer einen dezent karierten dunkelblauen Anzug und eine passende Einheitskrawatte mit Werftlogo. Trotzdem vermittelte er auch heute einen leicht derangierten Eindruck, da er wie meistens den obersten Kragenknopf geöffnet hatte.

Während der Fahrt durch den norddeutschen Nieselregen ging Holger Gross die Liste der in Athen anstehenden Termine durch.

„Nach dem Check-in im Hotel Grande Bretagne fahren wir zu unserer Werft in Piräus, treffen CEO Vassilios Navarra und fahren wieder ins Hotel. Dort holt uns Stylianos Elephantinou um halb acht zum Abendessen zu sich nach Hause ab, von wo wir per Taxi zurück zum Hotel kommen. Am Dienstag haben wir um halb zehn den Höflichkeitsbesuch bei Marinechef Papadopoulos und um elf das Treffen mit General Platonides im Rüstungsdirektorat. Nachmittags um vier reffen wir uns in der Bar des Grande Bretagne mit Ex-Marinechef Stourinios. Am Mittwoch um zehn haben Sie den Termin mit Finanzminister Paraskevolou und Verteidigungsminister Troianides. Nachmittags treffe ich mich mit Demosthenes Koulas, für Sie habe ich um vier noch einen Besuch bei Flottenchef Kazantzakis organisiert. Damit wären wir durch, es sei denn, aus den Gesprächen ergeben sich weitere Aktivitäten.“

Holger Gross reichte Dr. Überall das Blatt mit den Terminen und Kontakten.

„Dann hoffen wir mal, dass wir am Donnerstag schlauer nach Hause kommen, als wir heute sind", sagte Dr. Überall und steckte es in seine Jackentasche.

Aus seinen vielen Verhandlungen in Athen hatte er gelernt, dass man keinem dieser Leute hinter die Stirn gucken konnte. Fast jeder hatte eine zweite Agenda im Kopf, die man erst herausfinden musste. Oft waren es persönliche Dinge. Es wurde anders gesprochen als gedacht und man brauchte stets mehrere Gesprächskanäle, um wirklich ein Gefühl dafür zu bekommen, wo der Hase im Pfeffer lag.

War das nicht Commander Nautarakis da am Gate in Fuhlsbüttel? Tatsächlich, er saß in seinem üblichen Werftalltagsoutfit im Wartebereich, neben sich sein Handgepäck, und las im Hamburger Abendblatt.

„Hallo, auch auf dem Weg nach Athen?", sprach Holger Gross ihn an.

Evangelos Nautarakis erhob sich und begrüßte sie freundlich.

„Ich muss ins Verteidigungsministerium zu Commodore Lapis. Bin von zuhause direkt hergefahren, es hätte keinen Sinn gehabt, vorher noch ins Büro zu kommen. Möglicherweise bin ich auch morgen früh bei Admiral Papadopoulos dabei. Das hängt vom Commodore ab. Wenn ja, würden wir uns dort sehen."

Er wusste also von ihrer Verabredung beim Marinechef.

Um Konversation zu machen, fragte Dr. Überall ihn nach seiner Familie.

„Der geht's gut", antwortete Nautarakis, „aber Sie können sich ja vorstellen, dass meine Frau sich über den Artikel in den Kieler Nachrichten letzte Woche sehr aufgeregt hat. Da wurde ich zuhause mit der Frage empfangen, ob auf der DYTIS mein Leben in Gefahr gewesen sei. Das war schon eine heikle Diskussion. Meine Frau ist sehr wahrheitsliebend. Für die griechische Art des Geschichtenerzählens, die sie mir im Laufe der Zeit auch ausgetrieben hat, hat sie gar nichts übrig." „Kann ich gut nachvollziehen. Ich war ja auch ganz schön auf der Palme", sagte Dr. Überall.

Die weitere Reise verbrachten sie getrennt. Commander Nautarakis flog als Staatsbediensteter in der Economy-Klasse und ging nach der Landung etwa zehn Minuten später von Bord als Dr. Überall und Holger Gross, die zügig zum Ausgang eilten. Dort erwartete sie der Fahrer eines Limousinen-Service, um sie in einer alten schwarzen S-Klasse mit abgedunkelten Scheiben zum Hotel Grande Bretagne zu bringen. Auf Nautarakis wartete sein Freund Dimitrios Malenos, der ihn in seinem lavendelduftenden Taxi zu Tante Fanni nach Kap Sounion fuhr.

CEO Vassilios Navarra hatte bei ihrer Visite der Hellenic Dockyards wenig Neues zum Thema DYTIS zu bieten gehabt. Umso gespannter waren Dr. Überall und Holger Gross, als sie auf den Stufen des Hotels Grande Bretagne neben einem schlafenden herrenlosen Hund auf ihren Gastgeber des heutigen Abends warteten.

Gegen zwanzig vor acht scherte ein älterer dunkelblauer Mercedes GLS aus dem Abendverkehr am Syntagma-Platz aus und hielt vor dem Grande Bretagne. Die getönte Brille des Fahrers ließ lediglich die untere Hälfte der Augenpartie erkennen. Aber doch, es war Stylianos Elephantinou, ein stattlicher, groß gewachsener Mann mit weißem, etwas längerem Haar und weißem Vollbart. Heute trug er ein dunkelblaues Jackett mit heller Chinohose, dazu eine schwere goldene Rolex am linken und ein dazu passendes Panzerkettchen am rechten Handgelenk.

Sie stiegen ein. Dr. Überall nahm vorn auf dem Beifahrersitz Platz. „Schön, dass wir uns sehen", hieß Stylianos Elephantinou sie mit seiner sonoren, tiefen Stimme willkommen. „Wir leben hier ja gerade in bewegten Zeiten. Ich habe die Übersetzung des Artikels in den Kieler Nachrichten gesehen. Nehme an, dass ihr auch deswegen hier seid und mich sprechen wollt. Ich denke, ich kann euch helfen, aber darüber müssen wir in Ruhe reden. Erstmal fahren wir zu mir nach Hause, um eine Kleinigkeit zu essen. Danach setzen wir uns zusammen und ich gebe euch meine Lageeinschätzung und sage euch, was ich an eurer Stelle tun würde. Okay?"

„Hört sich gut an", sagte Dr. Überall knapp.

Elephantinou war von seinem ganzen Auftreten her noch nie sein Fall gewesen. Er war genauso wie früher, als er ihm während der Verhandlungen über die Privatisierung der Werft Hellenic Dockyards als deren CEO gegenübersaß. Aber Dr. Überall war entschlossen, jeden Strohhalm für eine Lösung des misslichen DYTIS-Problems zu ergreifen, auch wenn er ihm von Stylianos Elephantinou offeriert würde.

Nach rund zwanzigminütiger Fahrt erreichten sie in einem noblen Villenvorort ein hohes, mit Goldspitzen versehenes schmiedeeisernes Tor. Es öffnete sich, als sich der Mercedes näherte, und schloss sich hinter ihm auch wieder automatisch.

Der Wagen hielt auf einer sauber geharkten hellen Kiesfläche vor einem mit weißem Marmor verkleideten zweigeschossigen Haus, auf dessen Eingang sie nun zugingen. Seitlich der Haustür waren zwischen zwei Marmorsäulen und unter einem mit Kupfer belegten Vordach zwei offenbar originale Elefantenstoßzähne angebracht. Sie sollten anscheinend dem Namen des Hausherrn Ehre machen.

„Selbst geschossen?", fragte Dr. Überall im Vorbeigehen.

„Sicher, beide vom selben Tier in Namibia, alles legal. War ein kapitaler Bursche, von dem ihr im Haus noch einiges wiedersehen werdet", sagte Elephantinou stolz.

Sie durchquerten die große Eingangshalle und betraten einen Wohn- und Versammlungsraum, der an arabische Paläste erinnerte: mehrere Sitzgruppen in unterschiedlichen Farben und Formen, davor jeweils Tische mit Schalen, übervoll mit Obst oder

Süßigkeiten, zwischendrin Schiffsmodelle unter Glashauben und gegenüber dem Eingang ein riesiger Schreibtisch, der offenbar Elephantinous Kommandozentrale darstellte. An der Wand daneben hing der ausgestopfte riesige Elefantenkopf.

Ohne gerufen zu sein, erschien auf leisen Sohlen ein farbiger Bediensteter und fragte nach Getränkewünschen. Dr. Überall votierte für einen Gin-Tonic, Holger Gross für Whisky und Elephantinou orderte „my special". Es stellte sich als das heraus, was man in deutschen Werftkreisen als „Turbinenöl" bezeichnete: Williams Birne mit Vermouth.

Dr. Überall überreichte sein Gastgeschenk, ein auf Englisch verfasstes Buch über die Norddeutsche Werft, dem Elephantinou jedoch keine große Aufmerksamkeit widmete. Es war wohl auch nicht ganz geschickt gewählt, denn er war es ja gewesen, der seinerzeit die Hellenic Dockyards an die Norddeutsche Werft hatte abgeben müssen.

Nach dem Aperitif bat Elephantinou seine Besucher in einen Nebenraum, in dem der Esstisch mit reichem Tischschmuck aus indischem Silber und einer großen Ansammlung von Vorspeisen gedeckt war. Dazu wurde ein griechischer Weißwein ausgeschenkt.

„Ein Spitzenprodukt meines Weingutes auf dem Peloponnes", betonte der Hausherr.

Entsprechend bemüht waren Dr. Überall und Holger Gross, den Wein nach jedem Schluck zu loben.

Elephantinou kam dann unerwartet schnell von selbst auf das Thema U-Boot zu sprechen.

„Eure DYTIS ist ja wohl vom Design her ein ziemlicher Missgriff. Schon ich als schlichter Kaufmann, der aber in seinem Leben viel über U-Boote gelernt hat, hätte euch sagen können, dass sich dieses Ding aufschaukelt wie der Teufel. Da drüben in dem anderen Raum steht ein Modell von eurer schönen alten Tante 309. Die lag mit ihrer dicken Nase auch bei Seegang stabil im Wasser. Wenn aber einer von euren Leuten plötzlich auf die Idee kommt, diese Nase wegzudesignen, dürft ihr euch nicht wundern, wenn sich das Ding aufschaukelt. Also mit anderen Worten: Ihr könnt das drehen und wenden, wie ihr wollt, ihr habt ein dickes Problem am Bein. Dazu noch die Presse, die auch hier in Griechenland jetzt anfängt, Lunte zu riechen. Die ist wie so eine Meute von Bluthunden, die euch hetzt. Am Ende kostet euch das viel, viel Geld. Das kann ich euch jetzt schon voraussagen."

Er lehnte sich zurück, offensichtlich zufrieden, es mit seinem kraftvollen Statement den armen NDWlern gezeigt zu haben.

„So einfach darf man es sich aus meiner Sicht doch nicht machen", entgegnete Dr. Überall, „allerdings gebe ich Ihnen bei Ihrer Einschätzung der Presse recht. Hier würde mich natürlich interessieren, wer das Feuer in Griechenland anfacht. Ansonsten ist der Fall im Grunde viel harmloser, als er landläufig dargestellt wird."

Er spulte dann wieder sein kleines Erläuterungseinmaleins zu den DYTIS-Problemen ab und schloss mit der für ihn entscheidenden Frage:

„Wem würde es nützen, daraus jetzt einen solchen Mega-Fall zu machen?"

„Lieber Doktor", antwortete Elephantinou mit der leichten Herablassung des wissenden Platzhirsches, „dazu lassen Sie mich etwas ausholen. Als wir hier seinerzeit über die Werftprivatisierung verhandelt haben, waren natürlich noch die ‚Schwarzen' am Ruder. Sie haben die Privatisierung betrieben, sodass die oppositionellen ‚Roten' reflexhaft dagegen waren, und zwar gegen den Schritt als solchen, aber auch gegen die Deutschen als Erwerber. Heute sind beide zusammen in einer Koalition an den Schalthebeln der Regierung. Man kann also nicht ausschließen, dass hier der eine oder andere ‚Rote' einfach politischen Sand ins Getriebe streuen will."

„An wen würden Sie da denken?", fragte Dr. Überall.

„Nehmen Sie mal Verteidigungsminister Troianides, der bekanntlich einer von den ‚Roten' ist. Wir kennen uns schon aus unseren Zeiten in der hellenischen sozialistischen Jugend. Auch ich habe im Zuge der Privatisierung als ‚Roter' meinen Posten räumen müssen, das wissen Sie ja. Nehmen wir nun einmal an, der gute Drakos hätte die Absicht, den ‚Schwarzen' in der Regierung anschaulich zu zeigen, dass das alles nicht funktioniert. Zum Beispiel dem heutigen Finanzminister Paraskevolou, damals ein Treiber der Privatisierung. Was könnte Drakos Besseres tun, als das Bauprogramm zu torpedieren und der Öffentlichkeit klarzumachen, dass die Norddeutsche Werft als Designpartner es nicht bringt?"

„Aber wenn man das Prinzip *Cui bono – Wem nützt es?* bedenkt, ergibt das doch in keinen Sinn", warf Dr. Überall ein. „Als Verteidigungsminister steht er doch kurz davor, das modernste Hochsee-U-Boot der Welt mit Brennstoffzelle und allem Pi-Pa-Po zu bekommen. Warum sollte er ein Interesse haben, wegen einer Absurdität das alles zunichtezumachen?" Elephantinou verkostete den eigenen Rotwein, der zum Hauptgang – Lammfilet aus eigener Zucht – aufgetragen wurde. „Lieber Doktor", dozierte er weiter, „die nächste Parlamentswahl kommt bestimmt und Drakos könnte dabei Kandidat der ‚Roten' für den Premier-Posten sein. Also muss er ein paar typische Themen aufmachen, die seine Wähler, die klassischen Arbeiter, mobilisieren. Da ist das doch ein schöner Punkt: Enteignung der Norddeutschen Werft wegen Unfähigkeit und Nichteinhaltung dessen, was sich die naiven ‚Schwarzen' seinerzeit davon versprochen haben!"

„Sie machen einem das Leben wirklich nicht leicht", seufzte Dr. Überall, schon etwas alkoholisiert, „aber ich gebe nicht auf. Wenn Sie recht haben, sind doch zwei Dinge zu tun: Auf der einen Seite müssen wir die ‚Schwarzen' wieder für eine von der Norddeutschen Werft privat geführte Hellenic Dockyards mobilisieren. Zum anderen müssen wir Drakos Troianides davon überzeugen, dass er sich andere Wahlkampfthemen ausdenken sollte als eine Enteignung der Norddeutschen Werft. Sie erwähnten ja, dass Sie von Jugend auf einen Draht zu ihm haben."

„Sicher“, sagte Elephantinou, „aber unser Kontakt hat sich natürlich über die Jahre verändert. Wenn wir uns heute treffen, reden wir ausschließlich über Privates, nicht über Politik und schon gar nicht über sein Ressort. Da müsste ich eine ganz neue Kommunikationslinie mit ihm eröffnen. Ob er dazu bereit ist? Ich höre immer, dass er von außen nur schwer zugänglich ist für Dritte, für Ausländer sowieso, weil er nur wenig Englisch spricht. Also alles in allem bin ich skeptisch, ob ich zu ihm in dieser Sache einen Zugang bekomme und ob unser persönliches Verhältnis das überhaupt aushält.“

„Lassen Sie mich noch mal auf Ihre vorherige Äußerung zurückkommen“, sagte Dr. Überall. „Troianides ist, so sagen Sie, auf dem Weg zur Spitzenkandidatur für die ‚Roten‘ bei der nächsten Parlamentswahl und könnte ein Interesse haben, an der DYTIS seine Verstaatlichungsidee festzumachen. Da aber die ‚Schwarzen‘ in diesem Fall umso mehr dagegen sein müssten, müsste man denen doch nur die richtigen Argumente an die Hand geben? Wen sollten wir ansprechen?“

„Nun, da ist zunächst der ‚schwarze‘ Premier, an den Sie selbst wahrscheinlich nicht herankommen, dafür aber Ihr Kanzler. Und dann natürlich Finanzminister Paraskevolou, der schon aufgrund seiner damaligen Rolle bestimmt nicht für eine Verstaatlichung wäre, auch wenn die Performance der DYTIS noch so schlecht ist. Mit seinem türkisch klingenden Namen hat er in Griechenland sowieso keine Chance, in der Politik noch mehr zu werden. Er könnte jedoch jemand sein, der die ‚Schwarzen‘ als Partei auf eine positive Linie bringen könnte, wenn er dafür Anreize und die richtigen Argumente hätte.“

„Was meinen Sie mit Anreizen?“, fragte Dr. Überall.

„Das, was man so unter Anreizen hierzulande versteht. Ich weiß, dass ihr Deutschen da etwas speziell seid, deshalb will ich das nicht weiter ausführen. Aber hier sind wir näher am Balkan und an Arabien, wo man mit der Muttermilch aufnimmt, dass des einen Vorteil auch zum Vorteil des anderen sein muss.“

Dr. Überall überlegte, ob er das geplante Treffen mit Paraskevolou erwähnen sollte. Diese Pause nutzte Holger Gross, um ihren Gastgeber erneut an den Kern der Debatte zu erinnern.

„Glauben Sie mir als dem zuständigen Projektleiter", sagte er, „die DYTIS verhält sich physikalisch vollkommen normal und sogar auch im Rahmen der vertraglichen Grenzwerte. Was wir hier bereden, ist alles künstlich aufgebauscht."

„Ich glaube Ihnen", entgegnete Elephantinou, „aber glauben Sie auch mir, dass Politik nun mal wenig mit Fakten, sondern mehr mit Stimmungen und Emotionen zu tun hat. Da spielt Ihr Vertrag wirklich kaum eine Rolle!"

Dr. Überall hatte mit einem Ohr zugehört und sich trotz Bedenken entschlossen, Elephantinou von dem geplanten Treffen mit Paraskevolou und Troianides zu erzählen. Er tat es, während zum Nachtisch eine Crème Brûlée gereicht wurde.

Elephantinou nippte nachdenklich am Dessertwein – natürlich aus eigener Herstellung – und schwieg einen Moment.

„Dieses Treffen mit den beiden Ministern wird unter den vorhin diskutierten Vorzeichen zu nichts Gutem führen", sagte er dann. „Wundern Sie sich nicht, wenn einer von den beiden gar nicht kommt, vermutlich Troianides." Auch um Elephantinou aus der Reserve zu locken, äußerte Dr. Überall sein Unverständnis. „Beide Minister sind doch Teil einer Koalitionsregierung und müssten eigentlich an einem Strang ziehen!"

„Hier läuft es nicht so, wie Sie das vielleicht gewöhnt sind", erwiderte Elephantinou. „In Deutschland schließen die Parteien eine Koalitionsvereinbarung und halten sich weitgehend daran, bis der Wahlkampf aufzieht. Bei uns belauert man sich von Anfang an und jede Partei versucht, der anderen ein Bein zu stellen, um an die Spitze zu kommen. Das ist eben ein anderes Denken."

Zum Digestif nach dem Essen begaben sich die drei in den weitläufigen Garten des Anwesens, wo sich ein überdachter, aber seitlich offener Swimmingpool befand. „Warum das Dach?“, fragte Holger Gross, „wollen Sie beim Schwimmen nicht nass werden?“

Elephantinou lachte mit einem Ouzo-Glas in der Hand.

„Hier werden die Anwesen für die Grundsteuer unter anderem nach der Größe der Pools taxiert. Dieser Pool sieht von oben wie eine Garage aus, mein Lieber!“

Holger Gross kam sich wie ein belehrter Schuljunge vor und bedauerte innerlich, diese Begegnung überhaupt vorgeschlagen zu haben. Ihm war es sehr recht, als nach kurzem Gartenrundgang Dr. Überall zum Aufbruch rief und den Gastgeber bat, ein Taxi zu bestellen.

„Ich rufe Sie nach unserem Termin im Ministerium noch einmal an“, sagte Dr. Überall.

Elephantinou steckte ihm eine Visitenkarte mit seiner geheimen Handy-Durchwahl zu – „Da bekommen Sie mich immer, lieber Doktor!“ – und verabschiedete die Gäste an der Automatik-Gitterpforte, durch die sie vor einigen Stunden auf das Anwesen gelangt waren. Ihr Taxi wartete schon.

Dr. Überall sah Stylianos Elephantinou im Rückspiegel lachend winken, während die Torflügel sich langsam schlossen.

Auf der Taxifahrt zurück zum Hotel tauschten Dr. Überall und Holger Gross ihre recht einhellige Meinung über die Eindrücke des Abends bei Elephantinou aus.

Im Grande Bretagne angekommen, strebten sie gleich Richtung Bar, ins Café Wintergarten, um noch einen Drink zu nehmen.

Dort saßen an einem Zweiertisch zwei Herren, von denen Dr. Überall den älteren gleich als den früheren griechischen König Georgios II. erkannte. Sie setzten sich an den freien Nebentisch.

Doch Holger Gross hatte den ehemaligen König offensichtlich nicht erkannt, denn er regte sich weiterhin recht lautstark über die

„bekloppten Griechen“ auf. Er bemerkte auch nicht, dass der Exkönig in seiner Unterhaltung innehielt und offenbar zuzuhören begann. Dr. Überall notierte etwas auf einem Zettel und schob ihn zu seinem Mitarbeiter, doch der ließ sich nicht bremsen.

„Wir bei der Norddeutschen Werft können doch wohl U-Boote bauen und müssen uns von diesen Balkanesen nicht unser Geschäft kaputt machen lassen“, schimpfte Holger Gross weiter. „Es kann doch nicht sein, dass man hier der Öffentlichkeit derart ein X für ein U vormacht.“

„Da sagen Sie was“, versuchte Dr. Überall ihn zu besänftigen, „ein X für ein U-Boot, das ist ein gutes Bild, werde ich mir merken. Aber jetzt bestellen wir mal was!“

In diesem Moment erhob sich der ältere Herr vom Nebentisch und kam auf sie zu. Beide standen reflexartig auf.

„Entschuldigen Sie vielmals“, sagte Georgios, „erlauben Sie mir bitte, mich vorzustellen. Ich bin das frühere Staatsoberhaupt dieses Landes. Es tut mir leid, gelauscht zu haben, aber als Enkel deutscher Vorfahren verstehe ich Ihre Sprache recht gut. Ich habe Sie über U-Boote sprechen hören. Darf ich fragen, ob Sie etwas mit den Kieler U-Booten zu tun haben?“

„Ja, das ist richtig, Königliche Hoheit“, sagte Dr. Überall in der Hoffnung, dass er den früheren König richtig angesprochen hatte. „Mein Name ist Heino Laurenz Überall, ich bin CEO der Norddeutschen Werft in Kiel und dies ist mein Kollege Holger Gross. Wir sind ja seit einigen Jahren auch Eigentümer der Hellenic Dockyards hier in Piräus.“

„Ich wollte mich wirklich nicht in Ihr Gespräch einmischen“, entschuldigte sich Georgios erneut, „aber falls Sie hier Probleme haben sollten oder politische Kontakte benötigen, lassen Sie es mich wissen, denn ich bin hierzulande immer noch recht gut vernetzt.“

Der ehemalige König überreichte eine üppig mit Wappen und Titeln geschmückte Visitenkarte an Dr. Überall, der seinerseits seine Karte aus der Tasche seines Marineblazers zog und sich mit einer tiefen Verbeugung bedankte. Georgios kehrte auf seinen Platz zurück, wo er sich betont konzentriert wieder dem Gespräch mit dem anderen Herrn widmete.

Dr. Überall und Holger Gross hatten das Gefühl, dass sie weder gleich aufstehen konnten, noch lange hier sitzen bleiben wollten. Also tranken sie zügig ihren bestellten Drink aus und erhoben sich, nicht ohne sich mit einer leichten Verbeugung in Richtung Nachbartisch zu wenden. Von dort schaute man ebenfalls kurz auf und wünschte einen angenehmen Abend.

Am nächsten Morgen um halb acht saß Commander Nautarakis schon wieder im Lavendeltaxi seines Freundes Dimitrios Malenos und fuhr in die Athener Innenstadt.

Dieses Mal fühlte er sich deutlich besser als beim letzten Termin bei Commodore Lapis, denn er wusste ja nun, was zu tun war, und hatte geliefert, was man im Verteidigungsministerium von ihm sehen wollte.

Dass Dr. Überall und Holger Gross bei allen möglichen Stellen in Athen vorstellig wurden, störte ihn nicht. Der Einstieg war gemacht und jetzt lag es an anderen, höheren Chargen, aus diesem Vorgang etwas zu machen.

„Was erwartest du heute?", fragte Dimitrios seinen uniformierten Freund.

„Dass ich endlich mal von meinem Chef gelobt werde."

Commodore Lapis war in aufgeräumter Laune, als Evangelos Nautarakis um fünf vor neun an seine Vorzimmertür klopfte.

„Herein! Gut, dass du so pünktlich bist. Wir müssen beide um halb zehn drüben beim Marinechef sein, wenn Dr. Überall und dein Kollege Gross dort zum Gespräch erscheinen. Also setz dich und lass uns kurz über den Sachstand bei der DYTIS reden."

„Womit soll ich anfangen, Commodore?", fragte Nautarakis.

„Ich sage es mal so: Du hast die Harpune auf die DYTIS angelegt und ihr einen Streifschuss versetzt. Der Auftrag war eigentlich Blattschuss, aber dazu muss man eben ein bisschen besser schießen können. Wir müssen sehen, dass die NDWler sich trotzdem an der Harpune festziehen und nicht mehr von der Leine gehen. Wir haben gesagt, dass der Dampfer einen gravierenden Mangel hat, dass wir nichts mehr bezahlen und dies das gesamte Programm betrifft. Wichtig ist, dass du und dein Team jetzt in den Detailgesprächen felsenfest bei dieser Linie bleibt. Lasst euch davon auf keinen Fall auch nur den Bruchteil eines Millimeters abbringen! Verstanden?“

„Verstanden, Commodore“, erwiderte Nautarakis ohne weiteres Nachdenken. Wie beim letzten Gespräch, über das er nachher so in Zweifel geraten war. „Lass uns jetzt rübergehen zu Papadopoulos, damit wir vor deinen Werftkumpanen dort sind“, sagte Lapis und zog seine Uniformjacke an.

Dr. Überall und Holger Gross waren kurz nach Commodore Lapis und Commander Nautarakis im Büro von Marinechef Papadopoulos erschienen und hatten nach der allseitigen Begrüßung am Besprechungstisch Platz genommen.Der Admiral blickte seine deutschen Gäste heute recht streng über den Rand seiner Lesebrille hinweg an.

„Gut, dass Sie wieder einmal den Weg zu uns gefunden haben. Wir sind seit der Privatisierung der Hellenic Dockyards und der Vereinbarung des neuen U-Boot-Programms in ganz besonderer Weise Partner, die aufeinander angewiesen sind und sich regelmäßig austauschen sollten. Zuletzt hatten wir dazu ja bei der Taufe in Kiel Gelegenheit. Ich begrüße Ihren Besuch gerade jetzt, da wir bei unserem First-of-Class-Boot SM DYTIS einige Irritationen sehen, die uns nicht trivial erscheinen.“

Papadopoulos verwies auf den Brief von Rüstungsdirektor Platonides und forderte Commodore Lapis auf, aus Sicht der

Griechischen Marine etwas zum U-Boot-Programm zu sagen.
„Selbstverständlich, Herr Admiral. Aus unserer Sicht war die Testfahrt der SM DYTIS eine große Enttäuschung. Wir hatten uns von unserem deutschen Partner eine erstklassige Ingenieurleistung erhofft. Auch hatten wir erwartet, dass er, wenn etwas schiefgeht, dies offen eingesteht und nicht versucht, Defizite klein zu reden. Für die griechische Volkswirtschaft ist die Ausgabe für das U-Boot-Programm im Umfang von rund zwei Milliarden Euro ein immenser Kraftakt. Hier kann unser Minister nicht verantworten, etwas abzunehmen, was auch nur den kleinsten technischen Mangel aufweist, geschweige denn einen gravierenden Designmangel, der für die gesamte U-Boot-Klasse ein Desaster werden könnte."

Dr. Überall hielt es bei dieser forschen Rede kaum auf dem Sitz.

„Herr Admiral, Commodore, dies trifft mich wirklich ins Herz", rief er. „Ich finde, dass man unter Partnern nicht so miteinander umgehen sollte. Sowohl ich selbst als auch mein Kollege Gross haben viel dafür getan, die U-Boot-Fertigung bei Hellenic Dockyards aufzubauen. Heute ist sie eine der modernsten der Welt. Auch Sie als unser Partner hätten daher viel zu verlieren. Dies gilt umso mehr, als es aus Sicht der Norddeutschen Werft einen Designmangel gar nicht gibt."

Marinechef Papadopoulos hörte sich diese engagierten Worte ohne erkennbare Regung an.

„Auch wir haben in unseren Reihen hervorragende Fachleute", erwiderte er, „einer davon ist Commander Nautarakis, der in Deutschland Schiffbau studiert hat. Wenn einer wie er zu dem Schluss kommt, dass das Boot einen gravierenden Mangel hat, können Sie das nicht einfach beiseiteschieben."

„Natürlich schätze ich Ihre Fachkompetenz", versicherte Dr. Überall mit einem Blick zu Nautarakis, „aber wie bei allen wissenschaftlichen Fragen kann es auch hier mehr als nur eine Meinung geben. Gegebenenfalls sollten wir uns auf einen neutralen

Dritten verständigen, der uns als Experte eine Bewertung der strittigen Themen gibt."

„Gut, das kann immer ein Weg sein", sagte Admiral Papadopoulos, „aber darüber sprechen Sie besser mit Ihrem Vertragspartner, Rüstungsdirektor Platonides. Wir als Marine wollen eigentlich immer nur eines: möglichst schnell möglichst viele neue Schiffe und Boote, die einwandfrei funktionieren und unsere Leute sicher über die Weltmeere bringen."

Mit einem versöhnlichen Blick zu Dr. Überall erhob sich der Marinechef und verabschiedete die vier Besucher aus seinem Zimmer.

„Siehst du, da bahnt sich der nächste Schlamassel schon an", zischte Commodore Lapis mit aggressivem Unterton, als ihm Evangelos Nautarakis zum De-Briefing wieder auf dem Sofa in seinem Büro gegenübersaß.

„Aber Commodore …", setzte Nautarakis an.

„Nur weil du keinen Blattschuss hinbekommen hast, träufelt dein CEO jetzt das Gift des neutralen Dritten in die Debatte", fauchte Lapis weiter. „Wenn ihm da jemand auf den Leim geht, stehen wir wie die Deppen da. Aber da hab' ich einen im Auge, der in diesem Fall als der Oberdepp durch die ganze Schiffbau-Community gezogen wird, nämlich dich, lieber Evangelos. Also spute dich und sieh zu, dass unser und dein Ruf nicht blamiert wird! Lass dir jetzt von den Juristen im Rüstungsdirektorat haarklein verklickern, was du zu sagen hast. Anders funktioniert das ja nicht bei dir."

Nachdem Commodore Lapis ihn aus dem Zimmer komplementiert hatte, wankte Evangelos Nautarakis etwas benommen über den Flur. Zum Glück war es von hier nicht weit zum Büro von Flottenchef Ioannis Kazantzakis. Vielleicht hatte er ja einen Moment Zeit für ihn. Umso größer war seine Enttäuschung, als er hörte, dass sich der Konteradmiral heute bei der Flotte auf der

Insel Salamis befand. Also machte er sich schicksalsergeben auf den Weg zum Ausgang, um zu seinem Termin im Rüstungsdirektorat zu fahren.

Wenigstens wartete Dimitrios Malenos schon mit dem Taxi. Leider half der Lavendelduft im Auto kaum gegen die Übelkeit, mit der Evangelos Nautarakis schon wieder zu kämpfen hatte.

Zum Glück dauerte die Fahrt nur zwanzig Minuten.

Dr. Überall und Holger Gross waren mit ihrem Limousinen-Service ebenfalls zum Rüstungsdirektorat unterwegs, das in einer barackenartigen Kaserne auf dem Weg zwischen Ministerium und Flughafen untergebracht war. Ihr Termin mit Generalleutnant Ioannis Platonides war für elf Uhr angesetzt.

Von einem Concierge in Uniform wurden sie über eine mit Marmorfliesen belegte, schon etwas ausgetretene Treppe in den ersten Stock geleitet.

Während der Concierge sie im Vorzimmer anmeldete, blickten sie auf nicht mehr ganz frisch gestrichene Wände mit halb verblichenen gerahmten Fotos von Panzern, Flugzeugen und Schiffen, aber auch von Unterschriftszeremonien großer Beschaffungsvorhaben. Dr. Überall suchte und fand das Foto, das seine damalige Unterschrift unter den U-Boot-Vertrag dokumentierte.

In diesem Moment öffnete sich die Vorzimmertür. Sie wurden hereingebeten und gelangten sogleich in das Zimmer des Rüstungsdirektors. Als Zeichen äußerer Wertschätzung für den deutschen Besuch stand neben Kaffee und Tee sogar Gebäck auf dem Besprechungstisch, was hier sonst unüblich war.

General Platonides, ein schlanker, groß gewachsener Mann mit zurückgekämmtem grauem Haar und Schnauzbart, verkörperte geradezu den Idealtypus eines im angloamerikanischen Bereich ausgebildeten Luftwaffenoffiziers, auch wenn er heute keine Uniform, sondern einen hellgrauen Straßenanzug mit blauem Hemd trug.

Er war nicht allein, sondern empfing sie zusammen mit Dr. Demosthenes Spartakides, den er als seinen Chefjuristen vorstellte.

„Meine Herren, ich heiße Sie herzlich willkommen und freue mich über den Austausch, den ich ja mit meinem Schreiben an Sie eingeleitet habe“, sagte Platonides und deutete auf Dr. Überall. „Zu unserem Bedauern, um nicht zu sagen unserer Enttäuschung, sehen wir nach der Testfahrt des First-of-Class-Bootes SM DYTIS nicht nur gravierende vertragliche Probleme für dessen Abnahme, sondern leider auch für die bei Hellenic Dockyards zu bauenden drei Folgeboote. Da wir nach dem Rat unserer technischen Fachleute nicht davon ausgehen, dass es sich bei dem Rollphänomen um einen leicht lösbaren technischen Mangel handelt, haben wir uns entschlossen, es als grundsätzlichen Konstruktionsmangel einzuordnen, der vertraglich gesehen bestimmte Rechte der Kundenseite bis hin zur Rückabwicklung des kompletten Vertrags auslösen kann.“

Dr. Spartakides nickte zustimmend zu diesen Ausführungen.

„Da wir die vertragliche Seite bereits gründlich geprüft haben“, fuhr Platonides fort, „sehen wir uns berechtigt und gegenüber dem griechischen Steuerzahler auch verpflichtet, alle weiteren Zahlungen nicht nur für die SM DYTIS, sondern auch die Fortschrittszahlungen auf die Folgeboote ab sofort einzustellen. Wie Ihnen bekannt sein dürfte, entbindet Sie dies keineswegs von Ihrer Pflicht, den Bau und die Fertigstellung der Boote mit voller Kraft weiterzubetreiben. Dabei müssen Sie den Konstruktionsmangel beseitigen oder uns davon überzeugen, dass die vier Boote der Klasse U 311 im vollen Einklang mit sämtlichen anerkannten Regeln der Technik, allen vertraglichen Bestimmungen sowie den festgelegten Prüfspezifikationen gebaut werden.“

Dr. Überall atmete während dieser Philippika bewusst tief ein und aus und zwang sich, ruhig zu bleiben. Er dachte, vielleicht sagt der ja nur das, was man ihm erzählt hat oder was er aus politischen Gründen sagen muss. Denk immer daran, dass man den

Menschen nicht hinter die Stirn blickt, hier schon gar nicht! Er merkte, dass auch Holger Gross neben ihm auf dem Sofa seine Wut nur mühsam unter Kontrolle behalten konnte.

Als Platonides endlich fertig war, startete Dr. Überall sein Statement bewusst zurückhaltend. Er bedankte sich zunächst für die Gesprächsmöglichkeit und sprach den Rüstungsdirektor dann als früheren Flieger an.

„Daher ist Ihnen ja vertraut, dass ein physikalischer Körper Spielball der Elemente werden kann", sagte er. „Und soviel ich weiß, kann ein Flugzeug mit starken Winden in der Luft wesentlich besser zurechtkommen als am Boden, wo Scherwinde oder Böen eine viel größere Gefahr für ein Luftfahrzeug sind als weiter oben in der Luft."

„Das ist im Prinzip richtig …", gab General Platonides zu.

„Ähnlich müssen Sie sich das bei U-Booten vorstellen", sprach Dr. Überall schnell weiter, „ein U-Boot ist nun mal für das Tauchen optimiert. Da können ihm Wind und Wellen nichts anhaben. Demzufolge ist es völlig normal, dass ein U-Boot an der Wasseroberfläche bei starker externer Anregung durch Wellengang oder Wind Bewegungen entwickelt, die einer auf dem Wasser tanzenden leeren Flasche ähneln. Darum sind auch die in der Prüfspezifikation unseres Vertrags genannten Werte keine Garantie-, sondern bloße Richtwerte, die sich an den gemessenen Windstärken festmachen."

General Platonides enthielt sich einer Antwort auf diese Erklärungen und erteilte seinem Justiziar das Wort.

„Da ich weiß, dass Sie keine Juristen sind", sagte Dr. Spartakides zu den deutschen Gästen gewandt, „nehmen Sie mir bitte ruhig ab, dass es sich im griechischen Recht – diesem folgt unser Vertrag – so ähnlich verhält wie im deutschen Recht. Der Kunde stellt einen Mangel fest und meldet ihn an den beauftragten Unternehmer. Dieser hat sich damit zu beschäftigen und muss, falls er der Meinung ist, es handele sich nicht um einen Mangel, dies seinerseits dem Kunden nachweisen. Rechtlich gesehen hören wir also Ihre Worte, sind dadurch aber noch im vertraglichen Sinne keineswegs überzeugt, dass die SM DYTIS mangelfrei ist. Diesen Beweis müssen Sie führen. Wir hingegen sind berechtigt, angesichts der aufgetretenen Rollbewegungen bis auf Weiteres von einem Mangel auszugehen, diesen form- und fristgerecht zu rügen, was wir mit unserem Schreiben getan haben, und daraus alle uns zustehenden Sicherungsvorkehrungen zur Durchsetzung unserer Ansprüche auf ein mangelfreies Produkt vorzunehmen. Bis Sie uns bewiesen haben, dass die SM DYTIS und damit alle weiteren Boote ebenfalls mangelfrei sind, steht es uns also zu, weitere Zahlungen auf das gesamte Programm zu verweigern. Dies haben wir Ihnen ebenfalls angekündigt. Es ist unser gutes Recht, das wir auch genauso exekutieren werden. Im Übrigen möchte ich Ihnen im Sinne eines transparenten Vorgehens schon jetzt mitteilen, dass wir zu entscheiden haben, ob wir nicht gegebenenfalls eine komplette Rückabwicklung des Vertrags fordern, falls Sie innerhalb von neunzig Tagen nicht in der Lage sein sollten, uns zweifelsfrei zu beweisen, dass die mit uns kontrahierte Bootsserie 311 mangelfrei ist oder Sie diesen Mangel einwandfrei beseitigt haben."

Holger Gross, der inzwischen eine rote Gesichtsfarbe angenommen und sich zu einer Art Kampfhahn aufgepumpt hatte, lockerte während dieses Sermons seine Krawatte und strich sich nervös mit der Hand über den Bart. Dr. Überall sah keine andere Wahl, als ihm kurz das Wort zu geben, damit er Dampf ablassen konnte, bevor es zum unkontrollierten Ausbruch kam.

„Also jetzt verstehe ich die Welt nicht mehr", polterte Holger Gross los. „Die SM DYTIS ist auch nach Auffassung Ihrer Baubetreuung ein erstklassiges U-Boot, das alle Tests einwandfrei absolviert hat, unter Umständen sogar besser, als es mancher bei solch einem Erstling vermutet hätte. Und nur weil unser Käpt'n am Ende bei einigen Wellen und schönem Wind gutgelaunt aufs Gaspedal getreten und volle Pulle nach Hause gefahren ist, drehen Sie uns daraus jetzt einen Strick. Dabei hat unser Boot nur das getan, was es gemäß Physikbuch tun musste, ohne irgendeinen garantierten Grenzwert zu verletzen! Und jetzt erzählen Sie uns genüsslich, wir müssten sehen, wie wir Ihnen nachweisen, dass das Boot keinen Mangel hat. Für Schiffbauingenieure wie Dr. Überall und mich ist das eine Zumutung. Sie könnten ein prima Boot in Kürze im Dienst Ihrer Marine haben, wenn Sie nur wollten und nicht eine absurde Sache so aufblähen würden!"

Diese gänzlich undiplomatische Rede entsprach nicht seiner Diktion und Vorgehensweise, aber Dr. Überall fand, dass Holger Gross immerhin authentisch war und den Nagel auf den Kopf getroffen hatte. Seine griechischen Gegenüber blickten allerdings höchst konsterniert, und so versuchte er selbst es nun mit dem Florett statt dem Säbel.

„Ich hätte eine andere Form als Herr Gross gewählt, aber dem Inhalt nach muss ich ihm recht geben. Ihnen juristisch einwandfrei die Mangelfreiheit zu beweisen, das wäre so ähnlich, als wenn Sie einen Beweis dafür verlangen wollten, dass dieser beige Teppich hier beige und nicht orange ist. Was soll ich denn tun, wenn ich Ihnen einen beigen Teppich verkaufe und Sie bei der Auslieferung behaupten, eben dieser beige Teppich habe einen Mangel, denn er sei orange? In einer ähnlich verzweifelten Situation sehen Sie uns hier, nur weil irgendwer bei Ihnen Gefallen daran hat, aus einer ganz normalen Eigenschaft eines technologischen Spitzenerzeugnisses wie der SM DYTIS einen Mangel zu konstruieren."

Dr. Überall war recht zufrieden mit sich, dass ihm dieser Teppichvergleich eingefallen war.

„Nun", antwortete Dr. Spartakides, „Ihr Beispiel hätte mit dem gemeinsamen oder auch nicht gemeinsamen Verständnis von Farben zu tun, was in etwa vergleichbar wäre mit einem Konflikt um das Verständnis der anerkannten Regeln der Technik. Hier geht es aber um die Prüfspezifikation und deren Richtwerte für die je nach Windstärke akzeptable Seitenlage."

„Windstärke allein reicht dafür aber nicht", warf Holger Gross ein, „es geht auch um Wellenformationen, die nicht nur ein Produkt der Windstärke, sondern auch von Strömungen, Tiefenverhältnissen und Ähnlichem sind."

„Eine interessante Aussage", erwiderte Dr. Spartakides süffisant, „denn von anderen Faktoren als Windstärke ist in Ihrer Prüfspezifikation keine Rede. Es wäre ja an Ihnen gewesen, sie in die zu messenden Außendaten einzuführen. Das haben Sie aber als fachlich kompetentes Unternehmen – wie ich immer unterstellen möchte – aus guten Gründen nicht getan."

Dr. Überall merkte, dass es hier und heute kein Durchkommen für sie geben würde, und versuchte eine Zusammenfassung:

„Ich entnehme unserem Austausch, dass Sie als Kunde kein Interesse haben, diese Angelegenheit aus Erwägungen des gesunden Technikverstandes, wenn ich es so nennen darf, zur Seite zu legen. Ich muss leider für mich konstatieren, dass Sie es ungeachtet der dadurch eintretenden Programmverzögerungen darauf anlegen, die mit Ihrem Schreiben eingeleitete Thematik juristisch auszutragen. Gibt dies Ihre Haltung zutreffend wieder?"

„Wir als Teil der griechischen Regierungsadministration sind an Recht und Gesetz gebunden", antwortete Platonides. „Insofern stimme ich Ihrer Bewertung zu, dass wir ohne ein vertragskonformes Abarbeiten der Fragen zu den Eigenschaften der SM DYTIS und der Folgeboote keine Lösung zustande bekommen werden."

Dr. Überall drängte nun zum Aufbruch, da er von dieser Gesprächsatmosphäre genug hatte. Holger Gross und er verabschiedeten sich und gingen zu ihrer vor dem Eingang wartenden Limousine. Aus dem Erdgeschoss kam ihnen Commander Nautarakis entgegen.

„Hallo", sagte Dr. Überall freundlich, „wirklich lange nicht gesehen!"

Nautarakis blickte zu Boden und murmelte etwas von „Vertragsabteilung", „Ministerium" und „morgen Früh nach Deutschland zurückfliegen".

Dann stiegen alle in ihre bereitstehenden Fahrzeuge.

Wie immer war der treue Dimitrios Malenos mit seinem duftenden Taxi zur Stelle gewesen. Statt zu Tante Fanni nach Kap Sounion ging es für Evangelos Nautarakis allerdings noch einmal zurück ins Verteidigungsministerium. Commodore Lapis hatte es für nötig befunden, ihn kurzfristig erneut dorthin zu beordern. Er betrat also nun schon zum dritten Mal an diesem Tag das Büro seines Vorgesetzten.

Lapis bedeutete ihm, auf dem Stuhl vor seinem Schreibtisch Platz zu nehmen.

„Also, Evangelos, wir fahren jetzt konsequent die Linie, die du mit deiner Schaukelgeschichte eröffnet hast. Was anderes bleibt uns ja auch nicht übrig. Das läuft aber nur, wenn du es nun richtig machst. Darum habe ich dich vorhin zu den Juristen beim Rüstungsdirektorat geschickt. Denn du musst jetzt jede technische Diskussion komplett verweigern und immer nur auf den Vertrag verweisen. Die Kieler müssen schlicht den Nachweis erbringen, dass das Boot keinen Mangel hat. Und das können die genauso wenig, wie wir beweisen können, dass es einen hat. Da haben wir einfach Glück, dass sich die anderen entlasten müssen. Bis sie das in einwandfreier Form getan haben, können wir den Geldhahn zudrehen. Anders gesagt: Wir drehen ihn erst wieder auf, wenn wir einräumen, dass das Boot keinen Mangel hat, und da können die Deutschen warten, bis sie schwarz werden. Hast du verstanden?"

„Da ich nicht völlig auf den Kopf gefallen bin, habe ich das verstanden", antwortete Nautarakis etwas bockig. „Heißt das, dass wir auf das erste Boot notfalls bis zum Sankt-Nimmerleins-Tag warten wollen?"

Commodore Lapis war über diese Frage, die ihm natürlich auch von Flottenchef Kazantzakis gestellt worden war, nicht erfreut. „Bist du Teil von denen hier bei der Marine, die immer nur ihre Schiffe wollen, ohne mal politisch die Augen aufzuhalten? Ich habe dir doch etwas von Befehl und Gehorsam gesagt. Hier gibt es eine klare Ausrichtung durch unseren Minister, basta!"

Bei dem letzten Wort fuhr Evangelos Nautarakis von seinem Stuhl hoch, nahm Haltung an und salutierte vor Lapis.

„Dann bis zum nächsten Mal, Commander“, sagte der Commodore.

Endlich weg aus diesem vermaledeiten Büro, dachte Evangelos Nautarakis. Und bloß niemanden mehr hier treffen. Er rannte förmlich zum Ausgang. Taxi. Tür zu. Lavendelduft.

Ich bin jetzt wenigstens raus, dachte er. Ich verweise einfach auf die Juristen und fertig.

Im Hotel Grande Bretagne strebten Dr. Überall und Holger Gross wieder unverzüglich ins Café Wintergarten, um sich nach diesem durchwachsenen Vormittag noch eine Kleinigkeit zum Mittagessen zu gönnen.

Sie setzten sich an einen niedrigen Tisch mit einer runden, bräunlichen Steinplatte und vergoldeten Dackelbeinen, um den drei reichlich abgenutzte Sessel standen.

An diesen Plätzen fanden rund um die Uhr kleine Ad-hoc-Zusammenkünfte von Menschen statt, die politische oder kommerzielle Geschäfte zu besprechen hatten. Sowohl das Griechische Parlament – der frühere Königspalast – als auch die meisten Ministerien waren ja nur einen Steinwurf entfernt. Es herrschte ständiges Kommen und Gehen, man trank ein Wasser und einen Espresso, besprach sich und ging wieder auseinander.

Wie bei derartigen Lobby-Treffpunkten üblich kannten sich viele der Kommenden und Gehenden, sprachen sich aber kaum an, wenn sie merkten, dass der andere mit einem dritten Gesprächspartner befasst war. Man wollte die Kreise des anderen nicht stören, so wie man auch selbst nicht gestört werden wollte, wenn man kostbare Minuten mit einem wichtigen Politiker ergattert hatte.

Dr. Überall und Holger Gross würden hier mit dem früheren Vizeadmiral Poseidonis Stourinios zusammentreffen, der in Marinedingen in Athen immer noch eine Institution war. Vor fünf Jahren hatte er seinen Posten an der Spitze der Griechischen Marine verlassen. Seither war er als Vortragsredner, internationaler Ratgeber und Lobbyist gefragt. Es ging das Gerücht, er sei erst vor Kurzem vom französischen Konkurrenten der Norddeutschen Werft, der Société Navale, angesprochen worden, um deren Wege im politischen Athen zu ebnen. Politisch stand er eher den „Schwarzen“ als den „Roten“ nahe, hatte sich aber immer nach allen Seiten andockfähig gehalten.

Kurz vor vier erschien Stourinios im Wintergarten. Sein Outfit ähnelte demjenigen, das Dr. Überall zu tragen pflegte, nur waren an seinen doppelreihigen Blazer die schweren Goldknöpfe angenäht, die er früher an seiner Admiralsuniform getragen hatte. Er wirkte daher fast wie in Uniform, was sicherlich beabsichtigt war. Es fehlten nur die breiten goldenen Brokatstreifen an den Ärmeln und die Orden.

Nachdem die Herren sich begrüßt und zusammen an dem neu eingedeckten Dreiertisch Platz genommen hatte, begann Dr. Überall die Konversation mit einer Rückblende auf das letzte Treffen in Athen vor knapp zwei Jahren.

„Das waren ja unbeschwerte Zeiten, verglichen mit dem, was man jetzt über die Probefahrt hört“, griff Poseidonis Stourinios den Faden auf.

„Sie werden sich denken können, dass wir da unsere eigene Sicht haben“, sagte Dr. Überall.

Er versuchte die Position der Norddeutschen Werft möglichst knapp zusammenzufassen, bevor er dem Admiral die für ihn wichtigste Frage stellte:

„Was hört man denn aus Marinekreisen über diese Angelegenheit?“

Stourinios’ recht umfangreiche Ausführungen unterstützten die Sicht, die auch Stylianos Elephantinou am Abend zuvor geäußert hatte. Als wahrscheinlicher Spitzenkandidat der „Roten“ für die nächste Parlamentswahl sehe sich Verteidigungsminister Troianides bei dem von den „Schwarzen“ abgeschlossenen U-Boot-Geschäft unter besonderer Beobachtung. Käme es hier auch nur zur kleinsten Unregelmäßigkeit, würde er von der eigenen Wählerschaft angezählt, wenn er die „Schwarzen“ ungeschoren damit davonkommen ließe. Da die DYTIS offenbar eine Schwachstelle habe, sei sie unweigerlich ein Thema des heraufziehenden Wahlkampfes.

„Aber es war doch nur unser fröhlicher Werftkapitän, der das Boot auf der Rückfahrt nach Kiel zu unbekümmert durch die Wellen geritten hat“, wandte Holger Gross ein, „mehr war es doch bei Licht besehen nicht. Ich verstehe nicht, wie man aus einer solchen Kleinigkeit nun zum Schaden der Griechischen Marine und des gesamten Landes den Fall derart aufbauschen kann.“

„Ich kenne ja euch Deutsche auch ein bisschen“, sagte Stourinios. „Aber hierzulande geht es eben anders zu. Man braucht immer Drama und Auftritt. Die eigentliche Sache tritt schnell in den Hintergrund, wenn ein Thema erst in der politischen Arena gelandet ist. Und Sie haben nun mal das Pech, dass genau das mit der DYTIS passiert ist. Da gibt es auch kein Zurück. Es gibt nur den Weg nach vorn, der aber – das muss Ihnen klar sein – Opfer kosten wird.“

„Was meinen Sie mit Opfer?“, fragte Dr. Überall.

„Damit meine ich, dass diejenigen, die jetzt mit diesem Thema politisch umgehen, ein Incentive brauchen, um davon abzulassen oder um sich für eine Lösung zu öffnen. Dieses Incentive müssen Sie schaffen, wie auch immer Sie das am Ende hinbekommen. Manche nennen so etwas ‚Political Engineering‘.“

Das war ein interessanter Gedanke, dachte Dr. Überall.

„Was würden Sie denn tun, wenn Sie in unseren Schuhen steckten?“, fragte er.

„Ich rate Ihnen, nicht einfach mit Argumenten dagegenzuhalten“, antwortete Stourinios, „das bringt gar nichts außer Verhärtung. Geben Sie im Rüstungsdirektorat lieber ein Stückchen nach und machen Sie mit dem guten Platonides einen Deal, den er als

Erfolg, sowohl für sich als auch für den Minister, verkaufen kann. Sie verstehen, was ich meine?"

„Klar", entgegnete Dr. Überall, „das Problem ist nur, dass aus unserer Sicht nicht der kleinste Anlass besteht, in irgendeinem Punkt diesem aufgebauschten Fake nachzugeben. Da würden wir uns doch selbst quasi ans Messer liefern."

„Sie wissen doch", sagte Stourinios, „recht haben und recht bekommen ist nicht dasselbe. Hier geht es darum, in einer Arena, auf deren Rängen das griechische Wahlvolk sitzt, recht zu bekommen. Viel Spaß, wenn Sie das mit Ihrer deutschen Herangehensweise schaffen wollen."

Damit stand er auf und empfahl sich. Er müsse gleich noch zu einem Empfang in der französischen Botschaft.

VI.
Der Gipfel des Athen-Programms

Vom Dachgarten-Restaurant des Hotel Grande Bretagne hatte man zu jeder Tages- und Nachtzeit einen der faszinierendsten Blicke über die Stadt Athen, auf die gegenüberliegende Akropolis und den Lykabettus. Morgens und abends wehte durch die geöffneten Schiebefenster ein angenehmer Windhauch, sodass es selten zu heiß wurde. Dr. Überall und Holger Gross hatten den gestrigen Abend hier ohne weiteren Programmpunkt ausklingen lassen und es tatsächlich geschafft, das Thema DYTIS auszusparen. Nun saßen sie am selben Ort beim Frühstück, das neben der Selbstbedienung vom Buffet auf Wunsch auch am Tisch serviert wurde. Sie bestellten Egg Benedict, dazu Kaffee und Orangensaft. Wenn das lästige DYTIS-Problem nicht wäre, gäbe es sicherlich schlimmere Orte zum Verweilen als dieses Restaurant, da waren sie sich einig.

Sie gingen die Planung des heutigen Mittwochs durch. Als Erstes stand der Besuch im Finanzministerium an, wo Dr. Überall um zehn den Termin mit Minister Paraskevolou und vielleicht auch Verteidigungsminister Troianides hatte.

„Ich würde außerdem gern noch einmal Exkönig Georgios treffen“, sagte er, „der betrachtet ja die griechische politische Landschaft quasi aus der Vogelperspektive, und dazu noch überwiegend aus dem Ausland.“ „Meinen Sie, dass Sie so kurzfristig ein Treffen hinbekommen?“, fragte Holger Gross.

„Das Finanzministerium ist ja von hier nur ein paar Schritte entfernt. Ich versuche kurz vorher mal die Nummer auf Georgios’ Visitenkarte zu erreichen. Um viertel vor zehn darf man einen Exkönig hoffentlich schon anrufen.“

Holger Gross blickte skeptisch und ging weiter den Terminplan durch.

„Nachmittags sind Sie ja um vier mit Flottenchef Kazantzakis im Verteidigungsministerium verabredet, während ich mich mit

Demosthenes Koulas treffe. Wann wollen Sie eigentlich Stylianos Elephantinou wieder anrufen? Sie hatten es ihm ja angekündigt. Er geht mir zwar unglaublich auf die Nerven, aber vielleicht sollten Sie ihn für heute Abend hierhin zurückeinladen."

„Gute Idee, würden Sie das organisieren?", bat Dr. Überall. „Hier ist seine Handynummer. Dann habe ich mehr Zeit, mich auf das Telefonat mit dem König vorzubereiten."

Damit ging er auf sein Zimmer, um sich für die Termine des Tages zu rüsten.

Gegen vicrtel vor zehn erschien Dr. Überall in seinem dunklen Anzug mit Aktentasche in der Hotelhalle. Er sah vorsichtig um die Ecke in den Wintergarten, um sicher zu sein, dass Georgios dort nicht etwa mit einem Gesprächspartner saß. Dann zog er die wappengeschmückte Visitenkarte des Exkönigs aus der Tasche. Die darauf zu lesende Firmenbezeichnung lautete „Majesty Advisory Group Limited" mit einer Londoner Adresse und einer britischen Handynummer.

Er wählte die Nummer und hörte eine weibliche griechische Stimme, der er sein Anliegen auf Englisch vortrug.

„Oh, ich fürchte, seine Majestät ist nicht mehr in Athen", sagte die sehr freundliche Stimme nun auf Deutsch, „aber Sie können seinen Bevollmächtigten Prinz Sonderburg treffen. Er stünde für ein kurzes Treffen im Wintergarten des Grande Bretagne heute um zwölf Uhr mittags zur Verfügung."

Dr. Überall sagte erfreut zu, bedankte sich höflich und verließ das Hotel.

Vor dem nahe gelegenen Finanzministerium fiel dem NDW-Chef neben dem Eingang sofort ein gepanzerter älterer Audi A8 mit einem Begleitfahrzeug der Marke Skoda auf. Verteidigungsminister Troianides war also möglicherweise schon da!

Ein Mitarbeiter brachte ihn am Pförtner vorbei zum Aufzug und sodann auf die achte Etage zum Vorzimmer des Finanzministers.

Als Dr. Überall in das mit griechischer Fahne und EU-Flagge ausgestattete Dienstzimmer geführt wurde, verspürte er spontan eine innere Genugtuung. Tatsächlich hatte Finanzminister Paraskevolou es geschafft, seinen für Verteidigung zuständigen Kabinettskollegen Troianides zu dieser Besprechung hinzuzuziehen.

Paraskevolou zeigte sich sichtlich erfreut, seinen früheren Verhandlungspartner Dr. Überall wiederzusehen, während Drakos Troianides unbeteiligt auf sein Mobiltelefon blickte. Schließlich erhob er sich zu einer distanzierten Begrüßung und sie nahmen zu dritt am schmalen Ende eines langen Besprechungstischs Platz.

Während Paraskevolou in gutem Englisch begann, über gemeinsam erlebte frühere Zeiten zu sprechen, erhielt Drakos Troianides auf seinem Telefon einen Anruf, den er auch annahm. Er redete lautstark auf Griechisch mit dem Anrufer, während direkt neben ihm sein Kollege und Dr. Überall auf Englisch Konversation zu machen versuchten.

So blieb es auch, als Dr. Überall das Gespräch vorsichtig auf das Thema DYTIS lenkte. Er wiederholte seine oft gehaltene Rede, dass das Boot eigentlich völlig in Ordnung sei. Daher bedürfe es jetzt eines politischen Impulses durch Minister Troianides, um die in seinem Ministerium angelaufene Bürokratie, die einen Konstruktionsmangel der DYTIS herbeizuschreiben versuche, noch rechtzeitig zu stoppen. Ansonsten drohe die gesamte, auch von Minister Paraskevolou mühsam ausgehandelte Partnerschaft zwischen Deutschland und Griechenland zu scheitern. Außerdem bekämen die griechischen Streitkräfte auf absehbare Zeit keine neuen U-Boote, was ja auch nicht im Interesse der Regierung sein könne.

Minister Paraskevolou zeigte Verständnis für Dr. Überalls Argumentation, deutete aber auf seinen immer noch telefonierenden Kollegen und meinte, man müsse ihm, dem Verteidigungsminister, diese Argumente vortragen.

Beide blickten nun erwartungsvoll auf Troianides, der zunächst ungerührt weitertelefonierte, dann aber ganz plötzlich abbrach und aufsprang. Er sagte kurz etwas auf Griechisch zu Minister Paraskevolou und verließ mit einer wohl als Abschiedsgruß gemeinten Handbewegung schnellen Schrittes den Raum.

„Er hat einen dringenden Termin beim Premierminister", sagte Minister Paraskevolou, „Sie müssen verstehen, dass er den nicht warten lassen kann. Aber ich werde ihm sagen, dass er Sie noch einmal anspricht. Im Übrigen wünsche ich Ihnen für Ihr erstes U-Boot gutes Gelingen!" Dr. Überall merkte, dass der Finanzminister das Gespräch beenden wollte, und versuchte noch schnell die offenen Zahlungen anzusprechen.

„Herr Minister, der griechische Steuerzahler bekommt bei der Bezahlung der Boote ‚Value for Money', das können Sie mir glauben. Würde nun, wie angedroht, das Verteidigungsministerium alle Zahlungen stoppen, bedeutete das ja, dass die dafür bestimmten Haushaltsmittel nicht abfließen würden. Das kann doch nicht in Ihrem Interesse sein, da Sie diese Mittel anschließend von Neuem beim Parlament beantragen müssten."

„Da haben Sie schon recht", gab Minister Paraskevolou zu, „allerdings bekomme ich das Geld zurück und kann damit Schulden zurückzahlen, unter anderem bei den Deutschen."

„Das ist ja nett, nützt mir als Unternehmen aber herzlich wenig!" „Lieber Dr. Überall, ich verstehe Sie, kann Ihnen aber nur den guten Rat geben: Lösen Sie es auf griechische Weise. Denken Sie daran: Eine Lösung gibt es immer!"

Minister Paraskevolou lachte Dr. Überall gewinnend an und komplimentierte ihn dann hinaus, leider warte die Presse auf ihn.

Zurück im Grande Bretagne suchte Dr. Überall sich einen Platz im Café Wintergarten, streckte sich in einem der kleinen

Sessel aus und betrachtete bei einem Espresso und einem Glas Wasser das Treiben in der Hotelhalle, solange er auf Prinz Sonderburg wartete, der hier um zwölf Uhr erscheinen sollte.

Der Verlauf des vorigen Termins ging ihm nach. Verflucht, dachte er, das war ein kompletter Reinfall. Der Troianides wollte dich nur an der Nase herumführen und der Paraskevolou macht dazu nette Begleitmusik ohne jeden praktischen Nutzwert.

Als sich Prinz Sonderburg seinem Platz näherte, erkannte Dr. Überall in ihm den Herrn, mit dem der frühere König Georgios hier gestern Mittag zusammengesessen hatte. Er mochte um die sechzig sein, hatte dunkles, leicht grau meliertes, aber noch volles Haar und eine markante Nase.

Dr. Überall erhob sich schnell aus seinem Sessel.

„Mein Name ist Sonderburg", stellte sich der Hinzutretende vor. „Ich bin Geschäftsführer der ‚Majesty Advisory Group Limited'. Hier meine Karte." Dr. Überall überflog die Visitenkarte, auf der er las: *Dr. Friedrich August Prinz von Schleswig-Holstein Sonderburg-Plön, Managing Director Majesty Advisory Group Limited.* „Also sind Sie quasi ein Nachbar von uns in Kiel", stellte er lächelnd fest und überreichte seinerseits seine Visitenkarte.

„Ja, das kann man so sehen", sagte Prinz Sonderburg und machte eine Handbewegung zu jenem Tisch, an dem er mit dem früheren König gesessen hatte. „Wollen wir uns nicht setzen?"

„Ist dies so etwas wie Ihr Stammplatz?", fragte Dr. Überall.

„Ja, das kann man so sagen, denn wir haben eines unserer Büros hier im Hotel. Seine Majestät ist gern hier. Hier hat er eine Suite, von der er auf seinen früheren Palast sehen kann, was er trotz der gemischten Erinnerungen immer noch gern tut. Er trifft sich mit dem einen oder anderen Politiker, aber auch mit Geschäftsleuten. Nun haben Sie mich und nicht den König, aber ich hoffe, dass ich Ihnen in landsmannschaftlicher Verbundenheit auch ein wenig helfen kann."

„Danke, das wäre mir wirklich wichtig, auch im Sinne unserer norddeutschen Interessen", sagte Dr. Überall und kam nun ohne

Umschweife auf die Probleme rund um die DYTIS zu sprechen: „Hätten Sie aufgrund Ihrer Lokalkenntnisse eine Idee, wie man die Griechen zur Vernunft bringen könnte? Es geht ja nicht nur um mein Unternehmen, sondern auch um das Schicksal der hiesigen Hellenic Dockyards und um deren Arbeitsplätze."

„Das dürfte nicht ganz einfach werden", erwiderte Prinz Sonderburg, der aufmerksam zugehört hatte. „Hier hat man eine andere Grundhaltung zu diesen Dingen. Es geht vorrangig um eine politische Debatte und um die Frage, wie man sich dabei zum eigenen Vorteil positioniert. Die übergeordneten Interessen des Landes oder seiner Wirtschaft geraten vielfach aus dem Blick. Ansonsten wäre dieses Land wahrscheinlich ähnlich erfolgreich wie Deutschland. Leider kann ich Ihnen kein sicheres Rezept für eine Lösung nennen, außer dass Sie alles versuchen sollten, um Ihr Vorhaben, soweit es geht, aus der politischen Arena herauszuhalten. Das erscheint mir gerade jetzt im Vorfeld einer nationalen Parlamentswahl wichtig. Wenn Sie hier hohe Aufmerksamkeit auf sich ziehen und zum Spielball unterschiedlicher Parteiinteressen werden, wird es äußerst schwierig. Hatten Sie bereits Kontakt zum deutschen Botschafter in Athen, Herrn Dr. Lars Kindel?"

„Nein, noch nicht", räumte Dr. Überall ein. „Nur müssen wir dummerweise morgen schon wieder abreisen."

„Sie sollten es trotzdem versuchen", drängte Prinz Sonderburg. „Ich habe einen engen Draht zu ihm und versuche ihn zu fragen, ob er kurzfristig für Sie Zeit hat. Passt Ihnen morgen ein Frühstücktreffen?"

Dr. Überall nickte dankbar.

Prinz Sonderburg tippte eilig auf seinem Handy herum.

„Hallo Lars, hier Fiete, entschuldige die Störung, aber ich sitze hier gerade mit dem Vorstandsvorsitzenden der Norddeutschen Werft, du weißt schon, die Kieler U-Boot-Bauer. Es braut sich da mit dem griechischen Verteidigungsministerium etwas zusammen. Das solltest du dir unbedingt mal im O-Ton anhören. Leider ist Dr. Überall nur noch bis morgen Mittag hier. Könntest du dich trotzdem kurz mit ihm und mir treffen, vielleicht morgen zum Frühstück im Grande Bretagne?“

Das Handy am Ohr, lächelte der Prinz in Dr. Überalls Richtung und hob nach wenigen Sekunden den Daumen.

Nach einer kurzen Mittagspause, in der er Holger Gross über den Verlauf seiner bisherigen Gespräche informierte, machte sich Dr. Überall angesichts des dichten Athener Nachmittagsverkehrs schon um viertel nach drei mit seinem Limousinen-Service auf den Weg zum Verteidigungsministerium, um nach dem Sicherheitscheck am Eingang pünktlich um vier beim griechischen Flottenchef zu sein.

Konteradmiral Ioannis Kazantzakis begrüßte Dr. Überall freundschaftlich.

„Keine einfachen Themen, die Sie wieder hierher nach Athen führen! Ich höre, dass es bei der Testfahrt der DYTIS zu Beanstandungen gekommen ist, die so gravierend sind, dass sie das gesamte Programm gefährden. Das wäre für mich ein Desaster, denn ich plane schon jetzt die Zuläufe der Boote für die nächsten Jahre, sowohl von den Einsätzen her als auch vom Personal. Außerdem brauchen wir die Boote dringend in der Ägäis, wo wir ständig von der türkischen Marine mit Nadelstich-Operationen herausgefordert werden. Mich haben Sie also an Ihrer Seite, wenn es darum geht, die Boote möglichst schnell nutzen können. Wie ist denn der Stand der Dinge aus Ihrer Sicht?“

Dr. Überall wiederholte seine ewige Rede, dass es sich bei dem parametrischen Rollen des Bootes bei der Überwasserfahrt um ein ganz normales physikalisches Phänomen handele. Als er ausführte, ein U-Boot sei nun einmal nicht dafür ausgelegt, bei Wind und Wellen stabil wie ein Brett auf der Meeresoberfläche zu liegen, stimmte der Flottenchef zu:

„Ich kann mich noch gut an eine Fahrt mit einem der alten 306er-Boote erinnern. Da wurde uns jungen Seeleuten so speiübel, dass wir alle ‚tauchen!' gerufen haben, bis der Kommandant ein Erbarmen hatte und das Boot auf Tauchfahrt geschickt hat."

„Sehen Sie", sagte Dr. Überall, „daher verstehe ich nicht, warum dieses Thema jetzt bei der DYTIS so aufgebauscht wird und Sie dieses erste Boot unter Umständen erst mit jahrelanger Verspätung bekommen."

Als er die im Gespräch mit Rüstungsdirektor Platonides aufgekommene Beweislastproblematik erwähnte, sah ihn Ioannis Kazantzakis ungläubig an.

„Ich verstehe Ihr Problem", sagte er. „Würde es sich bei dem Boot um ein Auto handeln, müssten Sie als Hersteller quasi dem Kunden nachweisen, dass die natürliche Anfälligkeit des Autos gegenüber Seitenwind kein Mangel ist. Theoretisch könnte man es ja zum Panzer umbauen, denn dann wäre Seitenwind kein Thema, aber es würde andere Eigenschaften des Autos ad absurdum führen."

„Genauso ist es!", rief Dr. Überall, erfreut, endlich ein verständnisvolles Gegenüber gefunden zu haben.

„Aus meiner Sicht sollten Sie überlegen, einen neutralen Gutachter zu finden, der diese Sache in einer für das Rüstungsdirektorat eingängigen und akzeptablen Form erklärt", sagte Kazantzakis.

„Das habe ich mir auch schon überlegt", sagte Dr. Überall.

„Aber denken Sie dabei immer in den Kategorien der Politik. Uns stehen hier Wahlen bevor. Gut wäre, wenn Sie es schafften, mit einem Gutachten die ganze Sache aus der politischen Diskussion herauszuhalten. Das wäre wahrscheinlich für uns alle ein Vorteil. Aber das sage ich Ihnen nur als meine Privatmeinung. Ich hoffe, Sie verstehen mich richtig. Hier im Haus gibt es natürlich auch viele politische Rücksichten, weil Leute Karriere machen wollen und so weiter."

Dr. Überall war dankbar, im Flottenchef einen wirklichen Ratgeber gefunden zu haben. Aus verschiedenen Interessenperspektiven hatten sie dieselbe Zielrichtung.

Abends gegen sechs traf Dr. Überall im Wintergarten des Grande Bretagne wieder mit Holger Gross zusammen, der ihm bei einem Drink an einem der Tische mit den Dackelbeinen von seinem Treffen mit Demosthenes Koulas berichtete, dem Geschäftsmann und ehemaligen Büroleiter des Verteidigungsministers.

„Koulas war sehr offen und hat mir interessante Einblicke eröffnet. Als ich ihm erzählte, wie heute Morgen Ihr Gespräch mit den Ministern verlaufen ist und dass Troianides mit Ihnen gar nicht gesprochen hat, da hat er laut gelacht und gesagt, dass wundere ihn überhaupt nicht, denn an den komme man nur nach dem Einwerfen ‚kleiner Münzen' heran. Es ist wohl so, dass Troianides mehrere Freundinnen nebeneinander hat, für die er immer unterschiedliche Hotelzimmer braucht. Wer mit ihm ins Geschäft kommen will, bucht solche Zimmer – oder gleich eine ganze Suite. Natürlich habe ich Koulas gesagt, dass wir so etwas nie machen würden. Er meinte, dass wir uns dann nicht wundern dürften, wenn der Minister mit uns nicht rede. Da sei er konsequent, weil anderenfalls sein ganzes System ja zusammenbräche."

„Unfassbar", sagte Dr. Überall kopfschüttelnd und nahm einen Schluck von seinem Drink.

„Es kommt noch besser. Koulas wusste – woher, hat er nicht verraten –, dass Troianides die Renationalisierung der Hellenic Dockyards zu seinem zentralen Wahlkampfthema machen will, nach dem Motto: ‚Wir schmeißen die blöden Deutschen raus, die uns keine Reparationen für die Kriegsschäden zahlen, ständig unsere Schulden nachzählen und obendrein unsere Werft usurpiert haben, obwohl sie nicht mal U-Boote bauen können.' Koulas rät, wir sollten uns hier wie Guerillakrieger im Dschungel bewegen. Natürlich bietet er an, uns dabei gegen ein ‚moderates' Honorar zu beraten."

„Ich habe genau den gegenteiligen Rat bekommen", sagte Dr. Überall, „nämlich uns im heraufziehenden Wahlkampf aus der Politik herauszuhalten und zuzusehen, dass unser Thema nicht zum Spielball der politischen Auseinandersetzung wird." „Ob das überhaupt noch geht?", wandte Gross ein. „Koulas meinte, dass wir es gar nicht mehr verhindern könnten, wir seien so oder so schon Teil dieser Auseinandersetzung."

Dr. Überall überlegte. „Flottenchef Kazantzakis meinte, wir sollten das DYTIS-Thema über einen gutachterlichen Prozess zur Ruhe bringen. Das ist wirklich keine schlechte Idee. Ich bin gespannt, was heute Abend Elephantinou dazu sagt."

„Wie auch immer", sagte Holger Gross, „ich brauche jetzt eine Pause, bevor wir wieder mit unserem Elefantenjäger das Vergnügen haben."

Sie leerten ihre Gläser und zogen sich auf ihre Zimmer zurück.

Kurz vor acht erschien Stylianos Elephantinou in der Lobby des Grande Bretagne. An diesem Abend kam er jedoch nicht allein, sondern Hand in Hand mit einer sehr blonden Dame auf extrem hohen High Heels. Er stellte sie als „Anastacia" vor.

„Sie hilft mir im Geschäft, und da ihr zu zweit seid, habt ihr ja sicher nichts dagegen, wenn wir auch zu zweit sind!", sagte er lachend.

Dr. Überall machte gute Miene und ging mit Elephantinou, „Anastacia" und Holger Gross ins Dachgarten-Restaurant. Der Jahreszeit gemäß waren die meisten großen Schiebefenster geschlossen, aber dem Ausblick auf die angeleuchtete Akropolis tat das keinen Abbruch. Ihr für drei Personen reservierter Tisch wurde um ein viertes Gedeck ergänzt.

Auf Holger Gross' etwas plumpe Frage an „Anastacia", was sie denn für eine Aufgabe wahrnehme, lächelte sie Elephantinou an und antwortete in osteuropäisch gefärbtem Englisch:

„I am a multi-purpose employee. Whatever Stylianos may need, I will try to support him with my best efforts."

Elephantinou legte seinen Arm um ihre Hüfte und sah sie hingebungsvoll an.

Alles klar, dachte Dr. Überall und hoffte, dass der Abend trotzdem die Themen ermöglichte, die den Aufwand der Einladung rechtfertigten.

„Haben Sie von Ihrem Freund Drakos Troianides schon seinen Bericht über unser Gespräch heute Morgen gehört?“, fragte er den Geschäftsmann.

„Ja“, antwortete Elephantinou grinsend, „er hatte zufällig gerade einen Anruf und musste daraufhin sofort weg.“

„Zum Premier“, warf Dr. Überall ein.

„Ach was, zu einer seiner Freundinnen, das hat er mir ausdrücklich gesagt. Er hält euch für recht naiv, zu glauben, ihr könntet von ihm ein Gespräch verlangen und dann steht er euch einfach zur Verfügung. Ich hab’ euch das extra mal versuchen lassen, damit ihr seht, dass das so nicht läuft.“

„Und wie kann es laufen?“, fragte Dr. Überall.

„Ich sag’ es euch, versprochen, wenn ihr uns erstmal als Aperitif eine Flasche Dom Perignon bestellt. Und dazu passt übrigens als Vorspeise besonders gut Beluga-Kaviar, den sie hier in der großen Haushaltspackung haben.“

Elephantinou lachte sein sonores Lachen und warf „Anastacia“ einen Blick zu, als wolle er ihr sagen: Wie gut mache ich das hier denn schon wieder?

Dr. Überall rief einen Ober heran und bestellte eine Flasche Dom Perignon, die laut Karte knapp dreihundert Euro kostete. Nachdem jeder ein Glas eingeschenkt bekommen hatte, begann Elephantinou sein Versprechen einzulösen.

„Es ist ein offenes Geheimnis, dass Troianides immer mindestens drei Freundinnen gleichzeitig hat. Für jede braucht er eine Hotelsuite und ihr könnt euch glücklich schätzen, dass ich als euer Freund euch ohne weiteren Obolus einen heißen Tipp geben kann. Der gute Drakos sucht nämlich gerade einen neuen Sponsor für die Suite im Hilton. Da könntet ihr zum Zuge kommen. Übrigens: Wenn er sich mit dem Premier trifft, dann auch immer im privaten Rahmen. Da gibt es gewisse Adressen, wo immer ein Sponsor gesucht wird. Also Chancen, mit ihm ins Gespräch zu kommen, gibt es genug. Nun aber will ich meinen Kaviar zur Vorspeise, mit ein paar Austern wäre das doch ganz nett. Was meinst du, Anastacia-Darling?"

„Oh, wonderful", erwiderte sie.

Dr. Überall sah kein Entrinnen. Er winkte den Ober heran und bestellte für die Gäste Austern mit „etwas" Kaviar, für sich Jakobsmuscheln und für den Kollegen Gross auf dessen Wunsch eine Tomatensuppe.

„Damit eines ganz klar ist", sagte er an Elephantinou gewandt, „die Sponsorensache läuft mit uns nicht. Das wäre ein eklatanter Verstoß gegen unsere Compliance-Grundsätze. Das können Sie Ihrem Freund Drakos ruhig genau so sagen. Wenn er das nicht versteht, hat er wirklich nichts begriffen. Dafür kann er locker mehrere Jahre Knast bekommen."

Elephantinou lehnte sich mit seinem Glas Dom Perignon in der Hand genüsslich zurück.

„Das weiß Drakos auch", sagte er, „aber solange er politisch oben ist, fasst ihn doch keiner an. Und glaubt mir mal, es gibt genug Firmen, die sich zunutze machen, dass man ihn so einfach für seine Sache gewinnen kann. Gerade weil er sich abhängig macht, läuft das System ja wie geschmiert, wenn ihr versteht."

„Sind alle hiesigen Politiker so?", fragte Holger Gross.

„Alle natürlich nicht", sagte Elephantinou, „aber einige, und zwar quer durch die politische Landschaft. Für sie ist die Zeit an der Macht eine einzigartige Chance im Leben, aus ihrer Bedeutung für sich privat etwas zu machen."

„Ich finde das abstoßend", sagte Dr. Überall. „Aber wenn es nun mal so ist, wie Sie es beschreiben, was würden Sie uns raten?"

„Nun, wäre da nicht erst eine Kiste Dom Perignon oder besser noch ein kleines Beratungsmandat fällig? Warum soll ich Ihnen meinen besten Rat bei einem einfachen Abendessen offerieren? Ideen hätte ich schon. Man könnte sich zum Beispiel überlegen, wie man Drakos mit einer kleinen politischen Intrige von seinem

Kurs Richtung Wahlsieg abbringen könnte. Ich kenne da ein paar Journalisten, die alle Spaß daran hätten, ihm Knüppel zwischen die Beine zu werfen, damit er endlich aufhört, die Presse so arrogant zu behandeln, wie er das gern tut. Aber auch da läuft nichts ohne Moos."

„Ich verstehe", sagte Dr. Überall mit einem Ausdruck von Desillusionierung und Abscheu, „diese Balkan-Mentalität ist einfach schrecklich!"

Bei dem Wort Balkan wurde „Anastacia" an Elephantinous Seite plötzlich lebendig.

„Don't speak against my home country!", sagte sie in ihrem osteuropäisch gefärbten Englisch.

Dr. Überall entgegnete nichts, aber Holger Gross nutzte diese Chance sofort, um zu fragen, woher sie denn komme.

„I am from Bulgaria", war die Antwort, wobei sie Stylianos Elephantinou wieder anlächelte, „we have some very good business together in Bulgaria."

Holger Gross wollte in deutscher Gründlichkeit sogleich von ihr wissen, um welche Art von Geschäften es sich handele.

„Wir vermitteln Arbeitskräfte nach Deutschland", antwortete sie, „zum Beispiel in der Land- und Fleischwirtschaft."

Zum Hauptgang bestellte Elephantinou für sich und seine Begleiterin Steak vom handmassierten Wagyu-Rind, das mit Abstand teuerste Gericht auf der Speisekarte.

Heute geht es nicht anders, dachte Dr. Überall missvergnügt, aber danach ist Schluss mit lustig. Er hatte die Unterhaltung des heutigen Abends innerlich schon abgehakt, hörte aber sicherheitshalber den großspurigen Ratschlägen seines Gastes weiter zu.

Nach dem Hauptgang zog Elephantinou, der die getönte Brille lässig über die Stirn ins Haar geschoben hatte, aus seiner Jackentasche ein Zigarrenetui und fragte Dr. Überall, ob er ihn nach draußen begleiten wolle. Reflexartig sagte dieser Ja und sie gingen auf die weitläufige Dachterrasse.

Holger Gross hatte nun die nicht unwillkommene Aufgabe, sich weiter mit „Anastacia“ zu unterhalten und sie über ihr „business“ auszufragen.

Draußen hielt Elephantinou sein geöffnete Zigarrenetui einladend zu Dr. Überall, der aber ablehnte. Nachdem er seine Zigarre in aller Ruhe in Gang gebracht hatte, sagte der Grieche:

„Also mal im Ernst, ihr übertreibt es doch mit eurem Compliance-Getue. Als wenn ihr nicht auch den einen oder anderen kaufen würdet, um eure Schiffchen an den Mann zu bringen.“

„Wissen Sie“, sagte Dr. Überall, „die Zeiten haben sich geändert, und zwar weltweit, auch wenn das hier vielleicht noch nicht angekommen ist. In Deutschland wandert ein Geschäftsführer, der Leute ‚kauft‘, persönlich ins Gefängnis und das Unternehmen wird mit abschreckend hohen Geldbußen überzogen. Diesen Gedanken können Sie abhaken. Alles das kommt für uns nicht in Frage.“

„Schade“, sagte Elephantinou, „ich wollte Ihnen nämlich einen besonderen Gefallen tun. Da der Manager des Hilton hier in Athen zufällig ein sehr guter Freund von mir ist, hätte ich Ihnen für die Suite noch ein Sonderangebot aushandeln können. Für euch hätte ich das sogar gemacht, sozusagen aus alter Verbundenheit.“

„Nein, danke“, sagte Dr. Überall mit Nachdruck. „Sie können mir allerdings noch raten, was ich hier auf korrektem Wege tun kann, um die DYTIS in ruhigere Gewässer zu ziehen. Dafür wäre ich durchaus dankbar.“

„Heißt das Mandat oder kein Mandat?“, fragte Elephantinou.

Dr. Überall wurde es langsam zu bunt.

„Sie haben ja eben gesagt, dass Sie zu uns eine besondere Verbundenheit spüren. Nun habe ich Sie und Ihre ‚Kollegin‘ hier heute Abend so nett eingeladen, da wäre ein kleiner Tipp unter alten Weggefährten sicher auch noch drin.“

Elephantinou stieß eine Rauchwolke aus. „Nichts für ungut“, lenkte er ein. „Was ich machen würde, ist ganz einfach die Wahl abwarten und hoffen, dass danach die ‚Schwarzen' übernehmen. Auf jeden Fall ist die Wahrscheinlichkeit, dass ein anderer als Troianides im Mesogeion 227 sitzt, höher als neunzig Prozent."

„Endlich mal ein guter und einfacher Ratschlag", sagte Dr. Überall, während sie über die Brüstung des Dachgartens in Richtung Lykabettus schauten.

Elephantinou zog sinnend an seiner Zigarre.

„Warten", sagte er und sah dem perfekten Rauchring hinterher, den er in den Athener Nachthimmel aufsteigen ließ, „ist hier in Griechenland manchmal überhaupt das beste Mittel. Viele Dinge erledigen sich mit der Zeit ohnehin ganz von selbst."

Zufällig war im Dachgarten-Restaurant für ihr Frühstück mit Prinz Sonderburg und dem deutschen Botschafter Dr. Lars Kindel derselbe Tisch reserviert, an dem sie am Abend zuvor mit Stylianos Elephantinou und „Anastacia" gesessen hatten. Aber wie anders war nun die Stimmung: Nichts mehr von der Nachtschatten-Atmosphäre des Vorabends, stattdessen durchflutete Sonnenlicht den Raum und es duftete nach Kaffee und frischem Gebäck.

Als Prinz Sonderburg mit dem Botschafter um halb acht an den von Dr. Überall und Holger Gross bereits besetzten Tisch kam, stellte er die Herren einander vor und Karten wurden ausgetauscht.

Man setzte sich und bestellte von der Frühstückskarte, die der Botschafter gut zu kennen schien, Porridge und „Ham and Eggs".

Für Smalltalk war angesichts der knappen Zeit kein Platz.

Aufgefordert von Prinz Sonderburg, schilderte Dr. Überall dem Botschafter sogleich in geübter Kompaktform den Sachstand zur SM DYTIS. Er schloss mit der Einschätzung, dass es für die Norddeutsche Werft nur die Option gebe, entweder auf juristischem Weg den angeblichen Mangel zu widerlegen oder im Hintergrund die geeigneten Kontakte zu pflegen, die Wahl abzuwarten und zu hoffen, dass sie die „Schwarzen“ an die Schalthebel brachte.

„Das ist für Sie natürlich fast wie im Lotto“, sagte Dr. Kindel. „Auch ich würde heute mutmaßen, dass die ‚Schwarzen‘ bei der Wahl vorn liegen. Aber wir alle wissen, dass sich das in den nächsten Monaten noch ändern kann. Außerdem kann es auch wieder eine Koalition geben. Daher sollten Sie sich nicht in der Wahl zwischen zwei Extremen sehen. Man könnte vorsorglich alle vertraglichen Mittel ausschöpfen, zugleich aber die Vorbereitungen für den Wahltag und einen hoffentlich für Sie günstigen Wahlausgang treffen.“

„Ich kenne dieses Land schon sehr lange“, sagte Prinz Sonderburg. „Es gibt oft anfangs recht extreme Positionen, die sich später relativieren. Seine Majestät, der ehemalige König, wurde einst mit sehr starken Erklärungen aus dem Land verbannt. Heute geht er hier längst wieder ein und aus und wird sogar dafür geachtet, dass er eine für ihn gebaute Brücke genutzt hat. Daher kann ich dem Botschafter nur zustimmen: Das eine tun, ohne das andere zu lassen, wäre auch mein Weg.“

„Eines muss ich noch betonen“, sagte Dr. Überall. „Der Rat, den ich hier oft höre, man möge doch diesem oder jenem dies oder das zukommen lassen, damit er etwas tut oder nur sein geneigtes Ohr zur Verfügung stellt, ist für uns ganz wertlos. Das entspricht weder unserer Kultur noch unseren rechtlichen Gegebenheiten.“

„Da kann ich Sie nur bestärken“, sagte Botschafter Kindel, „wer eine klare Linie in den Sand zeichnet, wird damit auch respektiert.“

VII.
Fortsetzung mit anderen Mitteln

Auf dem Rückflug hatte Dr. Überall den Griechenland-Trip bei einem Glas Rotwein gedanklich Revue passieren lassen und versucht, aus den vielen Gesprächen Grundlinien für seine eigene Meinungsbildung herzuleiten. Auch war es ihm wichtig, sich einen Plan für das weitere Vorgehen zurechtzulegen.

Ganz klar war, dass der griechische Verteidigungsminister sein eigenes politisches Süppchen kochte. An Drakos Troianides war mit sachlichen Argumenten nicht heranzukommen. Und das Rüstungsdirektorat und die Marine würden sich mit dem Minister nicht streiten, sondern den Ball lässig in das Feld der Norddeutschen Werft spielen, die nun den Nachweis zu führen hatte, dass die DYTIS keinen Mangel aufwies. Mit stiller Anerkennung gab Dr. Überall zu, dass dies eine denkbar elegante Position war. Die Militärs mussten sich mit niemandem anlegen, weder mit ihrem Minister noch mit den Deutschen.

Eine seiner Schlussfolgerungen schon während des Rückflugs war, dass er sich sehr sorgfältig mit seinem Justiziar besprechen musste. Noch vom Flughafen München aus rief er ihn an und setzte einen Termin gleich am nächsten Morgen an.

Mit Anfang fünfzig war Dr. Frank Hemmerle ein überaus erfahrener Jurist im Werftengeschäft. Er stand seit mehr als zwanzig Jahren in den Diensten der Norddeutschen Werft und hatte schon die Verhandlungen über die Privatisierung der Hellenic Dockyards an der Seite von Dr. Überall wesentlich mitbestritten.

Trotz seines süddeutschen Namens verkörperte er einen durch und durch hanseatischen Typus, immer korrekt, immer in einen tadellos sitzenden tiefblauen Anzug gekleidet, das dunkelblonde volle Haar ordentlich gescheitelt. Eine Brille mit Hornumrandung verlieh ihm eine intellektuelle Aura. Er sprach stets druckreif, wohlüberlegt und abwägend. Einem juristischen Laien erschien seine Ausdrucksweise unweigerlich etwas umständlich, einem Eingeweihten aber erschloss sich schnell, dass dies nur der Präzision geschuldet war, die es eben notwendig machte, Relativierungen und Vorbehalte einzuschieben.

Bei der Besprechung in Dr. Überalls Büro an diesem Freitagmorgen war auch Holger Gross wieder mit von der Partie. Allerdings war er nicht immer ganz bei der Sache, weil ihm schon das Treffen mit Andrea Pamboulis am Abend des kommenden Montags durch den Kopf ging.

Dr. Überall referierte sein Reise-Resümee und bat Dr. Hemmerle um seinen rechtlichen Rat, insbesondere zur Umkehr der Beweislast, die der Justiziar des griechischen Rüstungsdirektorats, Dr. Demosthenes Spartakides, in den Raum gestellt hatte.

„Da muss ich dem Kollegen ausnahmsweise recht geben“, sagte Dr. Hemmerle, „denn nach dem hier zugrundeliegenden griechischen Zivilrecht ist es so: Wenn der Kunde vor der Abnahme einen Mangel rügt, obliegt der Nachweis, dass es sich doch nicht um einen Mangel handelt, dem Auftragnehmer. Dies freilich gilt nicht ohne Einschränkungen. Wenn etwa der Auftraggeber die Mängelrüge missbräuchlich oder unter krasser Verkennung offensichtlicher physikalischer Grundgegebenheiten ausgesprochen hätte, würde diese Nachweisumkehr unter Umständen nicht greifen.“

„Das ist ja für uns schon ein wichtiger Punkt“, unterbrach Dr. Überall, „wenn es gegen die Grundlagen der Physik wäre, was Nautarakis und sein Team hier beanstandet haben.“

„Ich bin zwar kein Ingenieur“, dämpfte Dr. Hemmerle voreilige Schlussfolgerungen, „dennoch glaube ich, dass es ganz so einfach nicht ist, denn sonst hätte man ja in der Prüfspezifikation nicht die bekannten Richtwerte aufgeführt. Persönlich denke ich also schon, dass wir uns die Mühe machen müssen, mit allen denkbaren Argumenten das Vorliegen eines Mangels zu bestreiten. Unschärfen in der Formulierung der Prüfspezifikation gehen dabei tatsächlich zu unseren Lasten, da wir als Fachfirma es in der Hand gehabt hätten, diese Formulierungen zu ändern."

Dr. Überalls Stirn legte sich in Falten.

Zum Glück beleuchtete Dr. Hemmerle nun eine andere Perspektive:

„Wesentliche Argumente für unsere Sicht sehe ich darin, dass gemäß Prüfspezifikation sogar eine Seitenneigung von sechzig Grad nicht ausgeschlossen und damit auch physikalisch als nicht kritisch anzusehen war."

Dr. Überalls Stirn glättete sich.

Und schon kam der Dämpfer:

„Allerdings könnte ein Risiko darin liegen, dass der Kunde behauptet, diese Seitenlage hätte überschritten werden können, da bereits die gemessenen zweiundfünfzig Grad schon bei geringerer Windstärke erreicht worden seien als in der Prüfspezifikation vorgesehen. Diese Befürchtung gilt es auszuschließen, unter Umständen auch durch Einholung eines Fachgutachtens."

„Das bringt mich schon wieder auf die Palme!", rief Holger Gross, der beim Thema Technik nun doch wieder ganz da war. „Unter Schiffbauern weiß jeder schon nach dem ersten Semester, dass bei derartiger Lage des Schwerpunkts die Seitenneigung gar nicht über sechzig Grad hinausgehen kann!"

„Wenn das so einfach ist, dann sollten wir es ja auch nachweisen können", versuchte Dr. Überall mäßigend einzuwirken.

„Genau, so sehe ich es auch", sagte Dr. Hemmerle.

„Könnten Sie nun zu den Rechtsfolgen bei anhaltendem Stopp der Zahlungen etwas sagen", bat Dr. Überall, „leider dürfte das ja auch ein Thema werden."

„Dabei gibt es zwei Betrachtungsweisen", begann Dr. Hemmerle mit sichtlicher Befriedigung. „Einmal durch die Brille des Kunden: Solange er berechtigterweise von einem Mangel seines Vertragsgegenstands ausgeht, kann er bei entsprechendem Sicherungsinteresse nach herrschender Meinung bis zu fünfundzwanzig Prozent des Kaufpreises als Sicherheit einbehalten und die Zahlungen zurückhalten. Wir hingegen betrachten die Mängelrüge als unberechtigt und sehen uns daher zum pünktlichen Empfang aller weiteren noch fälligen Zahlungen mehr als berechtigt. Im Vertrag steht dazu: *Falls der Kunde zwei reguläre Fortschrittszahlungen zu den dafür geltenden Terminen ohne Grund zurückhält, hat der Unternehmer das Recht, den Vertrag wegen der Verletzung der Zahlungspflicht aus wichtigem Grund zu kündigen und vom Kunden eine Kompensation für getätigte Aufwendungen und ausbleibenden Gewinn zu verlangen.*"

„Genau das ist der Weg, den ich gehen will, wenn das Rüstungsdirektorat seine Androhung wahrmacht und nicht zahlt", rief Dr. Überall.

Natürlich brachte Dr. Hemmerle gleich wieder einen Dämpfer: „Wenn der Kunde allerdings gegen die Kündigung vor Gericht ziehen und gewinnen würde, müssten wir nach vorangegangenem Baustopp auch noch den Verzugsschaden ersetzen, den der Auftraggeber durch Baustopp und Kündigung erlitten hätte. Das würde richtig teuer."

„Einen Tod muss man eben sterben", meinte Holger Gross, dem solche Diskussionen fremd waren. Er dachte wieder an den bevorstehenden griechischen Abend bei Andrea Pamboulis, wo er entscheidende Informationen zu bekommen hoffte, die diese juristischen Winkelzüge hoffentlich überflüssig machen würden.

Dr. Hemmerle hingegen kam nun richtig in Fahrt:

„Im Zusammenhang mit der Kündigung stellt sich weiterhin die Frage, ob diese vorher angedroht werden muss. Nach griechischem Recht ist dies nicht ganz eindeutig. Wenn wir es nicht tun, könnte uns ein Formfehler vorgeworfen werden. Dennoch würde ich von der Androhung abraten, da unser Kunde jede Vorwarnung nutzen könnte, gegen die Kündigung vor einem griechischen Gericht eine einstweilige Verfügung zu erwirken und uns zur Weiterarbeit trotz Kündigung zu verpflichten."

„Donnerwetter", meinte Dr. Überall, „das ist ja fast so kompliziert wie eine Finite-Elemente-Berechnung. Ich versuche mit meinem schlichten Ingenieurverstand zusammenzufassen: Wenn die Griechen ihre vertragliche Zahlungspflicht zweimal nicht bedienen, können wir – unter der Annahme, dass die DYTIS keinen Mangel hat – den Vertrag komplett kündigen. Wenn wir recht behalten, müssen sie uns Schadensersatz leisten. Wenn wir nicht recht bekommen, müssen wir den Mangel beseitigen, die Boote fertig bauen und obendrein noch Schadensersatz für die Kündigung und die dadurch entstandene Verzögerung leisten. Richtig?“

„Richtig“, bestätigte Dr. Hemmerle. „Die Kündigung ist letztlich nur ein Druckmittel, übrigens auch politischer Art, mit dem wir ein Zeichen setzen: Wir sind im Recht, es reicht uns nun, bis auf Weiteres liegt das komplette Programm still, die Werft Hellenic Dockyards natürlich auch.“

„Na klar“, sagte Dr. Überall. „Finanzieren müssen wir sie allerdings trotzdem, denn es kann ja sein, dass die griechische Regierung unter dem Druck der Kündigung oder wegen der Neuwahlen plötzlich wieder zur Vertragserfüllung zurückkehren und weitermachen will.“ „Wieder richtig“, sagte Dr. Hemmerle, „aber einen gekündigten Vertrag kann man nicht einfach wieder zum Leben erwecken. Die Kündigung zerschneidet das Vertragsverhältnis wie mit einem Messer. Wenn also eine griechische Regierung doch wieder zu dem U-Boot-Programm zurückkehren möchte, muss sie mit uns neu verhandeln, was für uns natürlich Chance und Risiko zugleich bedeuten würde.“

„Was ist nun aus all dem für die Beantwortung des Schreibens von Rüstungsdirektor Platonides zu folgern?“, fragte Dr. Überall. „Wir müssen ja bald reagieren.“ „Ich empfehle, die Kündigung nicht anzudrohen, sondern lediglich darauf hinzuweisen, dass sich die Kundenseite mit dem Zahlungsstopp ihren vertraglichen Verpflichtungen entziehen würde“, sagte Dr. Hemmerle.

„Dann formulieren Sie bitte den Antwortentwurf“, beauftragte ihn Dr. Überall, „ich schaue mir das am Wochenende nochmal durch.“

Nachdem die Besprechung beendet war und Dr. Hemmerle und Holger Gross „Helüs“ Zimmer verlassen hatten, zeigte sich Sandra Nordmann im Türrahmen.

„Der Chefredakteur der Kieler Nachrichten hat angerufen und gefragt, ob Sie ihn zurückrufen könnten.“

„Dann mal los“, sagte Dr. Überall tatendurstig und griff zum Hörer.

Kurze Zeit später hatte er Dr. Martin Albrecht am Apparat.

„Nett, dass Sie sich melden“, sagte der Journalist. „Die Kieler Spatzen pfeifen es von den Dächern, dass Sie gestern von einer Art Feuerwehrmission aus Athen zurückgekehrt sind. Darüber gehen schon allerlei Gerüchte. Damit Sie mich nicht erneut dafür beschimpfen, dass ich Ihnen kein vorheriges Gehör gegeben hätte, habe ich Sie angerufen. Das muss Ihnen doch recht sein?“

„Was für Gerüchte?“, fragte Dr. Überall schon etwas angespannt.

„Es wird erzählt, Sie hätten in Ihren Gesprächen mit der Griechischen Marine sowie im Verteidigungsministerium nicht widerlegen können, dass die DYTIS einen schweren Designmangel aufweist, der auch die Folgeboote betrifft. Im Gegenteil: Sie hätten auch keinerlei Einsicht in den Fehler gezeigt. Nun seien Sie dafür verantwortlich, dass die Gespräche ohne Ergebnis verlaufen seien und das Programm in einer Katastrophe für Kiel, aber auch für Hellenic Dockyards zu enden drohe.“

Dr. Überalls Gemütszustand ging von angespannt in gereizt über.

„Ich will Ihnen mal was sagen“, rief er, „die Leute, die Ihnen das alles erzählt haben, sind die reinsten Verdrehungskünstler und Trickser. Fakt ist, dass unser griechischer Kunde ohne Grund und quasi aus dem Nichts einen Designmangel herbeigeredet hat, weil er einfach nicht mehr bezahlen will. Vor diesem Hintergrund muss ich auch keine Einsicht in einen nicht vorhandenen Fehler zeigen. Das wäre ja noch schöner. Ich muss vielmehr die Interessen meines Unternehmens wahrnehmen.“

„Und was werden Sie tun?“ „Was man eben tut, wenn man aus eigener Kraft nicht überzeugen kann. Einen weiteren Experten einschalten.“

„Und wenn auch der nicht überzeugt?“

„Wenn es so wäre, müssten wir unsere vertraglichen Instrumente ausschöpfen.“ „Und die wären?“

„In jedem guten Vertrag gibt es Instrumente, die greifen, wenn eine Seite ihre Verpflichtungen nicht erfüllt. Das ist hier genauso.“

„Also eine Kündigung? Sie wollen den Vertrag notfalls kündigen?“, bohrte Dr. Albrecht als guter Journalist nach.

„So weit würde ich jetzt keinesfalls gehen.“

„Aber Sie schließen nicht aus, dass Sie es im Notfall dahin bringen?“ „In einem solchen Fall kann man aus heutiger Sicht nichts ausschließen, aber jetzt ist das kein Thema, weil wir immer einen Schritt nach dem anderen planen müssen.“

„Okay, verstanden, danke für die Möglichkeit, mit Ihnen zu sprechen.“ Der Chefredakteur legte auf, bevor Dr. Überall noch etwas sagen konnte.

Was die Kieler Nachrichten daraus wohl machen würden?

Als Heino Überall am Samstagmorgen zuhause in Heikendorf die Zeitung aus dem Briefkasten zog, las er als Schlagzeile auf der ersten Seite: *U-Boot-Streit mit Griechen weiter eskaliert – NDW-Chef schließt Kündigung nicht mehr aus.*

Heikendorf ist ein beschaulicher Wohnort vor den Stadtgrenzen Kiels. Hier bewohnte das Ehepaar Überall einen geräumigen Winkelbungalow mit Walmdach auf einem zweitausend Quadratmeter großen Grundstück mit altem Baumbestand.

Am Wochenende pflegten sie es gern ruhiger angehen zu lassen, aber jetzt war Heino Überall nicht nach Gemütlichkeit zumute. Er ging zurück ins Haus und setzte sich zu seiner Frau Annegret an den liebevoll gedeckten Frühstückstisch.

„Irgendjemand inszeniert hier eine regelrechte Kampagne gegen uns und auch gegen mich", schimpfte er, „und immer sind die Kieler Nachrichten vorneweg. Möchte mal wissen, was ich denen getan habe. Die wollen wohl mit der Norddeutschen Werft den Ast absägen, auf dem viele in Kiel hier sitzen!"

„Das ist alles Sturm im Wasserglas, der so schnell vorübergeht, wie er gekommen ist", sagte Annegret Überall, während sie ihr Frühstücksei pellte. „Frühstücke erst mal, dann geht es dir schon besser!"

Heino Überall war nicht dazu aufgelegt, sich mit Stoffwechselargumenten von seiner Empörung über die Presse und die dahinter vermuteten Strippenzieher abbringen zu lassen. Als er sich wutschnaubend den ersten Kaffee einschenkte, landete prompt die Hälfte auf der Untertasse.

Seine Frau pellte weiter ihr Frühstücksei, wie ihm schien mit demonstrativer Gelassenheit. „Da musst du eben eine Gegenkampagne fahren", meinte sie, „zum Beispiel mit den Lübecker Nachrichten oder dem Hamburger Abendblatt. Und der Schleswig-Holsteinische Zeitungsverlag in Flensburg hat doch auch ganz viele Regionalzeitungen und erreicht jede Menge Leser."

Annegret Überall war etwa fünf Jahre jünger als ihr Mann und als Schiffbauingenieurin seine Fachkollegin. Er hatte sie über die Zusammenarbeit des Schiffbau-Kontors Lübeck mit der Norddeutschen Werft vor gut zwanzig Jahren kennengelernt. Mit ihrem ausgleichenden Temperament und ihrem Sachverstand war sie im Hintergrund schon immer eine wichtige Ratgeberin für ihn. Auch jetzt musste er zugeben, dass sie recht hatte. Man sollte sich nicht immer auf einen einzigen Weg versteifen, denn der konnte bekanntlich auch in eine Sackgasse führen.

„Was würdest du denn vorschlagen?", fragte er.

Annegret machte sich in aller Ruhe ein Marmeladebrötchen zurecht. „Vergiss die Kieler Nachrichten", sagte sie, „straf' sie mit Nichtachtung, auch wenn sie vor eurer Haustür agieren. Lübeck ist keine schlechte Alternative, allein schon wegen der

U-Boot-Historie mit dem Schiffbau-Kontor. Das garantiert immer ein gewisses Interesse an diesem Thema. Den Chefredakteur kenne ich übrigens. Horst Grossenegger war in meiner Klasse, wir haben uns erst letztes Jahr bei einem Schultreffen gesehen und gesprochen. Den könnte ich nachher mal anrufen."

Heino Überall war auf Anhieb von dieser Idee eines medialen Entastungsangriffs angetan und widmete sich endlich mit Genuss seinem Frühstück.

Die heutige Ausgabe der Kieler Nachrichten würdigte er jedoch keines Blickes mehr, sondern überließ sie Annegret, die sich sogleich in die Lektüre vertiefte. „Heino", sagte sie nach einer Weile, „hast du den gesamten Artikel oder nur die Überschrift gelesen?" „Nach der Überschrift hat es mir gereicht."

„Das war ein Fehler, mein Lieber, denn im Artikel, den wieder dieser Brückner geschrieben hat, steht, dass die Kündigung eine Spekulation der Kundenseite sei, die die Norddeutsche Werft auf Nachfrage nicht bestätigt habe. Das ist doch gut für euch."

„So einfach ist es leider nicht, denn unser Jurist hat gestern geraten, dass das Wort Kündigung in der Debatte von uns vermieden werden sollte, um keine schlafenden Hunde zu wecken."

„Ich verstehe, also ist das von den Griechen, wer immer es in die Welt gesetzt hat, nicht so nett gewesen."

„Das kannst du laut sagen, wir fragen uns die ganze Zeit, wer wohl ein politisches Interesse daran haben könnte, diese Sache so hochzuheizen. Ruf auf jeden Fall deinen Jugendfreund Grossenegger an."

„Jugendfreund hab ich nicht gesagt, nur keine Eifersucht!"

Nachdem Annegret Überall noch am selben Vormittag Horst Grossenegger erreicht und ihn unter Verweis auf Lübecks U-Boot-Tradition und die negative Beeinflussung der Kieler Nachrichten durch griechische Kreise für einen Interviewtermin mit ihrem Mann am kommenden Dienstagvormittag in Kiel gewonnen hatte, zog sich Dr. Überall in sein behagliches, mit Schiffsmodellen und Erinnerungsfotos besonderer beruflicher Momente geschmücktes Arbeitszimmer im Souterrain zurück.

Er fuhr den Computer hoch, um Dr. Hemmerles Entwurf der Antwort an Rüstungsdirektor Platonides zu lesen. Die Mail musste inzwischen eingetroffen sein.

Richtig, da war sie, mit dem Entwurf im Anhang:

Sehr geehrter Herr General,
unter Bezug auf Ihr Schreiben und das zwischenzeitlich geführte Gespräch weisen wir den Vorwurf, dass bei der Testfahrt des U-Bootes SM DYTIS im Oktober ein schwerwiegender Mangel aufgetreten sei, nach Überprüfung des Sachverhalts mit allem Nachdruck zurück. Ein Mangel im Hinblick auf die Seetauglichkeit besteht weder für die Baunummer 295 (SM DYTIS) noch für die mit diesem Boot baugleichen Baunummern 296 bis 298 der neuen U-Boot-Baureihe 311. Wir machen Sie daher darauf aufmerksam, dass Sie zur Leistung aller weiteren Zahlungen, die nach Vertrag jeweils zum Ende eines Kalenderquartals als Fortschrittszahlungen fällig werden, verpflichtet bleiben. Vorsorglich weisen wir Sie darauf hin, dass die von Ihnen angedrohte Zahlungseinstellung eine Verletzung des zwischen uns bestehenden Vertrags darstellen würde.
Mit freundlichen Grüßen …

Typisches Anwaltsschreiben, dachte Dr. Überall.

Er fand, dass dieser Brief noch irgendeine Brücke brauchte, über die der Chef der griechischen Beschaffungsbehörde notfalls gehen konnte. Ihm kam wieder die Sache mit dem externen Gutachter in den Sinn. Und als Ingenieur wollte er auf jeden Fall etwas zu dem physikalischen Rollphänomen ausführen.

Er fügte einen Absatz an:

Dieser Feststellung möchten wir dadurch Nachdruck verleihen, dass wir nochmals auf die natürlichen physikalischen Eigenschaf-

ten des Bootes aufmerksam machen. Sie lassen das Rollverhalten als zwangsläufige Folge derjenigen Anforderungen erscheinen, die dieses Boot für seine wesentliche Aufgabe konditionieren: Tauchen, ohne von Gegnern detektiert werden zu können. Wir sind bereit, uns mit Ihnen über ein neutrales Gutachten zu der Frage möglicher Designmängel zu verständigen.

Mal sehen, was Hemmerle dazu sagte.

Für Montagmorgen um neun hatte Dr. Überall wieder seinen Justiziar und Holger Gross in sein Büro bestellt. Sandra Nordmann kochte für alle einen starken Kaffee, um sie „fit für die Woche zu machen“, wie sie sagte.

Holger Gross nahm Dr. Überalls Überlegungen zum Antwortbrief an General Platonides trotzdem nur mit halbem Ohr wahr, denn er dachte wieder an den griechischen Abend bei Andrea Pamboulis, der heute stattfinden sollte.

Dr. Hemmerle hörte Dr. Überall jedoch ganz genau zu und argumentierte dann dessen Textergänzung in Grund und Boden. Der Zusatz indiziere der Gegenseite schon jetzt eine vermeintliche Schwäche, sodass das Angebot, sich auf einen Gutachter zu verständigen, zu diesem Zeitpunkt zu früh käme. Außerdem könne ein Ausbleiben der nächsten Zahlungstranche dann nicht mehr als Vertragsverstoß gewertet werden, sondern als zulässige Sicherungsmaßnahme angesichts eines beinahe schon zugestandenen Mangels. Es müsse befürchtet werden, dass ein Schiedsgericht dies so wertete.

Dr. Überall musste zugeben, dass sein Chefjustiziar wieder einmal recht hatte, und verzichtete ohne Protest auf seinen Zusatz. Als die Rede auf den Artikel in den Kieler Nachrichten vom Samstag kam, klinkte sich auch Holger Gross ein. Er ereiferte sich und meinte, dass hier irgendwelche düsteren Machenschaften vorlägen.

Dr. Überall pflichtete ihm bei und berichtete über die von seiner Frau inspirierte Idee, am Dienstag ein Gespräch mit dem Chefredakteur der Lübecker Nachrichten zu führen. Beide Mitarbeiter bestärkten ihn in der Absicht, hierüber ein Gegengewicht zu der Anti-NDW-Kampagne der Kieler Nachrichten aufzubauen.

Nachdem Dr. Hemmerle gegangen war, nutzte Holger Gross die Gelegenheit, „Helü" kurz unter vier Augen zu sprechen.

„Unsere Gespräche in Athen fand ich teils wirklich gruselig, das ging Ihnen doch auch so, oder?", fragte er seinen Chef.

Dr. Überall nickte.

„Ich finde, dass wir noch mehr aufklären müssten, was in Griechenland hinter den Kulissen politisch passiert", fuhr Holger Gross fort. „Evangelos Nautarakis können wir dabei vergessen, das ist klar. Aber seine Vertreterin Andrea Pamboulis hatte ich ja schon einmal in den Kieler Yacht-Club eingeladen, was sie aber rein privat interpretiert hat. Dienstliches hat sie da nicht besprechen wollen und bezahlt habe ich auch selbst."

„Da waren Sie wahrscheinlich zu korrekt", unterbrach ihn Dr. Überall, „aber das müssen Sie selbst wissen."

„Jedenfalls scheint Andrea Pamboulis jetzt an einem Kontakt in privaterem Rahmen interessiert zu sein, das wäre vielleicht eine Gelegenheit, doch noch mehr Informationen aus ihr herauszubekommen."

„Da müssen Sie auch selbst entscheiden, wie weit Sie sich auf eine private Geschichte einlassen wollen."

„Durchaus keine einfache Sache", antwortete Gross, „ich bin verheiratet und tue dies nicht in erster Linie aus Neigung, sondern der Firma wegen."

„Davor würde ich Sie warnen", meinte Dr. Überall. „Bei dem Schlamassel, in den Sie sich da hineinreiten können, kann ich nur sagen, dass wohl kein Firmeninteresse der Welt so etwas rechtfertigen könnte. Jedenfalls sollten Sie wissen, dass weder ich noch die Norddeutsche Werft dies von Ihnen erwarten. Alles andere ist Ihre Privatsache."

Holger Gross war mit Andrea Pamboulis am Montagabend schon um halb sieben verabredet. Ihm war das sehr recht, denn er hatte noch die Strafpredigt seiner Frau im Ohr, als er von dem Treffen im Kieler Yacht-Club so spät zurückgekommen war.

Er besorgte am ganz in der Nähe gelegenen Bahnhof ein paar Blumen, bevor er an der angegebenen Adresse neben dem Schild „A.P." pünktlich den Klingelknopf drückte. Der Summer ging und er betrat das Haus.

Im dritten Stock signalisierte ihm eine geöffnete Wohnungstür, dass er richtig war. Aus der Wohnung schallte Musik, die ihm allerdings eher türkisch als griechisch vorkam. Nun erschien auch Andrea Pamboulis an der Tür. Zu seiner Überraschung hatte sie ihre Haare dieses Mal hochgesteckt und trug Strandsandalen zu einer Art Seidenkimono.

„Guten Abend, wirst du heute etwa japanisch kochen?", fragte er. „Nein", lächelte Andrea, „natürlich griechisch, aber es soll doch entspannt zugehen."

Sie bat ihn mit einer Handbewegung herein.

Holger Gross überreichte die Blumen und blickte sich in der kleinen Wohnung um. Außer mit dem Esstisch und einem großen Sofa vor einem dominierenden Fernsehbildschirm war das Wohnzimmer nur spärlich möbliert. Die Küche war offen neben dem Essbereich angeordnet.

„Lass uns gleich mit einem griechischen Sekt anstoßen", sagte Andrea. „Nimm schon mal Platz auf dem Sofa."

Sie holte eine Flasche Amalia Brut Rosé aus dem Kühlschrank, öffnete sie routiniert, befüllte zwei Gläser und kam damit zu ihm.

„Auf einen schönen Abend!", rief sie und beide stießen an. „Ich will dich heute mal verwöhnen, wo ihr es doch sonst schon mit uns Griechen im Moment nicht leicht habt." „Das kannst du wohl laut sagen", antwortete Holger, indem er ihr zuprostete. „Aber ich denke, du und Evangelos könnt eigentlich gar nichts dafür, denn die Strippenzieher für diese Sache sitzen doch sicher irgendwo in Athen, oder?"

„Spannende Frage! Aber jetzt gibt es erst einmal die Vorspeise: gebackenen Schafskäse mit Weinlaub."

Sie wies Holger Gross seinen Platz an dem kleinen Esstisch zu und hantierte in der Küche herum.

„Dazu trinken wir weißen Makedonikos", erklärte sie, „der kommt, wie der Name sagt, aus meiner makedonischen Heimat in Nordgriechenland."

Sie brachte die Vorspeise und zwei gefüllte Weingläser, setzte sich mit an den Esstisch und prostete ihm zu: „Auf dass die DYTIS doch noch irgendwann abgenommen werden möge!"

„Das wollen wir schwer hoffen", sagte Holger Gross, nahm einen Schluck Wein und probierte den ersten Bissen des Schafskäses. „Auch bei der Griechischen Marine müsstet ihr doch das größte Interesse daran haben, das Boot so schnell wie möglich in Betrieb nehmen zu können. Warum also sagt ihr von Kiel aus eigentlich nicht euren Oberen in Athen klipp und klar, dass das Boot völlig einwandfrei ist?"

„Guter Punkt", meinte Andrea, „aber ganz ehrlich: So eine Frage stellt nur ihr Deutschen. Griechen würden so etwas nie tun. Wir haben Freude an guten Geschichten: Das kleine Griechenland findet bei den tollen Deutschen, deren Ingenieure für absolute Spitzentechnik stehen, einen Designfehler heraus und treibt nun die arroganten Spitzeningenieure vor sich her."

Sie lächelte ihn an. „Und weißt du, die Geschichte können wir beide ja noch ergänzen: Kleine griechische Korvettenkapitänin lädt großen deutschen U-Boot-Projektleiter zu sich ein und zeigt ihm mal, wie romantisch Frauen vom Mittelmeer im Vergleich zu ‚Kieler Sprotten' sein können."

Holger Gross konnte nicht anders, als zurückzulächeln, nochmals das Weinglas zu erheben und Andrea zuzuprosten.

„Warm hier in der Küche“, sagte sie und legte den Kimono ab.

Darunter kam ein sehr knappes, tief ausgeschnittenes schwarzes Outfit zum Vorschein.

Sie tischte nun den Hauptgang – Bifteki – auf. Dabei kam sie Holger Gross ziemlich nahe. Und sie brachte einen neuen Wein in frischen Gläsern, diesmal einen roten.

Das war der letzte Moment dieses Abends, an den sich Holger Gross klar erinnern konnte.

VIII.
Ein Höllentag

Als er am Dienstagmorgen im Büro zu rekonstruieren versuchte, was gestern Abend weiter passiert war, wusste Holger Gross nur noch, dass er irgendwann einen Schreck bekommen hatte: Schon halb zwölf! Daraufhin hatte er Andrea Pamboulis' Wohnung sofort verlassen, mit letzter Konzentration in der Nähe ein Taxi gefunden und sich nach Hause bringen lassen.

In seinem Kopf tauchte schemenhaft das Bild auf, wie er – einen Arm um sie geschlungen – mit Andrea auf dem Sofa gesessen oder eher halb gelegen hatte. Auch das Thema DYTIS kam irgendwie vor. Hatte nicht Andrea ihn gefragt, ob das Rollen mit den Auftriebskörpern, die bei U 311 neu waren, zusammenhängen könnte?

Aber warum nur hatte sein Bewusstsein ab dem Hauptgang derart ausgesetzt? So viel hatte er doch gar nicht getrunken. Eigentlich konnte er als früherer Seemann auch einiges vertragen.

Je länger er darüber nachdachte, umso sicherer war er, dass Andrea ihn immer wieder nach dem Mangel der DYTIS gefragt hatte. Was er wohl geantwortet hatte? Etwas Negatives über die Kieler Konstrukteure, mit denen er als Projektleiter immer mal im Clinch lag? Eigentlich war das gegenüber Dritten nicht seine Art, obwohl er im Kreis seiner Mitarbeiter ab und an schimpfte, wenn die Kollegen in der Konstruktion allzu sehr ihr eigenes Ding machten. Blöd, dass er jetzt so in Zweifel über sich selbst geriet. Noch blöder, dass der Abend wegen seiner Aussetzer gar nichts für sein politisches Anliegen gebracht hatte.

Plötzlich wurde er durch lautes Martinshorn aufgeschreckt. Er sah aus dem Fenster. Ein Konvoi von mindestens zehn Polizeiautos fuhr am Pförtnerhaus vorbei durch die Haupteinfahrt auf das Werftgelände.

Er ging ins Vorzimmer, um seine Sekretärin zu fragen, was denn los sei.

In diesem Moment stürzte Evangelos Nautarakis zur Tür herein. „Andrea Pamboulis ist heute Morgen tot in ihrer Wohnung aufgefunden worden", rief er. „Jetzt ist die Polizei hier. Weiß von euch einer, was sie gestern Abend gemacht hat und ob jemand bei ihr war?"

Holger Gross wurde aschfahl, drehte sich wortlos um und schwankte zurück in sein Zimmer. Evangelos Nautarakis, der wusste, dass er sich mit Andrea Pamboulis auch mal abends getroffen hatte, ging ihm nach.

Auf seinem Schreibtischstuhl zusammengesunken, saß Holger Gross da und blickte ins Leere.

„Warum sagst du nichts?", fragte Evangelos.

„Andrea tot", sagte Holger tonlos, „das kann doch nicht sein."

Die Kieler Polizei hatte die Kontrolle über die Zu- und Ausgänge der Werft übernommen. Ein anderer Teil der Beamten unter der Leitung von Hauptkommissar Volker Fassmann ließ sich direkt zur Geschäftsleitung bringen.

Sandra Nordmann hatte „Helü" schon vorgewarnt, dass etwas passiert zu sein schien. Er bat sie noch, Horst Grossenegger, den heute zum Interview anreisenden Chefredakteur der Lübecker Nachrichten, notfalls zu vertrösten, da traten schon die Beamten in sein Zimmer.

„Guten Tag, Herr Dr. Überall", sagte einer von ihnen und zeigte seinen Ausweis vor, „ich bin Hauptkommissar Volker Fassmann von der Mordkommission der Kieler Kriminalpolizei. Wir müssen Ihnen mitteilen, dass eine Kapitänin der Griechischen Marine, die bei Ihnen auf der Werft Dienst getan hat, heute Morgen in ihrer Wohnung in der Nähe des Kieler Hauptbahnhofs tot aufgefunden wurde. Es handelt sich um Korvettenkapitänin Andrea Pamboulis, der Name ist Ihnen sicher bekannt."

„Ja", sagte Dr. Überall erblassend. „Aber das ist ja eine schreckliche Nachricht! Wie und wann ist sie denn zu Tode gekommen?"

„Sie ist mit einem Kabelbinder erdrosselt worden. Wir versuchen noch, die genaue Tatzeit zu ermitteln. Gegen null Uhr fünfundvierzig hat eine Wohnungsnachbarin Schreie einer Frauenstimme wahrgenommen und die Polizei informiert, die um kurz nach ein Uhr eintraf und an der Wohnungstür von Frau Pamboulis geklingelt hat. Als diese nicht öffnete, haben die Beamten die Tür aufgebrochen und die Tote in ihrem Schlafzimmer entdeckt. Dass die Frauenstimme diejenige von Frau Pamboulis war, ist im Moment nicht zu beweisen und so müssen wir bezüglich des Todeszeitpunkts noch die Ergebnisse der Rechtsmedizin abwarten."

„Gibt es Hinweise auf den Täter?", fragte Dr. Überall.

„Nach ihrem Anruf bei der Polizei hat die von den Schreien alarmierte Nachbarin durch das Fenster eine männliche Person das Haus verlassen und mit einem Taxi davonfahren sehen. Genauere Angaben kann ich nicht machen. Weitere Hinweise ergeben sich daraus, dass offenbar jemand zum Essen bei Frau Pamboulis war. Es fanden sich in der Wohnung noch Gläser und Geschirr von einem Essen zu zweit. Insbesondere an den Gläsern und den Bestecken sind Spuren, die wir derzeit auswerten. Wir haben ferner das Handy der Toten sichergestellt und möchten jetzt DNA-Proben von den Personen nehmen, die in der Kontaktliste der Toten stehen und zugleich hier tätig sind. Dabei hoffen wir auf Ihre Unterstützung."

„Natürlich", entgegnete Dr. Überall, „wir tun alles, was wir zur Aufklärung dieses furchtbaren Verbrechens beitragen können."

Er schluckte und zwang sich zur Ruhe.

Hauptkommissar Fassmann betonte, wie wichtig die Hilfe seitens der Norddeutschen Werft sei, denn es könne sich ja der Verdacht ergeben, dass der Fall etwas mit den aktuellen deutsch-griechischen Auseinandersetzungen rund um das U-Boot zu tun habe. Er bezog sich auf die Kieler Nachrichten vom Samstag.

„Ausgerechnet!", rief Dr. Überall und sprang nervös auf. „Eine solche Verbindung hat uns gerade noch gefehlt!"

„Das ist doch naheliegend", sagte Fassmann, „sicherlich werden die Griechen das auch als Erstes vermuten. Könnten Sie mich bitte kurz über ihre Sicht auf den Streit ins Bild setzen?"

„Ich habe gelernt, solche Fragen nur im Beisein meines Juristen zu beantworten", sagte Dr. Überall, setzte sich wieder hin und bat Sandra Nordmann, Dr. Hemmerle dazu zu holen.

Volker Fassmann eröffnete das Gespräch neu, nachdem der Justiziar hinzugekommen war.

„So juristisch hatte ich meine Frage gar nicht gemeint", sagte der Kommissar. „Ich bin nicht hier, weil auch nur der geringste konkrete Verdacht auf Sie, Herr Dr. Überall, oder überhaupt die Geschäftsleitung fällt, sondern weil ich DNA-Tests bei bestimmten Personen aus der Kontaktliste der Toten durchführen und einiges über den Status des U-Boot-Falles in Erfahrung bringen möchte."

Dr. Überall, der sich im Beisein von Dr. Hemmerle sicherer fühlte und jetzt wieder etwas mehr Farbe im Gesicht hatte, erklärte die Basisdaten des U-Boot-Geschäfts und ging auf die Frage ein, ob das erste Boot nach der Testfahrt im Oktober nun als mangelbehaftet oder nicht anzusehen sei.

„Dass dies irgendwie im Zusammenhang mit dem schrecklichen Tod eines Mitglieds der griechischen Bauaufsicht steht, kann ich mir beim besten Willen nicht vorstellen", beendete er seine Erläuterungen.

„Gut, wir auch nicht", sagte Kommissar Fassmann, „aber wir müssen immerhin diese entfernt liegende Möglichkeit bedenken."

„Helü" hatte Sandra Nordmann angewiesen, den Hauptkommissar beim Erstellen der Namensliste für die DNA-Tests zu unterstützen. Im Besprechungsraum nebenan wartete bereits Horst Grossenegger, der Chefredakteur der Lübecker Nachrichten, auf seinen Interviewtermin mit dem NDW-Chef.

„Entschuldigen Sie vielmals meine Verspätung“, begrüßte ihn Dr. Überall etwas kurzatmig, „aber Sie sehen, wir haben hier gerade einige Aufregung.“

„Jede Menge Polizei – darf man fragen, weswegen? Sie wissen ja, die journalistische Neugier“, sagte Horst Grossenegger. „Geht es um die U-Boot-Geschichte?“

„Nun, ja und nein“, antwortete Dr. Überall und versuchte, betont gelassen zu klingen. „Wir haben einen privaten Todesfall, aber leider im Kreis der hier diensttuenden griechischen Marinesoldaten.“

„Oh, das ist ja interessant!“, rief Grossenegger. „Darf ich das eben an unseren Online-Dienst durchgeben?“

Dr. Überall nickte zustimmend, weil er wusste, dass er den Journalisten sowieso nicht bremsen konnte. Auch hoffte er, dass ihm die Weitergabe dieser Neuigkeit wenigstens dessen Wohlwollen bei der Aufnahme der übrigen Story verschaffte. Und ein bisschen freute er sich auch, den Kieler Nachrichten eins auszuwischen.

„Gut“, sagte Grossenegger und fing an, in sein Handy zu tippen, „dann schreibe ich: *Kripo bei NDW – Todesfall bei griechischem Bauüberwachungstrupp für U-Boot-Neubau – Hintergründe noch unklar.*“

Dr. Überall gab sein Okay und Grossenegger lächelte.

„Die Kollegen von den Kieler Nachrichten werden schön sauer sein, dass sie ausgerechnet hier vor ihrer Haustür nicht als Erste am Puls des Geschehens waren“, sagte er zufrieden.

Dr. Überall lenkte nun mit etwas Mühe zum eigentlichen Thema ihres Treffens zurück. Während er wieder einmal die DYTIS-Story erzählte, musste er aufpassen, dass er sich beim Reden nicht schon selbst zuhörte und damit die Konzentration auf den Gegenstand verlor.

Plötzlich unterbrach ihn Horst Grossenegger.

„Ich weiß vom Lübecker Schiffbau-Kontor, dass man bei dem neuen 311er-Boot bisher nicht gebräuchliche Auftriebskörper benutzt. Können Sie mir erklären, was es damit auf sich hat? Insider mutmaßen ja, dass die Seitenneigung der DYTIS damit irgendetwas zu tun hat."

Dr. Überall war zunächst ganz froh, von seinem Standardvortrag abweichen zu können.

„Diese Auftriebskörper bestehen aus einer Art Styropor und sind dadurch leichter als Wasser", erklärte er. „Sie befinden sich oberhalb des stählernen Druckkörpers, aber unter der Karbonhaube des Bootes in dem von Seewasser durchfluteten Bereich. Ihr Zweck ist, dass das Boot beim Auftauchen leichter hochkommt. Auch kann man damit Ballastprobleme im Boot gut ausgleichen. Dass diese Körper für das parametrische Rollen verantwortlich sind, kann sich von uns Schiffbauingenieuren allerdings niemand vorstellen."

„Aber richtig ausschließen können Sie es auch nicht?"

„Doch, ich denke schon." Dr. Überall musste sich eingestehen, dass dieses Statement recht gewagt war.

„Und wie sieht es mit den Auswirkungen der Brennstoffzelle aus?", fragte Grossenegger. „Diese Zelle und die zugehörigen Wasserstoffspeicher sind ja auch etwas ganz Neues, das in dem alten 309er nicht vorkam."

„Ich merke, Sie sind gut informiert", sagte Dr. Überall, „aber auch das können wir uns nicht vorstellen, denn natürlich haben wir die Gewichtsauswirkungen aus diesen neuen Features genau berechnet."

„Aber Fakt ist doch", setzte Grossenegger nach, „dass sich das Boot – immerhin das erste einer ganz neu designten Bootsklasse – anders verhalten hat als der Vorläufer. An irgendetwas muss es ja liegen. Entweder Sie wissen, woran es liegt, oder Sie wissen es nicht. So einfach sehe ich das. Falls Sie es nicht wissen, hätte der Kunde, der dies festgestellt hat, zu Recht ein Problem mit Ihnen, oder?"

Dr. Überall bereute schon, dass er seine Frau ermuntert hatte, ihren alten Schulfreund anzurufen, aber nun musste er mit diesen auf den Punkt gestellten Fragen umgehen. Er dachte an Interviews mit Politikern, die sich in solchen Fällen meistens auf die Grundlinie ihrer Argumentation zurückzogen.

„Fakt ist, dass sich das Boot physikalisch ganz normal und dabei – das betone ich – innerhalb der technischen Spezifikation verhalten hat“, sagte er. „Genau dies kann der Kunde von uns erwarten. Alles andere sind Spitzfindigkeiten, die nach unserer Vermutung in irgendwelchen Wallungen der griechischen Innenpolitik begründet sind.“ „Griechische Innenpolitik, wieso?“, fragte Grossenegger, erfreut über ein weiteres Fragen-Spielfeld.

„Sehen Sie“, begann Dr. Überall, „der derzeitige Verteidigungsminister, der wahrscheinlich immer gegen die Privatisierung der Hellenic Dockyards war, schickt sich an, bei der nächsten Parlamentswahl als Spitzenkandidat der ‚Roten‘ anzutreten. Dazu wäre es ihm vermutlich ganz recht, wenn er einen Grund fände, um sich eine Renationalisierung der Hellenic Dockyards auf die Fahnen zu schreiben und damit seine Anhänger mit einem griffigen Thema zu mobilisieren. Eine antideutsche Stimmung gibt es wegen Euro und Troika sowieso. Auf dieser Welle könnte er reiten.“

„Verstehe“, sagte Grossenegger, „wie heißt er gleich noch mal?“

„Troianides, Drakos Troianides.“

In diesem Moment ging die Tür auf und Sandra Nordmann bat ihren Chef kurz heraus.

„Holger Gross bittet Sie möglichst sofort um einen Rückruf in seinem Büro. Es scheint sehr dringend zu sein.“

„Gut, bin gleich hier durch.“

Dr. Überall ging zurück und komplimentierte Grossenegger mit Verweis auf die besonderen Umstände so schnell wie eben noch höflich hinaus.

„Hallo Herr Gross, was ist denn so dringend?“, fragte „Helü“ in etwas ungeduldigem Ton. Er stand mit dem Telefonhörer am

Ohr neben seinem Schreibtisch und blickte hinaus auf die Förde. Innerlich war er tief beunruhigt, denn natürlich hatte er schon eine Ahnung.

„Ich fürchte, ich habe ein Problem", sagte Holger Gross mit gepresster Stimme.

„Die Kripo?", fragte Dr. Überall.

„Ja, ich … ich erzählte doch, dass ich mit Andrea Pamboulis im Kieler Yacht-Club war, um mehr über die politischen Hintergründe der DYTIS-Aktion herauszubekommen. Sie hat mich dann zu einem griechischen Essen bei sich zuhause eingeladen. Das war gestern Abend. Also wird die Polizei dort DNA-Spuren von mir finden. Wenn heute – wie ich höre – alle aus den Kontakten von Andrea Pamboulis ersichtlichen Personen auf der Werft einen DNA-Test machen sollen, wird die Polizei in Kürze zu dem Schluss kommen, dass ich sie getötet haben muss. Ich schwöre Ihnen aber bei allem, was mir heilig ist, dass ich es nicht war."

Beide schwiegen einen Moment.

„Ich glaube Ihnen natürlich", sagte Dr. Überall und ließ sich in seinem Chefsessel nieder, „und finde es auch gut, dass Sie vorab mit mir sprechen. Aber nun überlegen Sie doch mal ganz ruhig, welche Beweise Sie haben, dass Sie um eine bestimmte Uhrzeit die Wohnung verlassen haben. Ich unterstelle nicht, dass Sie die ganze Nacht dort gewesen sind. Dann hätten Sie ja gleich mehrere Probleme. Auch hätten Sie dem Täter begegnen müssen."

„Natürlich war ich nicht die ganze Nacht da", erwiderte Holger Gross.

Mit stockender Stimme schilderte er den merkwürdigen Verlauf des Abends – der viele Wein, die Erinnerungslücken bis zu seinem abrupten Verlassen der Wohnung um halb zwölf, schließlich die Taxifahrt nach Hause.

„Dabei habe ich wohl geschlafen. Aufgewacht bin ich erst, als der Taxifahrer sagte: ‚Hier sind wir!'"

„Das ist doch gut", sagte Dr. Überall, „zumindest, wenn Sie sich eine Quittung haben ausstellen lassen."

„Leider Fehlanzeige, ich war einfach zu fertig."

„Also fragen Sie bei der Kieler Taxizentrale nach. Auch wird Ihre Frau doch mitbekommen haben, wann Sie nach Hause gekommen sind."

„Nein, ich war ganz leise, weil es mir sowieso peinlich war, dass ich so spät zurückgekommen bin. Meine Frau hat geschlafen."

„Also Taxizentrale", sagte Dr. Überall. „Und ich helfe Ihnen natürlich, Sie aus dieser Sache rauszuhauen."

„Danke", murmelte Holger Gross.

„Helü" ging in sein Vorzimmer, wo Kommissar Fassmann mit Sandra Nordmann gerade die Namensliste abglich. Es stellte sich heraus, dass in Andrea Pamboulis' Handy-Kontakten außer engen Angehörigen nur Mitarbeiterinnen und Mitarbeiter der Werft standen. Sie hatten sich umgehend bei der Kripo im Empfangsraum auf der fünften Etage zu einzufinden. Bis dies geschehen oder ihr Aufenthaltsort anderweitig ermittelt worden war, hatten die Werkstore geschlossen zu bleiben.

Dr. Überall trug Sandra Nordmann auf, eine entsprechende Mitteilung zu verfassen. Er hatte außer seinem eigenen Namen sofort den von Holger Gross auf der Liste entdeckt.

„Im Übrigen haben wir festgestellt, dass die Kapitänin mit einem Kabelbinder erdrosselt wurde, wie er auch in Ihrer U-Boot-Fertigung genutzt wird", sagte Fassmann. „Ein interessantes Indiz. Der Tatort weist zudem Spuren einer körperlichen Auseinandersetzung auf, und zwar Blut, das nicht von Andrea Pamboulis stammt."

In diesem Moment platzte Evangelos Nautarakis herein.

„Entschuldigen Sie die Störung", rief er, „Marinechef Papadopoulos möchte Sie dringend sprechen, Herr Dr. Überall. Ich habe ihn hier am Telefon."

Er hielt sein Handy in die Höhe.

Dr. Überall blickte zu Kommissar Fassmann, der zustimmend nickte.

Evangelos Nautarakis sprach auf Griechisch etwas in sein Handy und reichte es „Helü“ weiter.

„Guten Morgen, Herr Admiral“, sagte Dr. Überall, „lassen Sie mich Ihnen und der Griechischen Marine zuallererst meine tief empfundene Anteilnahme zum Tod Ihrer Kapitänin Andrea Pamboulis aussprechen.“

Nach wenigen Sekunden legte Papadopoulos so lautstark los, dass alle Umstehenden es mithören konnten.

„… muss ich Ihnen sagen, dass wir diesen Tod so betrachten, als wäre Kapitänin Pamboulis im Kampf gefallen – in einem hässlichen Kampf um unsere SM DYTIS, bei dem sie ihr Leben im feindlichen deutschen Umfeld opfern musste. Für uns sind die Beziehungen zu Ihnen in Kiel damit auf einem Tiefpunkt angekommen.“

Das Telefonat schien beendet, denn man hörte ein Knacken und tut, tut, tut …

Dr. Überall reichte das Handy mit einem fragenden Achselzucken an Evangelos Nautarakis zurück.

„Ganz schön aufgebracht, Ihr Marinechef. Ich hoffe, Sie denken so nicht und beteiligen sich auch nicht an solchen Geschichten. Dazu schätze ich Sie wirklich zu sehr als einen von uns, Kapitän!“

Evangelos Nautarakis blickte Dr. Überall an, sagte aber nichts. Kommissar Fassmann hatte nun verstanden, dass er den Leiter des griechischen Teams vor sich hatte. „Ich bitte um Verständnis, dass ich auch Sie und Ihre Teammitglieder befragen und einem DNA-Test unterziehen muss“, sagte er.

„Können Sie gern machen“, sagte Commander Nautarakis. „Ich schlage vor, dass wir dazu in mein Büro gehen. Lieutenant Kyriakos Skopostolos ist heute allerdings nicht zur Arbeit erschienen. Abgemeldet hat er sich nicht und ich erreiche ihn auch nicht telefonisch.“

Holger Gross hatte entsetzt wahrgenommen, dass sich bereits etliche Fernsehteams mit Übertragungswagen auf der Straße vor der Werfteinfahrt aufgebaut hatten. In seinem Büro selbst herrschte an diesem Morgen trügerische Ruhe.

Er schüttelte sich, suchte die Telefonnummer der Kieler Taxizentrale heraus und wählte. Zum Glück hatte er gleich jemanden in der Leitung, nannte seinen Namen und trug sein Anliegen vor.

„Ich habe gestern um etwa dreiundzwanzig Uhr dreißig ein freies Taxi nahe dem Kieler Hauptbahnhof bestiegen und mich nach Hause in die Wilhelminenstraße 6 bringen lassen. Ich muss wissen, wer der Fahrer war. Wie komme ich an seinen Namen?"

„Gar nicht", war die Antwort, „wegen Datenschutz. Sagen Sie mir erst, warum Sie das wissen wollen. Sicherlich haben Sie im Taxi etwas vergessen. Sagen Sie mir einfach, was Sie vergessen haben, danach befrage ich unser Fundbüro."

„Nein", sagte Holger Gross, „darum geht es nicht. Ich brauche ein Alibi. Ich muss beweisen, dass ich mich genau zu dieser Zeit auf genau dieser Strecke habe fahren lassen."

„Solche Auskünfte geben wir nur auf Ersuchen der Kriminalpolizei", tönte es vom anderen Ende.

„Bitte verstehen Sie", insistierte Holger Gross, „wenn ich dieses Alibi vorweisen kann, komme ich gar nicht erst in die Mühlen der Kripo, sondern kann mich gleich entlasten. Wenn es für Sie darum ginge, ob Sie erst mal festgesetzt werden oder nicht, würden Sie ja sicher auch alles versuchen, oder?"

„Na gut, ich kümmere mich darum", lenkte die Stimme von der Zentrale ein, „aber es kann etwas dauern."

„Bitte tun Sie das", flehte Holger Gross, „ich bin Ihnen zu ewigem Dank verpflichtet, wenn Sie den Namen herausfinden."

Er gab seine Mobilnummer für den Rückruf an und legte auf.

Er starrte weiter aus dem Fenster auf das Treiben vor der Werfteinfahrt, bis seine Sekretärin ihm mitteilte, er stehe auf der Liste derjenigen, die sich zu einem DNA-Test im Empfangsraum auf der fünften Etage einfinden sollten.

Ihm war klar, dass dieser Test der Anfang einer für ihn schlimmen Folge von Ereignissen sein dürfte. Er stand auf. Zögerte. Setzte sich wieder hin.

Sollte er sich vielleicht freiwillig als Zeuge melden und der Polizei von dem Abend bei Andrea erzählen? Er würde damit ja zeigen, dass er von seiner Unschuld überzeugt war. Aber würden sie ihm glauben, so ohne Alibi?

Er stand wieder auf.

Dann ging er zum Aufzug und drückte den Knopf, um in die fünfte Etage zu fahren.

Auch „Helü“ hatte seinen DNA-Test absolviert und war dann eilig in sein Büro zurückgekehrt. Inzwischen hagelte es Presseanfragen bei der Norddeutschen Werft. Zum Glück erwies sich seine Pressemitarbeiterin Inka Kohlweder wieder als Fels in der Brandung und half ihm, hier die Kontrolle zu behalten.

„Als Erstes sollten wir uns mit dem Kieler Polizeipräsidium abstimmen, ob und wann Sie unter Umständen ein gemeinsames Statement machen“, schlug sie vor. „Vor der Werft sind Teams vom NDR, ZDF, ntv und RTL. Wenn Sie etwas sagen, dann auch nur allen gemeinsam.“

„Was soll ich denen überhaupt sagen?“, fragte Dr. Überall, der sich zunehmend gestresst fühlte. „Wir können ja eigentlich nichts zu den Ermittlungen sagen. Erst recht sollten wir uns nicht an Spekulationen beteiligen oder ihnen weitere Nahrung geben. Ist eigentlich geklärt, warum Lieutenant Skopostolos heute nicht im Haus ist? Kommissar Fassmann wollte dem ja sofort nachgehen. Er hat sich dazu nicht wieder bei mir gemeldet.“

„Ich habe auch nichts gehört“, sagte Inka Kohlweder.

In diesem Moment kündigte Sandra Nordmann in ihrer besonderen Art, den Kopf vom Vorzimmer mit einer leichten Drehung zur Tür hereinzustecken, ein dringendes Telefonat an.

„Der griechische Botschafter für Sie.“

Dr. Überall unterdrückte ein Seufzen und übernahm das Gespräch.

„Professor Myrtis, ich grüße Sie. Sicher rufen Sie wegen des heute Morgen gemeldeten Todesfalls an. Zunächst möchte ich Ihnen unsere Anteilnahme aussprechen zu diesem tragischen Tod einer griechischen Staatsbürgerin hier in Kiel."

„Danke", entgegnete der Botschafter knapp. „Ich habe Ihnen etwas mitzuteilen. Meine Regierung hat bei der Bundesregierung und Ihrer Landesregierung offiziell Protest eingelegt, dass im Zusammenhang mit dem bei Ihnen bearbeiteten U-Boot-Programm die Sicherheit der hier eingesetzten Angehörigen der griechischen Streitkräfte offenbar nicht gewährleistet ist. Meine Regierung nimmt es nicht hin, dass aufgrund der von uns rechtmäßig gerügten Mängel der SM DYTIS Rache an einer Soldatin der Griechischen Marine geübt wird."

Dr. Überall verschlug es für den Moment die Sprache.

„Unser dringender Verdacht richtet sich gegen Angehörige Ihres Unternehmens", fuhr Botschafter Myrtis fort. „Der Minister für Nationale Verteidigung, Herr Drakos Troianides, hat daher heute angeordnet, ein Untersuchungsteam unter Leitung seines persönlichen Adjutanten, Brigadier Ares Ministrakis, nach Kiel zu entsenden, um zusammen mit den deutschen Behörden diesen Vorfall umgehend aufzuklären. Er erwägt, das Bauaufsichtsteam zu seiner Sicherheit aus Kiel abzuziehen. Zweck meines Anrufs ist es, Sie hierüber zu unterrichten und um Ihre konstruktive Mitwirkung zu ersuchen."

Dr. Überall atmete einmal tief durch und versicherte dem Botschafter dann in ruhigen Worten, dass die Norddeutsche Werft selbstverständlich an einer zügigen und rückhaltlosen Aufklärung des Falles interessiert sei und man die deutschen Ermittlungsbehörden wie auch das griechische Untersuchungsteam nach Kräften unterstützen werde.

Als er aufgelegt hatte, brach es aus ihm heraus. „Wir sollen uns durch Tötung von Andrea Pamboulis bei den Griechen für deren Mängelrüge gerächt haben? Das schlägt dem Fass doch den Boden aus!"

Inka Kohlweder wollte eben nachfragen, ob sie richtig gehört habe, als Sandra Nordmann schon wieder den Kopf durch die Tür steckte.

„Das Büro des Ministerpräsidenten!" „Stellen Sie durch!"

Dr. Überall atmete erneut tief durch und nahm das Gespräch entgegen. „Herr Ministerpräsident, sicher rufen Sie wegen des Todesfalls an."

„Ja, ich hatte gerade einen Anruf vom griechischen Botschafter Professor Myrtis", sagte Dr. Lutz Detlefsen.

„Ich auch", sagte Dr. Überall.

„Und was können Sie mir dazu sagen?", fragte der Ministerpräsident. „Ich muss dem Auswärtigen Amt etwas an die Hand geben."

„Die Kripo untersteht ja der Landesregierung und wird Sie über den Stand der Ermittlungen informiert haben", antwortete Dr. Überall. „Für die von den Griechen verbreitete Spekulation über einen Zusammenhang des Todesfalls mit dem Streit um die SM DYTIS sehe ich bislang keine Anhaltspunkte. Meine kürzlich in Athen geführten Gespräche lassen vielmehr den Schluss zu, dass innergriechische politische Gründe zur Eskalation des U-Boot-Streits geführt haben. Für solche politischen Zwecke ließe sich natürlich auch ein Todesfall hier in Kiel instrumentalisieren."

„Sie wollen doch nicht sagen, dass der Tod der Kapitänin auf einen Befehl aus der griechischen Politik zurückgehen könnte?"

„Nein, Herr Ministerpräsident, so weit würde ich niemals gehen. Zumindest wäre es nach meinen Maßstäben völlig unfassbar."

Dr. Überall wurde wegen der weiterhin ungeklärten Abwesenheit von Kyriakos Skopostolos im griechischen Bauaufsichtsteam immer nervöser. War dem Kapitänleutnant auch etwas zugestoßen oder war er selbst in den Fall verwickelt?

Die von Inka Kohlweder vorgetragenen neuesten Online-Meldungen besserten „Helüs“ Laune nicht.

„Bild.de: *U-Boot-Mängel mit Todesfolge – griechische Kapitänin in Kiel erdrosselt aufgefunden, Spiegel Online: Tragische Wendung im deutsch-griechischen U-Boot-Programm – Mitglied des griechischen Überwachungsteams in Kiel offenbar ermordet, Kathimerini English Online: Hellenic Navy captain killed in Kiel after detecting faults in submarine SM Dytis …*“

„Stoppen Sie mal“, rief Dr. Überall, „das hört sich ja an wie das, was der griechische Botschafter vorhin behauptet hat.“

„Ja, so verstehe ich es auch“, sagte Inka Kohlweder.

„Wir müssen unbedingt dagegenhalten!“, sagte Dr. Überall, während er mit schnellen Schritten in seinem Zimmer hin und her ging. „So etwas können wir uns nicht bieten lassen. Das ist ja schon mehr als nur Rufschädigung, das ist Verleumdung. Jetzt verstehe ich auch, warum der Verteidigungsminister diese Untersuchungstruppe schickt. Das ist Teil seiner Kampagne gegen uns. Wir sollten auf jeden Fall am frühen Nachmittag ein Pressestatement abgeben, möglichst koordiniert mit dem Polizeipräsidenten.“

Inka Kohlweder griff zum Handy und organisierte binnen zehn Minuten für vierzehn Uhr eine Pressekonferenz mit dem Polizeipräsidenten vor dem NDW-Werkstor. Dabei erhielt sie endlich auch Nachricht über Kyriakos Skopostolos.

Der Kapitänleutnant war von der Polizei nicht zuhause angetroffen worden, doch dann hatte die Kieler Uniklinik sich bei Evangelos Nautarakis gemeldet. Sein Mitarbeiter hatte sich in der vergangenen Nacht gegen null Uhr vierzig mit Kopfverletzungen per Taxi dort einliefern lassen. Es gehe ihm den Umständen entsprechend gut, aber er sei noch nicht vernehmungsfähig und müsse für achtundvierzig Stunden unter ärztlicher Beobachtung bleiben.

Polizeipräsident Schrimpf wollte auf der Pressekonferenz nicht davon berichten, da ein Zusammenhang mit dem Fall Pamboulis derzeit nicht erkennbar sei. Dr. Überall fühlte sich nur halb beruhigt, denn es stand zu befürchten, dass die Griechen bald von Skopostolos' Zustand Wind bekommen und diesen ebenfalls der Werft in die Schuhe schieben würden.

„Und was erzählen wir dann der Presse?“, fragte er Inka Kohlweder. „Gar nichts“, erwiderte sie, „außer, dass wir bis zum Beweis des Gegenteils davon ausgehen, dass die Werft nichts damit zu tun hat.“

Anschließend bereitete sie für Dr. Überall ein DIN-A4-Blatt mit einer Pressestellungnahme vor, die zugleich Anteilnahme am Tod der Kapitänin, Kritik an den Unterstellungen in den Medien und Schutzzusicherungen für die griechische Bauaufsicht in Kiel vermittelte. Als er die gut lesbar in großer Schrift ausgedruckten Einzelsätze durchging, stellte er wieder einmal fest, dass er sich auf ihre Erfahrung und ihr Fingerspitzengefühl bei den Formulierungen absolut verlassen konnte.

Sandra Nordmann stellte ihrem Chef derweil wortlos einen Teller mit zwei Bockwürstchen, einem Brötchen und etwas Senf auf den Tisch. „Danke, Sie sorgen für mich wie eine Mutter für ihren Vater“, sagte Dr. Überall mit einem schiefen Lächeln.

Kaum hatte „Helü“ die spartanische Mahlzeit zu sich genommen, meldete Sandra Nordmann den Chefredakteur der Kieler Nachrichten am Telefon.

Mit neuem Elan übernahm Dr. Überall das Gespräch.

„Hallo Herr Dr. Albrecht, ich bin ja immer noch sauer über Ihren Artikel vom letzten Samstag. Manchmal habe ich den Eindruck, dass Sie sich als Propagandaeinheit des griechischen Verteidigungsministers verstehen, statt uns als Ihren Nachbarn die Stange zu halten.“

„Aber nicht doch“, erwiderte der Chefredakteur, „ich weiß gar nicht, wie Sie darauf kommen. Genau deshalb rufe ich Sie doch an. Nachher bei Ihrer Pressekonferenz wird unser Herr Brückner natürlich dabei sein. Aber um Ihnen die Gelegenheit zu geben, uns einen kleinen Vorsprung zu verschaffen, würde ich Ihnen jetzt schon gern ein paar Fragen stellen."

„Schießen Sie los", sagte Dr. Überall, „viel Zeit habe ich nicht."

„Wann haben Sie vom Tod der Kapitänin erfahren?"

„Heute Morgen hier auf der Werft von der Kripo."

„Sind Sie sicher, dass niemand von der Werft in den Fall verwickelt ist?"

„Ich bin so gut wie sicher."

„Wissen Sie etwas über private Kontakte der Toten mit Werftmitarbeitern?"

„Mir ist nichts dergleichen bekannt", antwortete Dr. Überall mit schlechtem Gefühl, da er das Bekenntnis von Holger Gross in frischer Erinnerung hatte.

„Was sagen Sie zu dem Versuch der griechischen Regierung, die Tat als Racheakt für die Mängelrüge bezüglich der DYTIS darzustellen?"

„Das ist der Punkt, wo es mir langsam reicht. Weder hat das Boot nach unserer Auffassung einen Mangel, noch ist eine Verbindung mit diesem tragischen Todesfall erkennbar. Ich sage Ihnen das ganz klar und wäre dankbar, wenn Sie es auch so klar schreiben würden. Aus meiner Sicht ist dies eine Kampagne, die nichts mit uns, sondern nur mit dem griechischen Wahlkampf zu tun hat. Und jetzt entschuldigen Sie mich bitte, ich muss den Polizeipräsidenten begrüßen." Er legte auf.

Wenigstens hatte Dr. Albrecht nicht von Kyriakos Skopostolos angefangen. Jetzt aber nichts wie los zur Pressekonferenz.

„Der Innenminister ist gleich auch bei uns, nicht nur der Polizeipräsident", gab Sandra Nordmann ihrem Chef als Nachricht mit, während er seinen zweireihigen Marineblazer überzog.

Bloß gut, dass er morgens eine dunkelblau-gedeckte Krawatte gewählt hatte. Als ob er geahnt hätte, was heute auf ihn zukommen würde.

Mit Pressesprecherin Inka Kohlweder und Hauptkommissar Volker Fassmann erwartete Dr. Überall vor dem Werftgebäude die Ankunft des schleswig-holsteinischen Innenministers Justus Daum und des Polizeipräsidenten Bodo Schrimpf mit seinem Pressemitarbeiter. Nachdem die Herren in einem von mehreren Polizeifahrzeugen begleiteten schwarzen Audi A8 mit SH-Nummernschild eingetroffen waren, versammelten sich alle im Empfangsraum neben dem Eingang, um Statements und Ablauf abzustimmen, bevor sie um vierzehn Uhr durch das Werkstor vor die wartenden Journalisten traten.

Die von Inka Kohlweder und ihrem Kollegen aus dem Pressestab des Polizeipräsidenten moderierte Pressekonferenz begann mit der Versicherung des Innenministers, die Landesregierung werde alles in ihrer Macht Stehende tun, um nach dem schrecklichen Ereignis die Sicherheit der Angehörigen der griechischen Streitkräfte in Kiel zu garantieren. Minister Daum trat damit dem von der griechischen Seite vermittelten Eindruck entgegen, sie müsse um die Sicherheit ihres militärischen Personals fürchten und sei deshalb gezwungen, ihre Bauaufsicht aus Kiel abzuziehen. Dr. Überall war ihm im Stillen sehr dankbar für dieses Statement, das die Werft hoffentlich von einem gravierenden Störfaktor entlasten würde.

Polizeipräsident Schrimpf versicherte den Pressevertretern, die Öffentlichkeit zu informieren, sobald die unter der bewährten Leitung von Hauptkommissar Fassmann unverzüglich begonnenen Ermittlungen belastbare Erkenntnisse brächten. Genauere Angaben zum Todeszeitpunkt der Soldatin könne er aus ermittlungstaktischen Gründen nicht machen. Die DNA-Auswertungen dauerten natürlich noch an.

Von Inka Kohlweders DIN-A4-Blatt ablesend, bekundete Dr. Überall gegenüber den Angehörigen, den griechischen Streitkräften und ihrem Kieler Bauüberwachungsteam seine Betroffenheit über den Tod der Kapitänin, die viele bei Norddeutschen Werft aufgrund täglicher Zusammenarbeit gut gekannt hätten.

„Mit Verwunderung stelle ich jedoch fest, dass Teile der Medien, auch in Griechenland, nunmehr versuchen, diesen tragischen Tod mit den Tests des bei uns gebauten U-Bootes für die Griechische Marine in Verbindung zu bringen. Solche Versuche weise ich auch namens meiner Mitarbeiterinnen und Mitarbeiter mit Nachdruck zurück. Wir bekennen uns dazu, alle mit dem U-Boot zusammenhängenden Fragen mit unseren griechischen Partnern und Freunden fair und gemäß den geltenden vertraglichen Verpflichtungen zu Ende zu bringen. In jedem Fall werden wir aber die Sicherheitsvorkehrungen für unsere griechischen Gäste in Zusammenarbeit mit der Kieler Polizei überprüfen und bei Bedarf erhöhen."

Dr. Überall beendete sein Statement mit einem Nicken in die Kameras.

Die erste Frage, über die er sich gleich sehr ärgerte, kam von Bernd Brückner von den Kieler Nachrichten und richtete sich an Innenminister Justus Daum.

„Herr Minister, wie man hört, soll ein weiteres Mitglied der Bauaufsicht verletzt im Krankenhaus liegen" – ein kurzes Raunen ging durch die Gruppe der Journalisten –, „gibt es einen Zusammenhang mit dem Todesfall und was tun Sie konkret, um die verbliebenen Mitglieder der griechischen Bauaufsicht, an der Spitze Fregattenkapitän Nautarakis, vor möglichen Racheakten durch Angehörige die Norddeutschen Werft zu schützen? Haben Sie hier Personenschutz angeordnet?"

Minister Daum bekräftigte, die Sicherheitsorgane würden in enger Kooperation mit der NDW-Leitung die Lage sorgfältig beobachten. Zu Einzelmaßnahmen wolle er sich aus Sicherheitserwägungen nicht äußern.

Nun kam Klaus Rothengatter vom Studio Kiel des NDR an die Reihe.

„Ich habe eine Frage an den Polizeipräsidenten und eine an den Werftchef. Herr Schrimpf, wir hören, dass es hier auf der Werft eine umfangreiche DNA-Probennahme gegeben hat.

Wieso war dies angezeigt? Gab es fremde DNA-Spuren bei der Toten?"

„Es trifft zu, dass sich in der Wohnung der Toten DNA-Spuren fanden. Näheres möchte ich derzeit dazu nicht sagen", erwiderte der Polizeipräsident.

„Herr Dr. Überall", fragte Rothengatter weiter, „wie wir hörten, soll die Tote wechselnde Beziehungen mit verschiedenen Männern geführt haben. Was macht Sie so sicher, dass niemand von Ihren Werftmitarbeitern dabei war und von daher ein Zusammenhang mit dem DYTIS-Projekt ausgeschlossen ist?"

„An Spekulationen über das Privatleben der verstorbenen Kapitänin möchte ich mich ausdrücklich nicht beteiligen", antwortete der NDW-Chef.

Bernd Brückner hatte eine Nachfrage an den Innenminister.

„Gibt es Anhaltspunkte dafür, dass in- oder ausländische Geheimdienste involviert sein könnten?"

„Dazu haben wir keine Erkenntnisse, können es aber zu dieser Stunde auch nicht ausschließen", sagte Justus Daum und bemühte sich, die Fragerunde mit einem demonstrativen Blick auf seine Uhr zum Ende zu bringen.

Es war kurz vor halb drei, für die Journalisten also auch bald Redaktionsschluss.

Da angesichts des hartnäckigen Ausweichens der drei Befragten keine weitere Frage gestellt wurde, gingen die Medienvertreter nun mit ihren individuellen Interviewwünschen auf sie zu.

Dr. Überall sah in das schwarze Auge der NDR-Kamera und wiederholte für die Aktuelle Stunde im Vorabendprogramm seine Betroffenheitsbekundungen zum Tod von Andrea Pamboulis, wies aber Mutmaßungen über einen Zusammenhang mit den laufenden Diskussionen bei dem U-Boot-Programm erneut nachdrücklich zurück.

„Unsere griechischen Freunde sind hier bei uns sicher", bekräftigte er. „Alle bei den U-Booten aufkommenden Fragen werden partnerschaftlich diskutiert und gemeinsam gelöst."

Er gab noch ein RTL-Radio-Interview gleichen Inhalts, dann verabschiedete er den Innenminister und den Polizeipräsidenten und sah zu, dass er wieder in sein Büro kam. Fast war er erstaunt, wie glatt die Pressekonferenz gelaufen war.

Als „Helü" sich wieder hinter seinem Schreibtisch niederließ, wurde er von Sandra Nordmann schon dringend erwartet.

„Kann ich Sie gleich noch einmal zum Chefredakteur der Lübecker Nachrichten durchstellen?", fragte sie. „Es ist wohl sehr eilig." Dr. Überall griff zum Telefonhörer.

„Entschuldigen Sie bitte", sagte Horst Grossenegger am anderen Ende der Leitung, „Sie ahnen es, angesichts der dramatischen Ereignisse muss ich meinen Artikel nun schneller fertigstellen und habe noch Nachfragen."

„Dann mal los."

„Gibt es etwas Neues, das über das hinausgeht, was ich gerade live bei ntv gesehen habe? Zum Beispiel zu der Verbindung zwischen U-Boot-Mängeln und dem Todesfall – und vielleicht auch zu dem verletzten Bauaufsichtsmitglied im Krankenhaus?"

„Ich finde das regelrecht ärgerlich", regte sich Dr. Überall schon wieder auf, „man kann die politische Absicht doch förmlich riechen. Genauso ist es mit dem Vorwurf, das Land Schleswig-Holstein und wir könnten die Sicherheit des griechischen Überwachungsteams hier in Kiel nicht garantieren, sodass das Team abgezogen werden müsste. Ganz ehrlich: Die suchen offenbar nur einen Grund, um die Arbeiten zum Erliegen zu bringen, weil sie damit noch ein Argument mehr hätten, ihre Rechnungen nicht zu bezahlen. Ich halte das für perfide, jawohl, so deutlich will ich es formulieren."

„Klarer kann man es nicht sagen", erwiderte Grossenegger. „Aber was hat es denn mit den Geschichten rund um das Privatleben der Ermordeten und ihre Verbindungen zu Werftangehörigen auf sich?"

Dr. Überall war aufgestanden und ging beim Telefonieren ungeduldig hin und her.

„Wissen Sie", rief er, „ich kann doch den Leuten nicht hinter die Stirn gucken. Ich habe auch keine Kameras in ihren Schlafzimmern. Fragen Sie mich doch so was nicht. Dazu kann ich nur wiederholen: Ich gehe nicht davon aus, dass es Verbindungen gab."

Holger Gross sah sich den Presserummel von seinem Bürofenster aus an. Nach seinem erfolglosen Anruf bei der Taxizentrale hatte er es heute Morgen nicht über sich gebracht, sich freiwillig als Zeuge zu melden. Die Sorge, dass die Kripo ihn gleich dabehalten hätte, war zu groß gewesen. Dann hätte er seiner Frau die Sache per Telefon erklären müssen oder sie hätte gar durch die Kripo davon gehört – nein, das sollte sie von ihm direkt erfahren. Womöglich würde sie ihm ja doch ein Alibi geben.

Er beschloss, heute zeitig Feierabend zu machen und ein paar Sachen zu packen, denn ihm war klar, dass dies sein vorerst letzter Abend in Freiheit sein könnte. Auch hatte er sich vorgenommen, von zuhause aus erneut mit der Kieler Taxizentrale zu sprechen, die sich noch nicht wieder gemeldet hatte.

Als er gegen vier Uhr nachmittags ihre gemeinsame Wohnung betrat, war seine Frau höchst erstaunt, denn zu dieser Zeit war er so gut wie nie zurück, schon gar nicht, seit er die Projektleitung des griechischen U-Boot-Programms innehatte.

„Was ist los, fühlst du dich nicht gut oder haben sie dich nach Hause geschickt?", fragte Karen.

„Nein, aber ich muss dir etwas beichten", sagte Holger.

„Beichten? Du hast doch nicht etwa mit diesem Mord zu tun, der heute den ganzen Tag durch die Nachrichten geht?"

„Natürlich nicht. Aber ich bin in der dummen Lage, dass ich da reingezogen werden könnte." Mit stockenden Worten versuchte er ihr zu erklären, was am Abend zuvor passiert war.

„Alles klar, verstehe!“, rief Karen aufgebracht. „Du hast mich einfach verarscht. Erzählst mir, du würdest mit ein paar griechischen Kollegen einen trinken gehen, dabei willst du nur an diese junge Kapitänin ran, die für dich, den großen Projektleiter, privat ‚griechisch kochen‘ will. Und dann?“

„Nichts und dann. Sie hat mich offenbar mit irgendwelchen Drogen mattgesetzt.“

„Und vergewaltigt!“, stieß Karen sarkastisch hervor. „Vergiss es, diese Geschichte von wegen ‚Es war alles nur Pflichterfüllung‘ kannst du deiner Oma erzählen. In Wahrheit hattest du doch was mit ihr und hast mich die ganze Zeit nach Strich und Faden betrogen!“

„Es war ja ein Fehler dorthin zu gehen“, sagte Holger Gross mit wachsender Verzweiflung in der Stimme, „denn sie hat mich offenbar ausgefragt, als ich so benebelt war. Schließlich bin ich mit letzter Kraft um Punkt halb zwölf gegangen, hab mir ein Taxi genommen und bin nach Hause gefahren.“

„Da kannst du mir viel erzählen“, sagte Karen, „ich hab fest und tief geschlafen. Wahrscheinlich bist du überhaupt erst gegen Morgen hier eingetrudelt.“

Ihr schien erst jetzt bewusst zu werden, zu welcher Schlussfolgerung das führte. „Holger, hast du sie getötet?“, fragte sie leise.

„Nein, ich schwöre es, das habe ich nicht.“

„Wenn sie dich unter Drogen gesetzt hat, kannst du sonst was getan haben. Du weißt es vielleicht gar nicht mehr. Oh Gott, wo hast du Idiot dich nur hineingeritten!“

„Mal langsam“, versuchte Holger Gross sie und sich zu beruhigen. „Ich weiß genau, dass es halb zwölf war, als ich die Wohnung verlassen habe. Das Taxi stand ganz in der Nähe und es sind ja nur rund fünf Minuten von da bis zu uns, sodass ich hundertprozentig noch vor Mitternacht zuhause gewesen sein muss. Mein Problem ist, dass ich keine Quittung habe und mir die Taxizentrale trotz Nachfrage bisher nicht den Fahrer genannt hat. Das scheint irgendwie schwierig zu sein, ich muss nachher noch mal anrufen. Gut wäre auf jeden Fall ein Alibi von dir. Wenn du der Kripo sagst, dass du um Mitternacht meine Anwesenheit bemerkt hast, hilft das zumindest. Wenn du dagegen sagst, dass du von meiner Rückkehr nichts mitbekommen hast, dann gehe ich morgen wahrscheinlich erst mal in U-Haft. Möglicherweise tue ich das sowieso."

„Warum?"

„Weil alle auf der Werft, die in den Kontakten im Handy der Toten standen, heute einen DNA-Test machen mussten. Meine DNA-Spuren finden sich natürlich an Gläsern und Geschirr in der Wohnung, und damit muss die Kripo nur eins und eins zusammenzählen, um mich für den Täter zu halten. Das gilt allerdings nicht, wenn ich beweisen kann, dass ich die Wohnung vorher verlassen habe."

„Einen Teufel werde ich tun", sagte Karen verbittert, „ich traue dir nicht mehr von hier bis in die Küche. Geh halt in U-Haft und denk in Ruhe über dein Leben nach. Dann fällt dir vielleicht auch wieder ein, was du an mir hast, du Griechinnenversteher!"

Holger Gross ging wortlos zum Telefon und wählte die Nummer der Kieler Taxizentrale. Bei einer anderen Stimme als derjenigen von heute Vormittag wiederholte er seinen Spruch, warum er den Fahrer finden musste, der ihn gestern Abend nach Hause gebracht hatte. Doch von seiner ersten Anfrage schien nichts bekannt zu sein und am Ende wurde er wieder mit einem „Na gut, ich kümmere mich darum, es kann aber etwas dauern" vertröstet.

Er ging ins Schlafzimmer und begann seine Sachen für die U-Haft zu packen.

Dr. Überall hatte in seinem Büro den Fernseher eingeschaltet und verfolgte die wichtigsten Nachrichtensendungen. Mangels anderer Topnachrichten hatte es die Pressekonferenz vor dem NDW-Werkstor sogar bis in die Siebzehn-Uhr-Tagesschau geschafft. Inka Kohlweder kam parallel mit der Auswertung der Online-Berichte zu ihm. Die Griechen versuchten mit allen Mitteln, eine Verbindung zum Fall DYTIS herzustellen, die deutschen Medien berichteten vorwiegend sachbezogen.

Alles in allem konnte er mit seinem Auftritt und der Berichterstattung darüber ganz zufrieden sein. Auf einmal stand Hauptkommissar Fassmann in der Tür. Sandra Nordmann war wohl von seinem Erscheinen so gebannt gewesen, dass sie ihn ohne Anmeldung durchgelassen hatte. „Ich müsste Sie kurz allein sprechen." Dr. Überall bat Inka Kohlweder, den Raum zu verlassen und einen Moment im Vorzimmer zu warten. Als die Tür geschlossen war, rückte Fassmann mit seiner Neuigkeit heraus.

„Wir haben die ersten DNA-Ergebnisse und dabei leider eine Übereinstimmung, die ich zuerst Ihnen eröffnen möchte: Die DNA-Spuren an Essgeschirr und Gläsern in der Wohnung der Toten stammen von einem Ihrer engsten Mitarbeiter, nämlich dem Projektleiter des griechischen U-Boot-Programms, Holger Gross. Das bedeutet, dass er gestern Abend bei der Kapitänin in der Wohnung gewesen sein und mit ihr zusammen dort gegessen haben muss. Damit ist er automatisch dringend tatverdächtig. Da er heute die Werft schon verlassen hat, sind meine Leute zu ihm nach Hause unterwegs, um ihn zur Vernehmung in unsere Dienststelle zu bringen. Dort wird er auch vorläufig in Gewahrsam genommen."

Dr. Überall überlegte einen Moment. Sollte er von dem Gespräch berichten, das er mit Holger Gross an diesem Morgen gehabt hatte? Er entschied sich dagegen.

„Herr Gross hat mir irgendwann von einer dienstlichen Verabredung mit Frau Pamboulis erzählt", sagte er. „Ich halte es für ausgeschlossen, dass er sie getötet hat. Ich kenne ihn sehr gut, war kürzlich einige Tage mit ihm in Athen. Wir arbeiten schon jahrelang zusammen. Trotz des theoretisch möglichen Verdachts glaube ich nicht, dass er etwas mit dem Tod der Soldatin zu tun hat. Aber danke, dass Sie mich informiert haben."

Bevor er ging, teilte Kommissar Fassmann noch mit, dass Lieutenant Kyriakos Skopostolos im Krankenhaus nun unter polizeilicher Bewachung stehe und auch einen DNA-Test absolviert habe.

Er verließ den Raum und Inka Kohlweder kam wieder herein.

„Gut, dass Sie noch da sind," sagte Dr. Überall, „wir müssen uns auf eine Verschärfung der Lage vorbereiten. Der Hauptkommissar hat mir gerade vertraulich eröffnet, dass aufgrund der DNA-Untersuchungen ein Tatverdacht auf Holger Gross fällt. Ich halte ihn trotzdem für unschuldig, aber Sie wissen ja, welche Stufe der medialen Entrüstung diese Meldung vermutlich schon morgen auslösen wird. Ich wäre Ihnen daher dankbar, wenn wir uns dafür mit einem Text präparieren könnten."

„Das ist relativ simpel", meinte Inka Kohlweder, „wir sagen schlicht, dass wir zu laufenden Ermittlungen nicht Stellung nehmen, Sie als Chef von Holger Gross aber fest davon überzeugt sind, dass er mit diesem Verbrechen nichts zu tun hat."

„Na gut", meinte Dr. Überall, „hoffen wir, dass wir damit durchkommen."

Gegen Abend dieses Höllentages begann Dr. Überall die inzwischen aufgelaufenen E-Mails in seinem Posteingang zu sichten. Darunter war eine Nachricht des griechischen Verteidigungsministeriums. Ihm schwante Böses. Er öffnete die Mail und war nicht überrascht, als er las:

Sehr geehrter Herr Vorstandsvorsitzender,
aufgrund des Todes unserer Kapitänin Andrea Pamboulis und der Verwundung von Lieutenant Kyriakos Skopostolos stellen wir erhebliche Mängel in der Sicherheit unseres Bauüberwachungsteams in Kiel fest. Daher habe ich angeordnet, dass unser Team der Griechischen Marine morgen nach Athen zurückkehrt und hier so lange bleibt, bis Deutschland in der Lage ist, die Sicherheit unserer Soldatinnen und Soldaten in Kiel zu gewährleisten. Bis zur Rückkehr des Teams auf die Werft sehen wir für uns keine Veranlassung,

irgendwelchen vertraglichen Verpflichtungen nachzukommen, sei es in Form von Zahlungen oder anderweitig. Ohne unsere Bauaufsicht vor Ort sind Sie auch nicht berechtigt, die Arbeiten an der SM DYTIS fortzusetzen. Der dadurch entstehende Zeitverzug geht zu Lasten der Norddeutschen Werft.

Mit freundlichen Grüßen
Drakos Troianides, Verteidigungsminister

„Ja, natürlich", rief Dr. Überall zornig aus, „jetzt haben sie wieder einen Vorwand, nicht zu bezahlen und uns auch noch die Verzugskosten aufzubrummen, die sie ohne jeden Grund provozieren. Mal sehen, ob Troianides seinen Adjutanten, diesen Ministrakis, überhaupt noch schickt."

Er winkte Sandra Nordmann herein, die ihm zuliebe heute ihre immer dienstags stattfindende Chorprobe sausen ließ.

„Danke, dass Sie noch geblieben sind", sagte er, „bitte leiten Sie diese E-Mail umgehend an Innenminister Daum weiter. Außerdem schreiben wir sofort zurück an den griechischen Verteidigungsminister mit Kopie an Botschafter Myrtis und wieder den Innenminister. Ich diktiere:

Exzellenz, sehr geehrter Herr Minister,
unter Bezug auf Ihre heutige E-Mail und den darin angekündigten Rückzug Ihres Bauüberwachungsteams möchte ich Ihre geschätzte Aufmerksamkeit auf die Tatsache lenken, dass der Innenminister des Bundeslandes Schleswig-Holstein, dessen Hauptstadt Kiel ist, eine persönliche Sicherheitsgarantie für die Mitglieder des Teams der Griechischen Marine ausgesprochen hat. Er hat zugesagt, dass sie hier in Kiel in Sicherheit sind. In Anbetracht dessen bitte ich Sie höflichst um Überprüfung Ihrer Rückzugsentscheidung, sodass Ihr Überwachungsteam hier vor Ort bleiben und das Bauprogramm Ihres U-Bootes ohne Verzögerungen fortgesetzt werden kann.
Hochachtungsvoll …

Haben Sie das? Dann bitte absenden. Und jetzt brauche ich sofort Commander Nautarakis am Telefon. Versuchen Sie es gleich auf dem Handy.“

Der angekündigte Abzug des Bauüberwachungsteams zurück nach Athen schien Evangelos Nautarakis nicht sonderlich aus der Ruhe zu bringen.

„Zwischen Ankündigung und Ausführung liegen in Griechenland immer gewisse Unterschiede“, meinte er, diesmal deutlich aus deutscher Sicht, nachdem Dr. Überall ihn auf dem Mobiltelefon erreicht und über den Mailwechsel mit Troianides und den Verdacht gegen Holger Gross informiert hatte.

Nautarakis sicherte zu, sich bei etwaigen Nachfragen zu Holger Gross und Kyriakos Skopostolos zurückhaltend zu äußern. Er selbst könne sich bei keinem von beiden einen Zusammenhang mit dem gewaltsamen Tod von Andrea Pamboulis vorstellen.

„Verbleiben wir so, dass Sie mich informieren, sobald Sie auf Ihrer dienstlichen Schiene etwas zum Abzug der Bauaufsicht erfahren“, bat ihn Dr. Überall. „Ich halte Sie umgekehrt auf dem Laufenden, wenn ich etwas höre.“

„Ich möchte betonen, dass weder ich noch wir als Team uns in Kiel gefährdet sehen“, sagte Nautarakis. „Aber wenn es um große Politik geht, zählt ja die Meinung eines kleinen Commanders nicht, Sie wissen doch.“

„Ja, immer schade, wenn Sachargumente nicht zählen“, sagte Dr. Überall und legte auf.

Karen Gross hatte sich nach ihrer ersten, hartherzigen Reaktion etwas gnädiger gegen ihren Holger stimmen lassen und bereitete nun zum gemeinsamen Abendessen zwei Steaks mit Bratkartoffeln zu. Es war kurz vor sechs.

Sie hatten sich gerade zum Essen hingesetzt, als es an der Haustür klingelte. Ein Blick aus dem Fenster verhieß nichts Gutes. Dort standen drei Polizeiautos.

„Ich mach auf", sagte Karen.

Als sie öffnete, traten ihr zwei Polizeibeamte entgegen.

„Wohnt hier ein Holger Gross?", fragte der am nächsten an der Tür stehende Beamte und wies sich aus.

„Ich bin das!", rief der Gesuchte aus dem Hintergrund. „Wir sind gerade beim Essen, kommen Sie herein. Vielleicht lassen Sie mich noch aufessen, danach bin ich ganz für Sie da."

Die Polizisten warteten tatsächlich, aber dann gab es kein Pardon mehr.

„Laut Ergebnis des heutigen DNA-Tests sind Sie gestern Abend in der Wohnung der ermordeten Kapitänin Andrea Pamboulis gewesen", sagte der erste Beamte. „Auf Sie fällt daher ein dringender Tatverdacht. Wir müssen Sie auffordern, mit zur Wache zu kommen, damit wir eine Vernehmung durchführen können. Wenn Sie wollen, können Sie dazu einen Anwalt hinzuziehen. Da die Vernehmung erst morgen möglich ist, müssten Sie auf jeden Fall über Nacht bei uns im Gewahrsam bleiben."

„Hab schon was gepackt", sagte Holger Gross.

Er umarmte seine Frau, die dabei tatsächlich Tränen in den Augen hatte, und folgte den Beamten zu den wartenden Fahrzeugen.

Evangelos Nautarakis war ziemlich aufgeregt von seiner Familie empfangen worden, als er an diesem Abend nach Hause kam. „Müssen wir von jetzt auf gleich die Sachen packen und wieder zurück nach Athen?", fragte Anke.

Sie hatte die Anordnung von Verteidigungsminister Troianides in den Nachrichten gehört.

„Nein, nein, das ist alles politischer Sturm im Wasserglas", antwortete Evangelos. „Der Minister versucht damit jetzt weiteren Druck aufzubauen."

„Erinnere dich, wie ich dir gesagt habe, dass ich glaube, Andrea führt ein Doppelleben", sagte Anke. „Ich bin gespannt, was noch herauskommt. Das mit Kyriakos ist doch auch ein komischer Zufall."

„Erst mal haben sie den armen Holger am Wickel, denn der war gestern Abend bei ihr zum Essen eingeladen."

„Holger?", fragte Anke verblüfft. „Wie kommt er denn dazu? Da wird die liebe Karen ihm aber die Leviten lesen. Und dann dieser Verdacht!"

„Die Ermittlungen stehen erst am Anfang", wiegelte Evangelos ab. „Holger wird die Wohnung ja irgendwann am Abend verlassen haben. Wenn er beweisen kann, dass das rechtzeitig war, ist er aus dem Schneider. Inzwischen ist durchgesickert, Andreas Tod sei zwischen null und ein Uhr eingetreten."

„Das ist alles so furchtbar!", rief Anke aus. „Was immer ich von ihr gehalten habe – das hätte ich ihr nicht gewünscht. Und Holger! Das kann ich mir einfach nicht vorstellen. Was für ein Trottel, dass er überhaupt zu ihr gegangen ist."

„Gut, dass ich immer zu ihr auf Distanz geblieben bin", sagte Evangelos, „mir kam sie oft etwas undurchsichtig vor, so als ob sie eine zweite Agenda hätte."

„Mein Tipp ist ja, dass sie irgendwie spioniert hat", sagte Anke. „Bloß für wen?"

„Alles Spekulation", sagte Evangelos. „Jedenfalls hoffe ich, dass wir jetzt nicht abgezogen werden. Und wenn doch, fahre ich eben allein für einige Wochen nach Athen. Irgendwann werden sich die Wogen wieder geglättet haben. Immerhin hat die griechische Regierung schon achtzig Prozent der DYTIS bezahlt."

Dr. Überall hielt sich am Abend noch lange in seinem Büro auf, um durch Vorgänge zu schauen, die er heute eigentlich hatte bearbeiten wollen. Dabei merkte er, dass seine Konzentration stark eingeschränkt war.

Allem voran bewegte ihn die Frage, warum sich Holger Gross so von der griechischen Kapitänin hatte beeindrucken lassen, dass er zu ihr nach Hause gegangen war und keine wirkliche Kontrolle mehr über sich gehabt hatte, jedenfalls nach der Version, die er ihm selbst erzählt hatte. Auch das angeblich private Abendessen im Kieler Yacht-Club war ihm schon merkwürdig vorgekommen.

Er machte sich Vorwürfe, dass er seinen Mitarbeiter nicht mehr zur Rede gestellt und zur Disziplin aufgefordert hatte. Ein irgendwie geartetes privates Verhältnis mit der Angehörigen einer Kundenaufsicht war ja schon unter normalen Compliance-Gesichtspunkten deplatziert. Möglicherweise hätte man Holger Gross als durch und durch loyalen Mitarbeiter über diese Argumentation zur Ordnung rufen können.

Über den Grübeleien, was er wohl persönlich versäumt haben könnte, war es schließlich weit nach zwanzig Uhr geworden, als er endlich zum Haupteingang des NDW-Verwaltungsgebäudes ging, wo sein Fahrer Frido Hansen mit dem Dienstwagen auf ihn wartete.

Der Eingangsbereich, den er heute in großer Hektik etliche Male durchquert hatte, war jetzt absolut ruhig und friedlich. Nichts ließ auf die besonderen Ereignisse dieses Tages schließen.

IX.
Mehr Dichtung und Wahrheit

Am Tag nach den für die Norddeutsche Werft so erschütternden Vorgängen im Zusammenhang mit dem Tod von Kapitänin Andrea Pamboulis und der Reaktion des griechischen Kunden war Chef „Helü“ schon um kurz nach halb acht wieder im Büro, um in Ruhe die von Inka Kohlweder bereits ausgewerteten deutschen Pressestimmen zu sichten.

Oben auf dem Stapel lagen die Kieler Nachrichten.

Mysteriöser Tod von griechischer Soldatin – Schatten auf NDW-Booten für Griechenland, lautete die Schlagzeile. Ein Namensartikel von Bernd Brückner war überschrieben mit: *Ermittlungen angelaufen – Griechische Marine sieht Sicherheit ihrer Kieler Mitarbeiter in Gefahr.*

Dr. Überall nahm dies ohne besondere emotionale Ausschläge zur Kenntnis. Gemessen an seinen enttäuschenden Erfahrungen mit dem Blatt schien ihm der Beitrag sogar von dem Bemühen um Sachlichkeit getragen zu sein.

Welchen Ton wohl die Lübecker Nachrichten anschlugen?

Unter der Überschrift *Koinzidenz von rätselhaftem Todesfall und U-Boot-Querelen bringt NDW weiter unter Druck* schrieb Chefredakteur Horst Grossenegger: *Die Werft bestreitet eine Verbindung zwischen dem U-Boot-Programm und dem gewaltsamen Tod einer griechischen Kapitänin. Werftchef Dr. Heino Überall spricht den Griechen seine Anteilnahme aus und unterstützt die Ermittlungen.*

Das war doch recht zufriedenstellend, dachte Dr. Überall. Gut, dass er sich die Zeit für das Gespräch mit Grossenegger genommen hatte.

Als Sandra Nordmann um acht in gewohnter Weise den Kopf zur Tür hereinsteckte, nahm er ihr Kaffee-Angebot besonders gern an. Nach der recht kurzen Nacht brummte ihm heute etwas der Schädel.

Kurz darauf erschien Inka Kohlweder, um ihm das griechische Presseecho vorzulegen.

„Fangen wir an mit dem Titel der englischen Ausgabe von ‚Kathimerini'", schlug sie vor. „Bitteschön: *Faulty German-built submarine causes first death among Greek soldiers.*"

„Die perfekte Irreführung", ärgerte sich Dr. Überall, „das klingt ja so, als ob es hier das Risiko einer ganzen Serie gäbe."

„Auch die weiteren Schlagzeilen der griechischen Presse sind nicht von schlechten Eltern", sagte Inka Kohlweder. „Hier gleich in Übersetzung: *Erste Marinesoldatin im Kampf gegen deutsche Werft gefallen.* Und: *Kapitänin tot, weil sie den Deutschen einen Fehler nachgewiesen hat.* Oder: *Deutscher Pfusch beim Griechen-Boot – Bauaufseherin aus Rache getötet, Kollege verwundet.*"

Dr. Überall wechselte einen ratlosen Blick mit seiner Pressemitarbeiterin. Vermutlich konnte einem nur ein Insider erklären, welche parteipolitischen Hintergründe man diesen Stimmen jeweils zuordnen musste.

Es half alles nichts. Er würde wieder mit Stylianos Elephantinou sprechen müssen.

Auf der Werft selbst hatte sich der Sturm des gestrigen Tages in das Gegenteil verwandelt: völlige Normalität. Es erschien keine Kripo, keine Presse, aber auch nicht das angekündigte Untersuchungsteam des griechischen Verteidigungsministeriums. Stattdessen kam Evangelos Nautarakis ganz normal zur Arbeit, als ob nichts gewesen wäre.

Zwar fehlte Kyriakos Skopostolos, aber der lag ja gut bewacht im Krankenhaus. Wie Dr. Überall durch Nautarakis erfahren hatte, kurierte er nebst einer Platzwunde eine Gehirnerschütterung aus, hatte also sicher einen stärkeren Brummschädel als er selbst, aber doch nichts Gravierendes und konnte aus ärztlicher Sicht bald entlassen werden. Trotzdem war Dr. Überall unruhig – ohne genau sagen zu können, warum. Irgendwie hatte er das

Gefühl, dass sich die Geschehnisse noch weiter zu einer dunklen Wolke über dem Programm U 311 zusammenbrauen würden.

Wo musste er ansetzen, um noch größeres Unheil zu verhindern?

Als Inka Kohlweder gegen zwölf Uhr mittags erneut an seine Vorzimmertür klopfte, schreckte er regelrecht zusammen. Seit Stunden hatte er einfach nur dagesessen, auf die Förde geblickt und nachgedacht.

„Bitte entschuldigen Sie die Störung", sagte seine Pressemitarbeiterin, „aber ich habe nun die griechische Online-Presse für Sie. Jetzt geht es mit Holger Gross los: *Deutscher U-Boot-Projektleiter soll griechische Kapitänin aus Rache getötet haben*, lesen wir da. Oder: *Deutscher Projektleiter unter Verdacht – Musste Kapitänin Mängelrüge mit ihrem Leben bezahlen?*"

Dr. Überalls Brummschädel machte sich in diesem Moment sehr deutlich bemerkbar.

„Tja, das haben wir ja gestern schon kommen sehen", sagte er äußerlich gelassen. „Es wäre ja ein Wunder, wenn man das in Athen nicht nutzen würde. Jetzt müssen unsere Ermittlungsbehörden die Löscharbeit machen. Frau Nordmann, geben Sie mir bitte mal den Polizeipräsidenten!"

Seine Sekretärin stellte in Windeseile die Verbindung her.

„Herr Präsident Schrimpf", begann Dr. Überall, „sehen Sie es mir nach, dass ich Sie nochmals direkt anspreche. Wie Sie sich vorstellen können, nutzen jetzt die Griechen den Verdacht, der auf unseren Projektleiter Gross fällt, in ihren Medien brutal gegen uns aus. Könnten Sie gegebenenfalls an die Öffentlichkeit gehen und sagen, dass hier noch gar nichts erwiesen ist und so weiter und so fort?"

„Das überlege ich mir gern", antwortete der Polizeipräsident. „Übrigens haben wir gerade ein paar neue Fakten."

„Ach ja?"

„Wir behalten uns deren Veröffentlichung ausdrücklich vor, aber Sie sollten doch schon wissen, dass Frau Gross bei ihrer

Vernehmung ausgesagt hat, ihr Mann sei vor Mitternacht nach Hause zurückgekommen."

Aha, dachte Dr. Überall bei sich, also hatte sie doch nicht fest geschlafen, wie Holger Gross es ihm erzählt hatte. Oder hatte Frau Gross für ihren Mann gelogen?

„Ein Alibi der Ehefrau ist natürlich nur bedingt belastbar", fuhr der Polizeipräsident fort, „zumal der Taxifahrer, der Herrn Gross nach dessen Angaben gegen halb zwölf nach Hause gefahren hat, auch durch die Polizei noch nicht ausfindig gemacht werden konnte. Für die Version von Herrn Gross spricht aber, dass eine Nachbarin der Getöteten aus dem gegenüberliegenden Haus nach eigener Angabe gegen halb zwölf aus ihrem Fenster auf die Straße geguckt hat und im Licht der Straßenlaterne einen Mann sah, der Andrea Pamboulis' Haus verließ, in ein Taxi stieg und wegfuhr. Die Personenbeschreibung traf auf Herrn Gross zu."

„Das lässt ja etwas hoffen", sagte Dr. Überall.

„Es gibt noch weitere Neuigkeiten", sagte Schrimpf. „Dieselbe Anwohnerin sah nach Abfahrt des Taxis einen jüngeren Mann zur Tür des Hauses kommen, klingeln und hineingehen. Und auf der Kleidung der Getöteten wurden Haare gefunden, die weder von ihr noch von Holger Gross stammen. Möglicherweise gilt das auch für andere Spuren. Wir gleichen hier gerade den DNA-Befund mit den Ergebnissen von der Werft und aus dem Krankenhaus ab. Mehr kann ich Ihnen noch nicht sagen."

„Und was ist nun mit Holger Gross?" „Die Untersuchung der Spuren an den Weingläsern bestätigte auch die von ihm in seiner Vernehmung geäußerte Vermutung, dass ihm an dem Abend von Kapitänin Pamboulis sogenannte K.O.-Tropfen verabreicht wurden." Dr. Überall lief es unwillkürlich kalt den Rücken herunter.

„Da sich der Verdacht gegen ihn nicht konkretisiert hat und keine erkennbare Flucht- oder Verdunklungsgefahr besteht, werden wir derzeit keinen Haftbefehl beantragen, sondern ihn nach Hause schicken. Das können Sie so den Kollegen in der Werft gern mitteilen."

„Gott sei Dank“, rief Dr. Überall, „das ist wirklich eine gute Nachricht. Ich habe nie geglaubt, dass er so etwas tun könnte. Umso mehr wäre ich Ihnen verbunden, wenn Sie baldmöglichst mit einem Zwischenstand an die Öffentlichkeit gehen könnten.“

„Ich werde dafür sorgen“, versprach der Polizeipräsident.

Die U-311-Projektmitarbeiter Thorsten Schnabel und Ralf Engels reagierten spürbar erleichtert, als Chef „Helü“ sie nach der Mittagspause über Holger Gross’ Entlastung von dem Tatverdacht informierte. „Hat er mit Ihnen eigentlich über den Besuch bei Kapitänin Pamboulis vorher gesprochen?“, fragte Dr. Überall.

„Ja, schon“, antwortete Ralf Engels, „er hat gesagt, dass er sich mit ihr treffen wollte, um etwas über die griechischen Hintergründe der DYTIS-Mängelrüge herauszufinden. Das wurmte ihn schon sehr.“

„Habe ich gemerkt“, sagte Dr. Überall, „er hat da teils recht emotional reagiert bei unserer Athen-Reise. Haben Sie inzwischen neue Erkenntnisse, die uns helfen könnten, den Vorwurf des Designmangels zu entkräften?“

„Kann sein“, sagte Thorsten Schnabel, dessen hervortretende wasserblaue Augen etwas gerötet wirkten. „Justiziar Hemmerle hat ja gesagt, wir als Werft müssten nicht nachweisen, dass das parametrische Rollen kein Mangel des Bootes sei, wenn das physikalisch ganz offensichtlich sei. So argumentiert ja Holger auch immer. Also habe ich zu meinem alten Institut an der TU Hamburg-Harburg Kontakt aufgenommen. Dort will man zu der Sache recherchieren.“

„Gut“, sagte Dr. Überall. „Und diese Geschichte mit den Auftriebskörpern, die uns immer wieder aufs Butterbrot geschmiert wird?“

„Völliger Quatsch“, regte sich Schnabel auf, „das wird total überschätzt. Stellen Sie sich mal vor, Sie hätten ein Stehaufmännchen mit ordentlich Gewicht in den Füßen. Da würde es doch auch nichts machen, wenn Sie dem mehr Hohlraum im Kopf schaffen, eher im Gegenteil."

Für halb vier hatte sich Hauptkommissar Volker Fassmann bei Dr. Überall angekündigt. Als er im Vorzimmer bei Sandra Nordmann erschien, wirkte sie auf einmal etwas verlegen, ein recht selten zu beobachtender Zustand.

„Darf ich Ihnen mal etwas sagen?", fragte sie, indem sie den Besucher bewundernd ansah. „Für mich ähneln Sie ein bisschen dem Kommissar Borowski aus dem Kiel-Tatort. Wird Ihnen das häufiger gesagt?"

„Nicht wirklich", sagte Fassmann. „Auch ich selbst finde ehrlich gesagt, dass ich mit dem nur wenig Ähnlichkeit habe. Ich bin viel besser trainiert, denn wir müssen an unserer Fitness ständig arbeiten, und ich meine, dass ich auch jünger aussehe."

„Eigentlich wollte ich Ihnen damit ein Kompliment machen, denn der Borowski gefällt mir schon recht gut", sagte Sandra Nordmann errötend. „Sind Sie eigentlich immer bewaffnet, auch wenn Sie hier zu uns kommen?"

„Im Dienst trage ich immer eine Waffe, das ist so Vorschrift", entgegnete der Kommissar und öffnete sein Jackett so weit, dass Sandra Nordmann die Pistole sehen konnte.

„Polizistin wäre ich auch gern geworden", rief sie. „Ich gucke unheimlich gern Tatort und versetze mich dann immer in die Ermittler hinein. Sie kennen ja sicher den Kiel-Tatort?"

„Und ob", sagte Fassmann lachend, „ich bin einer der Drehbuchautoren. Die Sachen schreibe ich abends, um das Erlebte besser verarbeiten zu können." „Oh", rief Sandra Nordmann, „dann kommen wir wohl auch bald in einem Ihrer Drehbücher vor? Wenn es so weit ist, müssen Sie unbedingt Bescheid geben!" „Werd' ich machen." „Kaffee?" „Gern." Sandra Nordmann bedeutete ihm mit einer Handbewegung, dass er nun in Dr. Überalls Zimmer gehen solle.

„Hallo, Herr Fassmann“, wurde er vom NDW-Chef begrüßt, „gibt es eine heiße Spur?“

„Ja, vielleicht. Ich sagte wohl schon, dass es kurz vor der Erdrosselung der Kapitänin eine Art Kampf gegeben haben muss. Darauf lassen Spuren am Tatort schließen. Was wir bisher nicht öffentlich gemacht haben: Die Tote war mit Kabelbindern an den Bettpfosten gefesselt. Außerdem hat sich herausgestellt, dass die Befunde auf den Fesseln ebenso wie die an ihrer Kleidung gefundenen Haare und Blutstropfen auf dem Fußboden eine DNA-Identität mit dem verletzten griechischen Kapitänleutnant Kyriakos Skopostolos aufweisen. Insofern gibt es eine Spur, die in einem weiteren Sinne auch mit der Norddeutschen Werft zu tun hat.“ Dr. Überall fühlte in diesem Moment wieder sehr deutlich seinen Brummschädel.

Hauptkommissar Fassmann hatte sich schnell verabschiedet, da er an der Befragung von Kyriakos Skopostolos teilnehmen müsse. Zum Glück hielt Sandra Nordmann in einer ihrer Schreibtischschubladen eine kleine Notfallapotheke bereit, aus der sich „Helü“ mit einer Aspirintablette gegen seine Kopfschmerzen bedienen durfte.

Denn gleich stand ein ausführliches Telefonat mit seinem Aufsichtsratsvorsitzenden Dr. Alexander Geldmacher an. Als früherer Chef der Norddeutschen Landesbank war dieser in den einschlägigen Finanzkreisen an der Küste immer noch bestens verdrahtet. Er war schon etwa so lange Aufsichtsratsvorsitzender der Norddeutschen Werft, wie Dr. Überall den Vorstandssitz innehatte.

Beide hatten eine gut eingeübte, enge Arbeitsbeziehung, die häufigen telefonischen Austausch einschloss. So war es klar, dass Dr. Überall ihn nun zu den dramatischen Ereignissen der letzten Tage, aber auch zu den Ergebnissen seiner Athen-Reise auf den neuesten Stand brachte.

Ausführlich fragte Dr. Geldmacher nach den Auswirkungen, die ein anhaltender Zahlungsstopp der Griechen auf die finanzielle Situation der Norddeutschen Werft haben würde. Dr. Überall erläuterte ihm hierzu den streng vertraulich zu behandelnden Plan, dass man nach zwei ausgebliebenen Zahlungen den Vertrag mit den Griechen kündigen wolle.

Dr. Geldmacher, selbst Jurist, äußerte Zweifel, ob damit das finanzielle Risiko für die Norddeutsche Werft begrenzt und unter Kontrolle gehalten werden könne. Folgerichtig erbat er von Dr. Überall eine Vergleichsrechnung, die auf der einen Seite die Planung abbildete, wie sie im Fall eines normalen Fortgangs des U-Boot-Programms gegolten hätte, und auf der anderen Seite das voraussichtliche Abweichungsszenario.

Dr. Überall dachte im Stillen, dass ihm Letzteres vermutlich nicht gefallen würde.

Beide waren sich im Klaren, dass der Fall Pamboulis den Griechen tendenziell in die Hände spielte. Zumindest, solange er nicht voll aufgeklärt war.

„Du kannst mir mal hoch anrechnen, dass ich dich da rausgehauen habe“, empfing Karen Gross ihren Mann, als er am späten Nachmittag aus dem Polizeigewahrsam nach Hause zurückkehrte. „Ohne mich hättest du das mit deiner voll verpennten Taxifahrt nie hinbekommen. Hast du mal über dein Verhalten nachgedacht, so bei Wasser und Brot?“

„Es gab heute Mittag Pasta, aber in sehr mäßiger Qualität“, korrigierte Holger Gross. „Jetzt freue ich mich erst mal auf ein Flens. Und Danke übrigens für das Alibi.“

„Hast du denn mitbekommen, ob die Kripo jetzt eine bestimmte Spur verfolgt?“, fragte Karen, während sie sich auch eine Bügelflasche aus dem Kühlschrank nahm. „Weiß ich nicht, bin selber gespannt.“ Sie stießen an. „Denk noch mal über dieses Taxi nach“, insistierte Karen. „Es kommt mir komisch vor, dass die

Taxizentrale auch nach der Aufforderung der Kripo den Fahrer nicht ermitteln kann. Wahrscheinlich bist du, blau wie du warst, in irgendein schwarzes Auto gestiegen, das gar kein Taxi war, dich aber freundlich nach Hause gefahren hat."

„Kann ich mir nicht vorstellen, aber blau war ich schon und Aussetzer hatte ich nun mal auch. Inzwischen ist ja schon nachgewiesen, dass ich von der Pamboulis mit K.O.-Tropfen abgefüllt worden bin, um ihr irgendwelche Auskünfte zu geben."

„Aber warum und für wen hätte sie das machen sollen? Vielleicht bringt uns das auch auf eine Spur zu ihrem Mörder."

„Du bist clever", räumte Holger ein, während er das Flens ansetzte. „Was sie gewollt haben könnte, scheint mir klar: mir das Bekenntnis entlocken, dass die DYTIS einen Konstruktionsmangel hat. Vielleicht wollte sie sich damit in ihrem Ministerium irgendwelche Fleißkärtchen erwerben."

„Auch wäre doch möglich, dass in der Nähe jemand stand, der das Gespräch aufgezeichnet hat. Ich vermute ja, dass dein Taxifahrer irgendwie damit zu tun hat. Vielleicht sah er dich herauskommen und war froh, dich nach Hause fahren zu können, weil er wusste, dass Andrea Pamboulis dann allein ist."

Holger Gross war froh, als Karen ihre Spekulationen beendete und sich der Zubereitung des Abendessens zuwendete. Es gab Königsberger Klopse. Deutsche Hausmannskost war ihm im Moment auch lieber als irgendeine andere Küche, womöglich griechische. Schon beim Gedanken wurde ihm übel.

„Wenn du jemals wieder Appetit auf griechisches Essen hast, müssen wir uns übrigens ein anderes Restaurant suchen", sagte Karen, „das ‚Hellas' hat schon wieder dichtgemacht. Es ist jetzt türkisch und heißt ‚Arkadasch'."

Einen Vorgeschmack des zu erwartenden Verlaufs der Ermittlungen erhielt Dr. Überall gleich nach dem Ende des Telefongesprächs mit seinem Vorstandsvorsitzenden. Kommissar Fassmann hatte bei Sandra Nordmann eine Nachricht hinterlassen:

Die erste, polizeiliche Befragung von Kyriakos Skopostolos im Krankenhaus war sehr kurz gewesen. Sie hatte keine neuen Erkenntnisse gebracht, denn der Kapitänleutnant hatte von seinem Schweigerecht Gebrauch gemacht. Er würde nun noch eine Nacht unter Polizeibewachung im Krankenhaus verbringen und morgen dem Ermittlungsrichter vorgeführt. Dabei würde ihm ein von der griechischen Botschaft in Berlin entsandter Verteidiger zur Seite stehen.

Viel Hoffnung auf eine schnelle Aufklärung machte das nicht.

Dr. Überall beschloss, umgehend nach Hause zu fahren. Er wollte versuchen, sich trotz allem etwas zu entspannen. Morgen musste er unbedingt wieder fit sein.

X.
Was jetzt zu tun wäre

Der schöne Blick vom Besprechungsraum über die Förde und die friedlich daliegende Norddeutsche Werft stand im seltsamen Kontrast zu den befremdlichen Neuigkeiten, die Dr. Überall am nächsten Tag zu hören bekam. Landesinnenminister Justus Daum hatte ihn zu einem Informationsgespräch mit Polizeipräsident Schrimpf ins Ministerium gebeten. Gleich um elf war die Presse zu einem Briefing eingeladen.

Dr. Überalls Brummschädel war zum Glück verschwunden, aber was Präsident Schrimpf über Kyriakos Skopostolos' Vernehmung durch den Ermittlungsrichter heute Früh berichtete, war geeignet, ihm erneut Kopfzerbrechen zu bereiten.

Kyriakos Skopostolos schwieg zu den gegen ihn erhobenen Vorwürfen und berief sich laut seinem Anwalt auf Gedächtnisverlust infolge der Gehirnerschütterung.

Die vorhandenen Indizien erlaubten eine Teilrekonstruktion seiner Rolle im Tathergang. Demnach war er wohl identisch mit dem Mann, den die Nachbarin von gegenüber um dreiundzwanzig Uhr dreißig ins Haus gehen sah, nachdem Holger Gross herausgekommen und in einem Taxi davongefahren war. In der Wohnung hatte Kyriakos Skopostolos vermutlich durch einen Faustschlag die Kopfverletzung erlitten, aus der Blut auf den Fußboden gelangte. Gemäß DNA-Befund auf den Kabelbindern musste er mit der Fesselung von Kapitänin Pamboulis vor ihrem Tod zu tun gehabt haben. Spuren von Geschlechtsverkehr wurden nicht festgestellt, er schien ihr aber doch körperlich nahe gekommen zu sein, denn unter anderem waren ja Haare von ihm an der zu diesem Zeitpunkt von ihr getragenen spärlichen Kleidung gefunden worden.

Die DNA-Spuren auf dem Kabelbinder, mit dem die Kapitänin erdrosselt wurde, stammten hingegen von einem Unbekannten, dessen DNA sich auch auf den Klinken der Wohnungstür befand und der somit dringend tatverdächtig war. Kapitänleutnant Skopostolos hatte außerdem ein Alibi für den Tatmorgen ab null Uhr dreißig, als er nachweislich am Hauptbahnhof in das Taxi stieg, mit dem er in die Klinik fuhr. Er war somit nicht identisch mit dem Mann, den die durch Schreie alarmierte Wohnungsnachbarin von Andrea Pamboulis nach dem Anruf bei der Polizei um null Uhr fünfundvierzig aus dem Haus gehen und in einem Taxi davonfahren sah.

Trotzdem war Skopostolos mindestens der Beihilfe zu einem Tötungsdelikt verdächtig und es war Haftbefehl beantragt worden.

Dr. Überall versuchte die für ihn wichtigsten Schlussfolgerungen aus dieser verwirrenden und auch bedrückenden Faktenlage zu ziehen. Seine Aufgabe war es ja, zunächst an das Wohl und Wehe der Werft zu denken.

„Sehe ich richtig, dass von unseren Kieler Mitarbeiterinnen und Mitarbeitern, die eine DNA-Probe abgeliefert haben, niemand mehr unter Verdacht steht?", fragte er.

„Ja, das trifft zu", sagte der Polizeipräsident.

„Es wäre mir sehr wichtig, dies auf der Pressekonferenz in den Vordergrund zu stellen", sagte Dr. Überall.

„Das werde ich gern übernehmen", versprach Innenminister Daum. „Vielen Dank", erwiderte Dr. Überall. „Meine nächste Sorge ist, dass es nach der Verhaftung von Kapitänleutnant Skopostolos griechischerseits erneut zu Unterstellungen gegen die Norddeutsche Werft oder sogar gegen die deutschen Behörden kommt, obwohl es ja auch schlicht eine Beziehungstat sein könnte. Daher würde ich betonen wollen, dass natürlich die Unschuldsvermutung gilt und in alle Richtungen ermittelt wird, schon allein wegen des dringend tatverdächtigen Unbekannten."

„Selbstverständlich werde ich das tun", sagte Polizeipräsident Schrimpf.

Dr. Überall grübelte nochmals über die möglichen Implikationen des Gehörten.

„Nach dem geschilderten Befund ist ja tatsächlich ein Szenario denkbar, in dem Lieutenant Skopostolos an dem Tötungsdelikt nicht direkt beteiligt war, aber den späteren Täter gesehen hat, vielleicht sogar von ihm verletzt wurde. Warum aber sollte er ihn mit seinem Schweigen schützen?"

„Vielleicht kommt er aus den eigenen Reihen und Skopostolos wurde deshalb zum Schweigen verdonnert", meinte Innenminister Daum. „Wer weiß, was mit dem Anwalt besprochen wurde. Das ist jetzt aber natürlich komplett spekulativ und sollte keineswegs Gegenstand der Pressekonferenz sein."

„Ganz meine Meinung", sagte Dr. Überall. „Dass wir die Ermittlungen abwarten und uns nicht an Spekulationen über unbewiesene Zusammenhänge beteiligen, wäre mir überhaupt eine sehr wichtige Aussage. Haben Sie eigentlich schon etwas über das geplante Untersuchungsteam des griechischen Verteidigungsministeriums gehört?"

„Es gibt bisher nur die Ankündigung der griechischen Botschaft in Berlin, dass sie einen Mitarbeiter vorbeischicken wollen, der sich über den Stand der Dinge informieren und hierüber einen Bericht schreiben soll", sagte Minister Daum.

Dr. Überall, der mit einer militärischen Untersuchungskommission in Mannschaftsstärke gerechnet hatte, empfand dies als eine beruhigende Nachricht.

Im gut gefüllten Presseraum des Kieler Innenministeriums hatten sich dieselben Reporterteams eingefunden wie schon vor zwei Tagen vor dem Werfttor.

Nachdem der Polizeipräsident den Stand der Ermittlungen geschildert und beteuert hatte, sie würden ergebnisoffen und mit Hochdruck fortgesetzt, bedankte sich Innenminister Daum bei der Polizei und gab das Dr. Überall zugesagte Statement ab:

„Auch nach der heutigen Verhaftung eines Mitarbeiters des griechischen Bauaufsichtsteams spricht nichts dafür, dass das

Tötungsdelikt, dem die griechische Kapitänin in der Nacht von Montag auf Dienstag zum Opfer gefallen ist, in Zusammenhang mit dem U-Boot-Programm der Norddeutschen Werft für die Griechische Marine steht. Insbesondere hat sich der von Teilen der griechischen Presse genährte Verdacht, es könne sich um einen Racheakt von Werftmitarbeitern für eine Mängelrüge handeln, nicht erhärtet. Ich möchte erneut betonen, dass wir als Land Schleswig-Holstein unabhängig vom Gang der Ermittlungen die Sicherheitsvorkehrungen für das griechische Marineteam hier in Kiel erhöht haben und daher kein Anlass besteht, sich um dessen Sicherheit Sorgen zu machen. Dies sage ich auch in Richtung der griechischen militärischen Stellen."

Dr. Überall äußerte seine Erleichterung, dass der auf einen Mitarbeiter der Werft gefallene Tatverdacht entkräftet sei, und gab der Hoffnung Ausdruck, dass der Todesfall rasch aufgeklärt werde. Er versicherte nochmals, dass er alles dafür tun werde, die inhaltlichen Themen mit dem griechischen Kunden sachbezogen und fair auszutragen. Diese Erwartung richte er auch an die Kundenseite, insbesondere das griechische Ministerium für Verteidigung und die Griechische Marine. Bei der anschließenden Fragerunde blieben die ersten Fragen letztlich unbeantwortet: Minister Daum verriet Bernd Brückner von den Kieler Nachrichten wieder nicht, ob Andrea Pamboulis womöglich geheimdienstlich tätig gewesen war, und Polizeipräsident Schrimpf konnte Horst Grossenegger von den Lübecker Nachrichten von keiner heißen Spur zu dem flüchtigen Unbekannten berichten.

Der ebenfalls anwesende Hauptkommissar Fassmann äußerte sich nur sehr vage zu den nächsten Ermittlungsschritten:

„Dass es sich bei der Getöteten und dem Verdächtigen um Mitglieder einer ausländischen Marine handelt, macht die Sache zwar ein Stück sensibler, aber davon abgesehen, haben wir es vermutlich mit einem sogenannten normalen Tötungsdelikt zu tun, wie wir hier bei uns in Kiel leider schon etliche haben bearbeiten müssen."

Mit diesem Versuch, die laufende Untersuchung als Routinefall darzustellen, wollte er wohl etwas Dampf vom Kessel der internationalen Aufregung nehmen.

Nun meldete sich allerdings eine in Kiel nicht bekannte Journalistin zu Wort.

„Ich bin Xenia Stelloglou, Deutschland-Korrespondentin von ‚Kathimerini', der griechischen Tageszeitung. Ich habe eine Frage an den Innenminister und an Herrn Dr. Überall. Es überrascht mich, wie klar Sie eine Verbindung zwischen der Tötung von Kapitänin Andrea Pamboulis, der Verletzung von Lieutenant Skopostolos und dem U-Boot-Programm, das bei der Norddeutschen Werft in Bearbeitung ist, ausschließen. Wie können Sie das so fest behaupten, obwohl doch Ihr Beschuldigter schweigt und die Polizei nach eigenem Bekunden erst am Anfang der Ermittlungen steht?"

„Sie haben recht", antwortete Minister Daum. „Ich halte jedoch aus allgemeinen Gründen eine Verbindung zwischen diesem Fall und dem U-Boot-Programm für extrem unwahrscheinlich und auch für nicht plausibel herstellbar."

Ihr Stirnrunzeln verriet, dass Xenia Stelloglou diese „allgemeinen Gründe" wohl nicht überzeugend fand.

Dr. Überall sah sich zu einer Ergänzung veranlasst.

„Erst in der letzten Woche bin ich zu verschiedenen Gesprächen in Athen gewesen und habe versucht, einen sachbezogenen Austausch über die Ergebnisse der Testfahrt mit der SM DYTIS mit den dafür zuständigen Stellen zu führen. Zumindest von unserer Seite kann ich nicht das geringste Motiv erkennen, diesen Austausch auf die Ebene persönlicher Aktionen bis hin zu einem Gewaltverbrechen zu verlagern. Dies möchte ich daher wirklich kategorisch ausschließen."

„Wie wollen Sie bei der DYTIS weiter vorgehen, wenn der Kunde nicht mehr zahlt?", fragte Xenia Stelloglou.

„Da dies ein Verstoß gegen die vertraglichen Verpflichtungen wäre, hoffen wir, dass es dazu erst gar nicht kommen wird", antwortete Dr. Überall. „Wir hoffen, dass die Kundenseite Einsicht in die physikalische Verhaltensweise des U-Bootes zeigt. Notfalls sind wir bereit, dies auch mittels eines Gutachtens zu untermauern.“

Er wusste in diesem Augenblick, dass er damit den Ratschlag von Dr. Hemmerle in den Wind geschlagen hatte, das Thema Gutachten nicht von sich aus ins Spiel zu bringen.

„Sie bieten also den griechischen Streitkräften an, über ein Gutachten den Nachweis zu erbringen, dass sich die SM DYTIS unter den Bedingungen der Testfahrt entgegen der Mängelrüge des Kunden einwandfrei verhalten hat?“, hakte Xenia Stelloglou nach.

„Nun ja“, ruderte Dr. Überall zurück, „natürlich nur dann, wenn die Einsicht unseres Kunden in die physikalischen Gesetzmäßigkeiten nicht schon so erzielbar ist.“

Nachdem die Pressekonferenz zu Ende war und er Minister Daum für dessen Unterstützung gedankt hatte, ließ sich Dr. Überall zurück zur Werft fahren. Er ärgerte sich darüber, so spontan das Thema Gutachten öffentlich gemacht zu haben. Ohne es wirklich zu wollen, hatte er sich unter einen neuen Druck gesetzt.

Einem Politprofi wäre das wohl nicht passiert.

Fieberhaft überlegte er, was jetzt zu tun wäre.

„Ich muss Ihnen gestehen, dass ich mich von dieser griechischen Korrespondentin in der Pressekonferenz dazu habe verleiten lassen, von dem Gutachten zu sprechen.“

Mit diesen Worten begann Dr. Überall die Besprechung mit Dr. Hemmerle und dem DYTIS-Projektteam, die er noch vom Auto aus auf seiner Rückfahrt vom Innenministerium hatte einberufen lassen.

„Ich habe noch Ihre Warnung im Ohr, Herr Hemmerle, dass wir als Werft nicht selbst vom Gutachten anfangen sollten, aber ich muss bekennen, da sind die Pferde mit mir durchgegangen.

Daher wollte ich mit Ihnen allen zusammen die Gedanken sortieren, bevor wir uns wieder den Griechen und der DYTIS zuwenden."

Gewöhnt, bei rechtlichen Dingen schnell zu denken, reagierte Dr. Hemmerle als Erster.

„Es gilt hier zu unterscheiden zwischen einem Parteigutachten und einem einvernehmlich vereinbarten Schiedsgutachten, dem sich beide Parteien unterwerfen. Nachdem Sie es jetzt so angekündigt haben, würde ich dringend dazu raten, dass wir unseren Standpunkt mit einem Parteigutachten untermauern, nach dem Motto: Wenn ihr Griechen uns als Fachfirma schon nicht glaubt, so müsst ihr uns zumindest glauben, wenn wir noch die Stellungnahme einer Universität dazutun."

Dr. Hemmerle blickte durch seine Hornbrille in die Runde.

Thorsten Schnabel meldete sich.

„Ich bin ja schon auf diesem Weg mit dem Institut für Modellierung und Berechnung der TU Hamburg-Harburg, also mit den Leuten dort, die sich um die physikalischen Grundsatzfragen des Schiffbaus kümmern."

„Da stellen sich mir zwei Fragen", sagte Dr. Überall. „Wie schnell können wir von dort ein solches Privatgutachten bekommen? Und sind die Leute, mit denen Sie gesprochen haben, auf unserer Wellenlänge?"

„Davon gehe ich aus", sagte Thorsten Schnabel, „aber ich werde das noch mal klären und dabei auch die Zeitschiene ansprechen."

Dr. Überall benannte als die kritischen Eckpunkte auf der Zeitleiste das vertraglich festgelegte Datum 31. Dezember für die nächste reguläre Teilauszahlung am Quartalsende und den darauffolgenden Teilzahlungstermin am 31. März des kommenden Jahres. Dazwischen lag am 15. März die griechische Parlamentswahl.

Das brachte die Norddeutsche Werft in eine denkbar knifflige Lage, weil sie frühestens nach zwei ausgebliebenen Zahlungen, also erst nach Ende März, den Vertrag komplett kündigen konnte. Sollten die „Roten" die Wahl gewinnen, würde ihnen die Kündigung erst recht den Anstoß zu ihrer Verstaatlichungsaktion geben.

Sollten die der Werft wohlgesonnenen „Schwarzen" gewinnen, wären sie wohl kaum in der Lage, die Ende März fällige Zahlung durchzuführen. Hätten sie trotzdem guten Willen zu einer Lösung, dann wäre eine Kündigung von Seiten der Kieler ein Tritt vors Schienbein.

„Kurz und gut, wir müssen mit der TU Hamburg-Harburg sehr schnell eine unangreifbare Argumentation aufbauen, dass die DYTIS sich bestimmungsgemäß verhalten hat", mahnte Dr. Überall.

„Trotzdem sollten wir uns auf alle Varianten vorbereiten", sagte Dr. Hemmerle, „auf die Kündigung wie auch auf die Nichtkündigung, und natürlich dabei die Technische Universität nicht auslassen."

Er blickte wieder durch seine Hornbrille in die Runde.

„Darüber hinaus hätte ich eine weitere Überlegung", sagte er und blickte nun Dr. Überall direkt an. „Nämlich, falls alle Stricke reißen, die Anteile an Hellenic Dockyards zu verkaufen, um damit einer möglichen Verstaatlichung im Fall eines ‚roten' Wahlsiegs zuvorzukommen."

Dr. Überalls Augen weiteten sich anerkennend.

„Da haben Sie nicht unrecht", rief er. „Wenn die ‚Roten' gewinnen, werden sie ihre Verstaatlichung durchziehen, soweit wir der Eigentümer sind. Wenn aber zum Beispiel ein Grieche Eigentümer würde oder zumindest ein politisch wichtiger Partner dabei im Spiel wäre, wie etwa die Chinesen, dann sähe die Welt vermutlich politisch ganz anders aus. Wie steht es denn rechtlich um die Möglichkeit eines Verkaufs? Wenn Sie dies so ansprechen, werden Sie sich damit wohl schon befasst haben?"

„Ja, in groben Zügen", stapelte Dr. Hemmerle tief. „Das Ganze ist natürlich nicht trivial, weil die Griechen damals vertraglich für sich einige Absicherungsmechanismen eingebaut haben, zum Beispiel ein Zustimmungserfordernis seitens der griechischen Regierung bei einem Eigentümerwechsel. Aber diese Dinge lassen sich bis zu einem gewissen Grad durch intelligente Gestaltungen im Griff halten."

„Wer käme denn als Käufer in Betracht?", dachte Dr. Überall laut nach. „Die Chinesen wohl am wenigsten. Da ginge vermutlich auch die deutsche Bundesregierung auf die Barrikaden, denn die würde nicht zulassen, dass ein chinesischer Eigentümer auf diesem Umweg an deutsche U-Boot-Technologie käme. Primär sollten wir uns nach einem griechischen Eigentümer umsehen, der uns als Hauptauftragnehmer für das U-Boot-Programm ablöst und für den wir im Unterauftrag tätig werden."

Holger Gross, der bisher geschwiegen hatte, blickte Dr. Überall an.

„Da müssen Sie wohl mal wieder mit unserem Spezi Elephantinou reden", meinte er.

XI.
Stylianos Elephantinou, der Hilfreiche

Stylianos Elephantinou war wieder einmal einige Tage in seinem Haus in Namibia, wo Dr. Überall ihn nicht stören wollte, und so verzögerte sich das Telefonat mit ihm bis Anfang Dezember. Unterdessen hatte sich der Sturm in der Presse nach der Entlassung von Holger Gross und der Verhaftung von Kyriakos Skopostolos gelegt. Einige griechische Medien, wie die Tageszeitung „Kathimerini“, stellten anfangs Skopostolos als Opfer deutscher Justiz dar, doch Evangelos Nautarakis kam weiter zur Arbeit und der angekündigte Beobachter von der griechischen Botschaft ließ sich nicht blicken.

Allerdings ging auch die Aufklärung der Tat nicht voran. Der Unbekannte konnte nicht aufgespürt, der Verdacht gegen Kyriakos Skopostolos weder ausgeräumt noch bestätigt werden. Er saß weiter in Untersuchungshaft und schwieg. Möglicherweise waren auch Beweise beseitigt worden, denn weder in der Wohnung von Andrea Pamboulis noch bei Kyriakos Skopostolos gab es einen Computer. Keines der vorgefundenen Mobilgeräte gab Aufschluss über Kommunikation jenseits alltäglicher dienstlicher und engster familiärer Kontakte.

Im Übrigen hatte sich nun doch der Verfassungsschutz für die Sache zu interessieren begonnen. Und hier gab es eine überraschende Wendung, die auch wieder für etwas Aufregung in der Presse sorgte: Kapitänin Andrea Pamboulis war eine Mitarbeiterin des griechischen Militärgeheimdiensts gewesen.

„Warum ist denn der griechische Militärgeheimdienst hier so aktiv?“, erkundigte sich Dr. Überall etwas konsterniert bei Landesinnenminister Daum, der ihn über die Erkenntnisse informierte. „Woher dieses Misstrauen unter EU- und Nato-Partnern?“

„Für uns Politiker ist es recht normal, dass man auch unter befreundeten Ländern versucht, parallel zu den offiziellen Beziehungen Dinge im Verborgenen gegenzuchecken“, antwortete der Minister. „Das sollten Sie also, wenn ich so sagen darf, nicht persönlich nehmen. Es wurde allerdings in diesem Fall wirklich höchste Zeit, dass sich unser Verfassungsschutz darum kümmert.“

Viel schien dafür zu sprechen, dass Andrea Pamboulis vor allem darauf angesetzt gewesen war, Informationen in Sachen DYTIS gegen die Norddeutsche Werft zu sammeln. Wahrscheinlich sollte sie im Geheimen recherchieren und belegen, dass die DYTIS einen Designmangel aufwies.

Minister Daum erläuterte, dass die Arbeit der Dienste natürlich immer Relevanz für die Innenpolitik des jeweiligen Landes habe. Wenn also in Griechenland die politische Absicht bestehe, aus dem U-Boot-Thema einen Wahlkampfhit zu machen, sei es folgerichtig, hierfür den eigenen Geheimdienst mit Aktionen zu beauftragen. Und da die griechische Regierung wegen der bevorstehenden Parlamentswahl möglicherweise gespalten agiere, könne auch das den Hintergrund für die Tötung der Kapitänin bilden. Allerdings führe eine innenpolitische Spaltung selten zu Kapitalverbrechen

Gehörte derjenige, der Andrea Pamboulis getötet hatte, unter Umständen einem griechischen Lager mit entgegengesetzten Interessen an? Konnte es sein, dass Kyriakos Skopostolos – wenn er überhaupt an der Tat beteiligt war – im Auftrag dieses Lagers gehandelt hatte? Wollte er seine Kollegin davon abhalten, Aussagen, die sie Holger Gross unter Drogen entlockt hatte, in politisch-taktischer Absicht gegen die Norddeutsche Werft zu verwenden? Oder war er im Gegenteil ihr Komplize?

Die Ermittlungen dauerten an und Lieutenant Kyriakos Skopostolos saß weiter schweigend in Untersuchungshaft.

Natürlich blieb der NDW-Chef nicht untätig, um vor dem Telefonat mit Stylianos Elephantinou weitere Wege zu erkunden, wie er sein Unternehmen für den Fall eines Wahlsiegs der „Roten“ gegen die dann drohende Verstaatlichung der Hellenic

Dockyards schützen könnte. Wenn sie die Anteile vorab selbst verkaufen wollten, galt es bei der Suche nach einem griechischen Investor, der mit den dortigen Verhältnissen besser zurechtkam, die Fühler in viele Richtungen auszustrecken.

So suchte Dr. Überall telefonisch das Gespräch mit dem deutschen Botschafter Kindel in Athen und dem griechischen Botschafter Myrtis in Berlin. Beides verlief wenig ergiebig, im Falle von Professor Myrtis im Gegenteil noch in erzürnten Vorwürfen des Diplomaten, als er ihm gegenüber Verwunderung über die griechischen Geheimdienstaktivitäten in der Werft äußerte.

„Ich will Ihnen mal in aller Offenheit Folgendes sagen", fauchte Myrtis ihn an, „Sie kassieren vom griechischen Steuerzahler Millionen über Millionen ab für ein Boot, das bis vor Kurzem eine Art Black Box für uns war. Nun erzählen Sie uns trotz der misslungenen Testfahrt, das Boot sei völlig in Ordnung und habe keinerlei Mängel. Wenn Sie uns derart für dumm verkaufen, sollten Sie sich nicht wundern, dass mein Land auch mit geheimdienstlichen Mitteln versuchen muss, an die notwendigen Informationen zu kommen. Dazu stehe ich als griechischer Patriot mit allem, was mir heilig ist! Mehr habe ich nicht zu sagen. Auf Wiederhören."

Angesichts dieser Stimmungslage fuhr Dr. Überall auf Anraten seiner Frau Annegret und vermittelt durch Ministerpräsident Dr. Lutz Detlefsen nach Berlin ins Kanzleramt, um dem dortigen Abteilungsleiter für Außen-, Sicherheits- und Entwicklungspolitik die Gefährdung des Programms U 311 und damit auch nationaler deutscher Interessen vor Augen zu führen. Doch auch dieser Termin verlief frustrierend, denn man stufte das Thema dort als privatwirtschaftliches Problem ein.

Am Abend des verabredeten Gesprächs mit Elephantinou war Dr. Überall schon zuhause und ging nach dem Essen zum Telefonat in sein Souterrain-Arbeitszimmer. Im Herbst und Winter bei Lampenlicht fand er es dort immer besonders gemütlich, weil die Lichtverhältnisse und die Jahreszeit so gut zusammenpassten. Er hatte seinen Marineblazer gegen eine dunkelblaue Wolljacke getauscht und in einem bequemen Lesesessel Platz genommen.

Zur Einstimmung erkundigte er sich ausführlich nach Elephantinous Namibia-Urlaub. Als er den Regeln der Höflichkeit und der besonderen Eitelkeit seines Gesprächspartners Genüge getan zu haben glaubte, traute er sich endlich auf sein Anliegen zu sprechen zu kommen.

„Herr Elephantinou, ich möchte Sie gern um Rat fragen im Hinblick auf die Frage, wie man den griechischen Verteidigungsminister Troianides, Ihren Jugendfreund Drakos, von seinem Vorhaben abbringen könnte, die Hellenic Dockyards zu enteignen und letztlich wieder zu verstaatlichen. Die Hotelsuite – Sie wissen schon – ist dabei für uns ja keine Option."

„Ah, lieber Doktor, da ist guter Rat natürlich teuer, aber wie ich Sie kenne, werden Sie sich auch schon etwas überlegt haben. Lassen Sie erst einmal hören."

„Unsere Idee ist, dass wir die Mehrheit oder auch die Gesamtheit der Werftanteile an einen griechischen Investor verkaufen wollen."

Stylianos Elephantinou pfiff leise durch die Zähne.

„Unseren Teil der technischen Unterstützung für die bei Hellenic Dockyards noch zu bauenden drei Boote würden wir über einen Unterauftrag von Norddeutscher Werft an Hellenic Dockyards leisten", fuhr Dr. Überall fort. „Damit würden wir aus der ganzen Sache die politische Spannung herausnehmen, sofern es uns gelänge, Ihren Freund Drakos für eine solche Lösung zu interessieren. Im Idealfall könnte man es so machen, dass man vor der Parlamentswahl im März alles vorbereitet, um es nach der Parlamentswahl zu vollziehen. Sollten die ‚Roten' bei der Wahl nicht gewinnen, sondern ein Verteidigungsminister von den ‚Schwarzen' ins Amt kommen, so könnte man die Vorbereitungen unter Umständen auch noch stoppen, wenn es ansonsten neuen politischen Ärger geben würde." „Spannend", antwortete Elephantinou, gefolgt von einer längeren Denkpause, bei der man ihn förmlich an seiner Zigarre ziehen und den Rauch ausstoßen hörte.

„Glauben Sie nicht, verehrter Doktor, dass Sie da zu früh auf- und nachgeben? Immerhin können Sie doch als alleiniger Anteilseigener von Hellenic Dockyards bei gutem Verlauf eine Menge Geld mit dem griechischen U-Boot-Programm verdienen, insbesondere, wenn die ‚Schwarzen' im März gewinnen!"

„Kann sein", entgegnete Dr. Überall, „aber wir fühlen uns nicht als Zocker, die ein Glückspiel betreiben, sondern wir versuchen, für unsere Eigentümer die erkennbaren Risiken bestmöglich im Griff zu halten. Und es ist nun mal ein erhebliches Risiko, wenn wir dem Treiben in Griechenland einfach zusehen und Mitte März unter Umständen feststellen müssen, dass die ‚Roten' die Wahl gewonnen haben und uns unser Eigentum mehr oder weniger entziehen."

„Was soll denn passieren?", fragte Elephantinou.

„Ganz einfach", meinte Dr. Überall, „indem das griechische Verteidigungsministerium konsequent nicht mehr bezahlt, wir irgendwann den Vertrag kündigen, aber dafür auf der nicht abgenommenen DYTIS sitzenbleiben. Die weiteren Boote bei Hellenic Dockyards würden nicht fertig, die griechische Werft müssten wir aber trotzdem weiter finanzieren und aus alledem würde sich ein Riesenverlust für uns ergeben. Am Ende müssten wir dem griechischen Staat unter Umständen noch Schadensersatz leisten. Dies alles sind Risiken, die wir nicht einfach auf uns zukommen lassen dürfen. Aber alles hängt vom Ausgang der griechischen Wahl ab."

„Kann ich nachvollziehen", gab Elephantinou zu, „aber nun wollen Sie von mir, dass ich Ihnen einen passenden Käufer oder besser gesagt ein Käuferkonsortium suche, habe ich recht? Und das bereit ist, in so kurzer Frist einen so komplexen Deal mit Ihnen zu verhandeln? Außerdem müssen wir eine große Hürde nehmen: Troianides als zuständiger Minister könnte dies verhindern, indem er den Deal nicht genehmigt. Damit kann er die Genehmigung auch beliebig in die Länge ziehen."

„Richtig", sagte Dr. Überall, „aber deshalb habe ich ja vorhin gesagt, dass Troianides an dem Deal interessiert sein muss. Für solche Überlegungen sind Sie doch Experte, lieber Herr Elephantinou, oder etwa nicht?"

„Doch, doch, ich verstehe Sie schon", meinte der Grieche nachdenklich, „wir müssen es schaffen, hier eine intelligente Brücke zu bauen. Aber welche?"

„Das genau frage ich Sie."

„Vorher aber frage ich Sie, ob Sie meiner Firma Akropolis Investments dazu ein Mandat erteilen. Sonst, fürchte ich, kommen wir da nicht recht weiter."

„Wenn alles im Rahmen bleibt und Sie unsere üblichen Compliance-Klauseln akzeptieren, dann kann ich mir vorstellen, dass wir zusammenkommen", antwortete Dr. Überall geschäftsmäßig.

„Nun, Compliance ist ein weiter Begriff", sagte Elephantinou. „Ihr Deutschen interpretiert den sicher besonders streng: Ich muss erklären, dass ich niemanden besteche, mit keinem zusammenarbeite, der jemals irgendeine Person bestochen hat, und so weiter. Sie wissen doch, dass es solche unbefleckten Menschen bei uns gar nicht gibt."

Dr. Überall musste wider Willen schmunzeln.

„Aber sofern wir uns hierüber einigen", fuhr Elephantinou fort, „könnte ich mir eine Käufergruppe vorstellen, bei der sich unter meiner Führung einige griechische Unternehmer zusammenfinden, die die Werft übernehmen. Ich selbst wäre quasi der natürliche geschäftsführende Gesellschafter, weil ich ja von dem Geschäft etwas verstehe. Dabei würde ich darauf achten, dass am Ende die Sache mit dem Interesse bei Drakos so in Ordnung geht, dass er nicht Nein sagt. Politisch muss er das Ganze als die von ihm angestrebte Renationalisierung der Hellenic Dockyards verkaufen können."

„Das hört sich gut an", sagte Dr. Überall, erfreut, dass Elephantinou so schnell angebissen hatte.

„Wenn der Deal komplett steht", fuhr dieser fort, „geht die Vergütung für das Anbahnungsmandat darin auf. Wenn aus dem Deal doch nichts wird, dann bekomme ich eben eine Abbruchvergütung als Entschädigung dafür, dass ihr den Vertrag über den Verkauf nicht gemacht habt, und zwar egal aus welchem Grund."

„Klingt elegant", gab Dr. Überall zurück, „allerdings habe ich Probleme mit Ihrer Aussage ‚egal aus welchem Grund'. Stellen Sie sich vor, Sie brechen die Verhandlungen irgendwann ab, weil ich auf eine Ihrer Forderungen nicht eingehe. Das kann kein Grund für das Auslösen der Abbruchvergütung sein."

„Okay, okay", antwortete Elephantinou, „ein Punkt für Sie, Doktor, so weit will ich natürlich nicht gehen. Aber sofern ich ‚in good faith' agiere, also mich geschäftsüblich und redlich verhalte, Sie aber zum Beispiel auf eine absolut übliche Klausel, die ich fordere, nicht eingehen, muss die Abbruchvergütung schon greifen."

„Da kommen wir langsam in die richtige Richtung", sagte Dr. Überall.

Elephantinou schien wirklich Gefallen an der ganzen Idee zu finden und versprach, mit seinen Sondierungen sofort zu beginnen. In einer Woche würden sie wieder telefonieren.

Unter der Maßgabe höchster zeitlicher Priorität machte sich Dr. Hemmerle an die Ausarbeitung eines Vorvertrags, den Dr. Überall zwei Tage vor dem nächsten Telefonat an Stylianos Elephantinou übermittelte.

Unter der Überschrift „Heads of Agreement" behandelte er die Eckpunkte eines Kaufvertrags über hundert Prozent der Anteile an der Hellenic Dockyards S.A. zwischen der Norddeutschen Werft als Verkäuferin und einer von Elephantinou benannten Piräus Shipyards S.A., kurz PSY.

Da sich die Abendstunden als geeignete Zeit herausgestellt hatten, um ohne Zeitdruck miteinander zu sprechen, führte er das nächste Telefonat mit Elephantinou ebenfalls aus seinem Souterrain-Arbeitszimmer.

Der Geschäftsmann berichtete über eine Reihe von Gesprächen, darunter mit dem Schwager seines Jugendfreundes Drakos Troianides, einem erfolgreichen Athener Bauunternehmer, der größere Bauaufträge am Marinestützpunkt auf der Insel Salamis abwickele.

„Ich verstehe schon, aber so genau möchte ich das eigentlich gar nicht wissen“, erwiderte Dr. Überall. „Mir ist es offen gestanden fast egal, wer an Ihrer Piräus Shipyards beteiligt ist, solange Sie und Ihre Gesellschaft als Käufer für die griechische Regierung und insbesondere den Verteidigungsminister akzeptabel sind. Dabei versteht es sich für mich von selbst, dass Sie wohlbeleumundete, seriöse Geschäftsleute als Gesellschafter rekrutieren. Das sind sowohl Sie als auch wir uns schuldig.“

„Selbstverständlich, wo denken Sie hin!“, rief Elephantinou mit gespielter Entrüstung.

Dr. Überall ging nun mit ihm die Eckpunkte des Vertragsentwurfs durch. Elephantinou würde zu der einen oder anderen Formulierung noch per Mail Stellung nehmen, sobald sein Anwalt sich ein Urteil dazu gebildet hatte.

„Und dann, lieber Doktor, kommen Sie doch noch vor Weihnachten zu einer Präsentation der Hellenic-Dockyards-Geschäftszahlen und der zugehörigen Auftrags- und Projektdaten nach Athen. Ich werde hierzu den Kreis meiner vorgesehenen Mitinvestoren zusammenholen.“

Dr. Überall sagte zu, wenn auch in dem Bewusstsein, dass dieser Zeitplan sehr ehrgeizig war. Aber die Parlamentswahlen ließen ja keinen Spielraum zu.

Mit der Aussicht auf eine besinnliche Adventszeit war es auf jeden Fall vorbei.

XII.
Athen mit vorweihnachtlicher Botschaft

Am Montag, den 20. Dezember reisten Dr. Überall, Justiziar Hemmerle und Holger Gross mit dem üblichen Aegean-Flug nach Athen und bezogen dort wieder Quartier im Hotel Grande Bretagne. Es empfing sie weihnachtlich geschmückt, auch wenn das griechisch-orthodoxe Weihnachtsfest natürlich erst Anfang Januar stattfand.

Dieses Mal hatte Dr. Überall gar nicht erst versucht, einen Termin bei Verteidigungsminister Troianides zu bekommen. Er wollte sich ganz auf die Investorenpräsentation konzentrieren.

Zwei zur Netzwerkpflege am Rande vereinbarte Treffen mit Prinz Sonderburg und Botschafter Kindel verliefen in freundlicher Atmosphäre.

Prinz Sonderburg hatte für ein Vier-Augen-Gespräch abends um acht einen Tisch im Dachgarten-Restaurant des Grande Bretagne reserviert. Dr. Überall war froh, ihn zu treffen, um aktuelle Insider-Informationen zur griechischen Innenpolitik zu bekommen. So berichtete ihm der Prinz, es werde kolportiert, dass der Tod von Kapitänin Pamboulis Teil eines innergriechischen Polit-Thrillers sei. Sie habe im Zusammenhang mit der DYTIS-Affäre Informationen für die „Roten“ sammeln wollen, sodass die Tat als Racheakt der „Schwarzen“ anzusehen sei. Auch in griechischen Geheimdienstkreisen tobe ein parteipolitisch dominierter Kampf zwischen „Roten“ und „Schwarzen“, wobei beiden Seiten im Vorfeld der Parlamentswahl nahezu jedes Mittel recht sei.

Dr. Überall nahm dieses Gerücht interessiert, aber skeptisch zur Kenntnis.

Er berichtete dem Prinzen nun von seinen Überlegungen, die Hellenic Dockyards an ein griechisches Konsortium zu verkaufen, und schilderte die Problematik, dass eine solche Transaktion vor der Wahl lediglich vorbereitet werden könne, um sie dann je nach Wahlergebnis zu vollziehen oder eben auch nicht.

„Verstehe“, meinte Prinz Sonderburg, „und nun wollen Sie wissen, wie ich den Wahlausgang einschätze. Wenn ich das könnte, hätte ich schon einen Teil meines Vermögens auf den Sieger gesetzt. Klar ist, dass Sie mit Ihrer Unterstützung einer Renationalisierung der Hellenic Dockyards primär dem ‚roten‘ Troianides helfen. Das wird die ‚Schwarzen‘ nicht freuen, es sei denn, Sie signalisieren denen schon jetzt, dass Sie nach der Wahl bereit sind, mit ihnen zusammen auch andere Wege zu gehen. Das Risiko dieser Doppelgleisigkeit ist, dass Sie es sich mit beiden verscherzen – und dass Sie die Werft-Hellenisierung auf jeden Fall zum großen Wahlkampfthema werden lassen. Daher empfehle ich hier Diplomatie auf ganz leisen Sohlen.“

Mit dem deutschen Botschafter erörterte Dr. Überall am Morgen der Investorenpräsentation bei einem Frühstück im Dachgarten-Restaurant die von ihm eingeleiteten Schritte zum Verkauf der Hellenic-Dockyards-Anteile.

Dr. Lars Kindel äußerte wie schon Prinz Sonderburg die Befürchtung, dass sich diese Vorbereitungen als weiterer Zündstoff im griechischen Wahlkampf zwischen den beiden großen Parteien erweisen könnten, und mahnte ebenfalls zur Vorsicht. Erst als Dr. Überall bestätigte, dass man einen Abschluss nicht vor dem Wahltag erreichen wolle und dies auch den „Schwarzen“ signalisiert werden solle, legte sich die Beunruhigung des Botschafters.

Die Investorenpräsentation begann um zehn Uhr im Konferenzraum „Churchill's“ des Grande Bretagne. Hierzu wurden neben den drei Vertretern der Norddeutschen Werft der CEO der Hellenic Dockyards, Vassilios Navarra, sowie Stylianos Elephantinou und seine achtköpfige Investorengruppe der Piräus Shipyards erwartet.

Kurz zuvor begrüßten sich Dr. Überall und Elephantinou auf dem mit dickem Teppich ausgelegten Hotelflur. „Lieber Doktor“, sagte Elephantinou, „ich habe hier ganz unterschiedliche Leute zusammengebracht, das werden Sie gleich sehen. Was Sie aber wissen sollten: Der Schwager von Drakos Troianides ist Albatros Kyriakides – Sie wissen schon, der Bauunternehmer –, nur damit Sie auf den ein besonderes Auge haben."

„Danke für den Tipp", erwiderte Dr. Überall.

Sie betraten den Konferenzraum, wo die Anwesenden gerade ihre Visitenkarten austauschten.

Zu Holger Gross' Überraschung war auch Demosthenes Koulas dabei, den er bisher gar nicht mit Elephantinou in Verbindung gebracht hatte. Auf Nachfrage erklärte er, schon länger zu dessen Investorennetzwerk zu gehören. Das vorliegende Projekt interessiere ihn im Sinne der beim letzten Treffen empfohlenen Dschungeltaktik.

Zunächst stellten Dr. Überall und Stylianos Elephantinou in ihren Begrüßungsreden die Anwesenden einzeln vor. Dabei erwies sich die einzige Dame im Investorenkreis, Kristina Gondolieris, Spross einer bekannten griechischen Reederfamilie, als einziges Mitglied, das nicht zu den alten Bekannten Elephantinous gehörte.

Sodann präsentierten die Kieler in PowerPoint-Vorträgen die NDW-Gruppe, das Programm U 311 und den vorgesehenen Übernahmevertrag, während Vassilios Navarra die Geschäftszahlen der Hellenic Dockyards vorlegte. Im Anschluss ergab sich eine lebhafte Diskussion.

Den Anfang machte Elephantinou.

„Wenn wir alle auf dieser Seite des Tisches" – er deutete auf die Reihe der Interessenten – „nun Zeit und Geld investieren, um Anfang des neuen Jahres die Übernahme zu konkretisieren, dann möchten wir natürlich sicher sein, dass es damit etwas wird, egal wie im März die Parlamentswahl ausgeht. Können Sie uns versichern, dass Sie den Verkauf auch dann durchziehen, wenn im März die ‚Schwarzen' gewinnen?"

Dr. Überall war sich der Brisanz dieser Frage sofort bewusst. Entsprechend vorsichtig fiel seine Antwort aus.

„Zunächst wissen Sie so gut wie ich, dass unser Geschäft nur läuft, wenn der griechische Verteidigungsminister dazu seine Genehmigung erteilt hat."

„Das lassen Sie mal unsere Sorge sein", warf Albatros Kyriakides lachend ein, „den Drakos bekommen wir schon dazu, aber nur, wenn es nicht erst einen Tag vor der Wahl ist. Spätestens Ende Februar muss der Antrag bei ihm vorliegen."

„Wie ambitioniert das ist, hängt auch von den Beteiligten bei Piräus Shipyards ab", bemerkte Dr. Überall mit einem Blick zu den Interessenten. „Aber wir sollten uns sicherlich alle Mühe geben, das zu erreichen. Lassen Sie mich auf die Frage von Herrn Elephantinou zurückkommen. Ja, wir meinen es mit dem Verkauf ernst. Wir sollten aber auch den Wahltermin ernst nehmen. Klüger wäre es wohl, alles inklusive der Genehmigung durch Minister Troianides vor dem Wahltag vorzubereiten, die Unterzeichnung des Vertrags aber erst danach vorzunehmen. Andernfalls könnte dies die ‚schwarze' Partei herausfordern, dem Vorhaben doch noch entgegenzutreten."

„Ihre Überlegungen in Ehren", erwiderte Kristina Gondolieris, „aber wir haben hier unter uns auch Leute, wie zum Beispiel mich, die in der ‚schwarzen' Partei gut vernetzt sind. Ich denke, Sie sollten es uns Griechen überlassen, dies in der heißen Vorwahlphase politisch zu managen."

„Sicherlich", räumte Dr. Überall ein, jetzt in der Defensive. „Das können Sie hier vor Ort natürlich viel besser beurteilen als wir."

„Erlauben Sie eine Frage zur SM DYTIS", meldete sich Demosthenes Koulas. „Wenn ich es recht sehe, ist die offene Mängelproblematik für uns Erwerber ein erhebliches Risiko. Wir haben nicht die leiseste Ahnung, ob nur die DYTIS einen Mangel hat oder die gesamte Serie U 311. Wenn dies aber so wäre, hätte die Werft überhaupt keinen Wert. Im Gegenteil: Sie wäre auf Jahre ein Verlustbringer. Unter Umständen würde die EU sogar die gewährten Beihilfen zur Modernisierung der U-Boot-Fertigung bei Hellenic Dockyards zurückfordern. Was sagen Sie zu diesem Risiko und wie wollen Sie uns Erwerber dagegen absichern?"

„Gut, dass Sie diesen Punkt so offen ansprechen", sagte Dr. Überall, „aber Sie adressieren auch sogleich das Problem: Sie wären als Eigentümer der Hellenic Dockyards unter anderem abhängig von der Performance der Serie U 311. Wir hätten umgekehrt keinen Einfluss mehr auf das Management der Hellenic Dockyards und könnten dort mögliche Verluste nicht mehr mindern. Für mich heißt das, dass eine komplette Absicherung der Hellenic Dockyards durch die Norddeutsche Werft keinesfalls in Betracht kommt. Allenfalls könnte ich mir einen begrenzten Beitrag zu einem solchen Szenario vorstellen. Der Rest müsste durch eine Bürgschaft der griechischen Regierung abgedeckt werden. Dies würde auch einen Anreiz dafür schaffen, dass der griechische Kunde seinen Teil dazu beiträgt, das Programm U 311 zu einem Erfolg zu machen."

„Oder auch genau nicht", warf Elephantinou ein.

Dr. Hemmerle, immer sofort in rechtlichen Regelungsfiguren zu denken fähig, sprang in die Bresche.

„Wenn Sie mir erlauben, einen konstruktiven Lösungsansatz in die Debatte einzuführen. Wir sollten zusammen mit der Genehmigung der Anteilsübertragung durch den Minister auch die Abnahme der SM DYTIS sofort mit erledigen. Ich denke, dass mit der Belastung eines vermeintlichen Designfehlers im Programm U 311 die Transaktion nicht gelingen kann. Dieser Punkt muss vor der Unterzeichnung des Vertrags durch die Kundenseite ausgeräumt sein."

Dr. Überall erkannte sofort den Charme dieses Gedankens.

„Ich teile diese Auffassung voll und ganz", rief er. „Nach unserer festen Überzeugung liegt auch kein Mangel vor. Hierzu holen wir gerade ein Gutachten der Technischen Universität Hamburg-Harburg ein. Ich folge dem Kollegen Hemmerle in seiner Einschätzung, dass man hier eine klare Grundlage einziehen muss. Wenn danach etwas schiefgeht, müssen wir alle dafür dem

Kunden gegenüber einstehen. Soweit es die Leistungen der Norddeutschen Werft betrifft, muss sie dafür einstehen. Damit sollten auch Sie vom Risiko her leben können. Außerdem ist es ohne den Hintergrund eines angeblichen Mangels einfacher, eine Garantie des griechischen Staates zu erhalten."

Schließlich gelang es Dr. Überall und Stylianos Elephantinou, eine gemeinsame Marschroute für das weitere Vorgehen festzulegen.

Sie umfasste die noch vor Weihnachten zu leistende Überarbeitung der „Heads of Agreement" durch Dr. Hemmerle auf Grundlage des heutigen Gesprächs, ihre Kommentierung durch die Piräus Shipyards bis zum 15. Januar und ihre Verhandlung in der letzten Januarwoche.

Parallel sollten im Januar die Verhandlungen über den Kaufpreis zwischen Dr. Überall und Stylianos Elephantinou laufen.

Bis zum 1. Februar sollte auch der Datenraum für die Due-Diligence-Prüfung der Hellenic-Dockyards-Geschäftsunterlagen bereitgestellt werden. Die Prüfung der im Datenraum zusammengestellten Geschäftsunterlagen und die parallele Verhandlung des endgültigen Anteilskaufvertrags durch ein Rechtsteam sollten dann in den ersten beiden Februarwochen erfolgen. Für die Schlussverhandlung aller offenen Punkte war die dritte Februarwoche vorgesehen.

Es bestand Einigkeit, dass bei strikter Einhaltung dieses Fahrplans der griechische Verteidigungsminister vorbereitet sein sollte, seine Genehmigung zu der Anteilsübertragung, aber auch zur Abnahme der SM DYTIS bis Ende Februar zu erteilen. Holger Gross sollte bis Ende Januar alle hierzu notwendigen Dokumente samt Gutachten der TU Hamburg-Harburg in englischer Übersetzung vorlegen.

Nach dreistündiger Besprechung gingen die Teilnehmer auseinander.

Alle waren sich darüber im Klaren, dass in den nächsten zwei Monaten eine Phase extrem harter Arbeit vor ihnen liegen würde.

XIII.
Unerwartete Weihnachtspost

Zwischen den Weihnachtsfeiertagen und Silvester ging Heino Überall in der Regel mindestens an einem Tag ins Büro, um dort in Ruhe aufzuräumen und zu schauen, ob über die Feiertage Post eingegangen war. In diesem Jahr tat er dies am 28. Dezember.

Er hatte das Gefühl, außer dem Pförtner der einzige Mensch im ganzen Verwaltungsgebäude zu sein. Die Flure der obersten Etage waren wie ausgestorben und die hereinscheinende Wintersonne ließ bereits eine dünne Staubschicht auf dem Besprechungstisch in seinem Büro sichtbar werden.

Der Pförtner hatte ihm, als er das Gebäude betrat, eine Box mit Post mitgegeben, in der sich überwiegend verspätete Weihnachtsgrüße befanden.

Ein Brief jedoch fiel ihm sofort ins Auge, weil er einen türkischen Absender erkennen ließ, sichtbar an dem weißen Halbmond auf rotem Grund auf dem äußeren Umschlag. Bei näherem Hinsehen stellte er fest, dass es sich um ein Schreiben des türkischen Verteidigungsministeriums handelte.

Er schob sofort alles andere beiseite und griff zum Brieföffner.

Zwar hatte die Norddeutsche Werft vor vielen Jahren auch U-Boote und Fregatten an die türkische Marine geliefert, aber aktuell gab es keine Geschäftsverbindung. Umso gespannter las er nun den Brief, dessen Absender niemand anderes als der türkische Verteidigungsminister persönlich war:

Sehr geehrter Herr Vorstandsvorsitzender,
als Minister für Nationale Verteidigung der Türkischen Republik bin ich daran interessiert, die Türkische Marine mit dem besten verfügbaren Gerät auszustatten. Aus diesem Grund fordere ich Sie auf, meinem Ministerium schnellstmöglich ein Angebot über insgesamt sechs U-Boote vom Typ U 311 zu unterbreiten. Sofern die Hellenische Republik die für die Griechische Marine vorgesehenen Boote

nicht abnehmen sollte, sind wir bereit, mit Ihnen auch über einen Einstieg in das laufende Bauprogramm zu verhandeln, das Sie derzeit für die Griechische Marine unter Vertrag haben. Ihrer baldigen Antwort sehe ich entgegen.
Mit dem Ausdruck vorzüglicher Hochachtung
Alper Simtürk, Minister für Nationale Verteidigung

Heute leger in Tweedjacke und Pullover, lehnte Heino Überall sich in seinem Schreibtischsessel zurück und drehte sich langsam in Richtung Förde. Er blickte auf die vor dem Shiplift aufgebockte SM DYTIS, an der zwischen den Feiertagen niemand arbeitete, und sah nun eine ganz neue Facette des Dramas rund um dieses Boot vor seinem geistigen Auge: den Konflikt zwischen den in der Ägäis sich belauernden Nato-Partnern Türkei und Griechenland.

Dieses Thema hatte er bisher weder als Auslöser für die DYTIS-Verzögerung noch als Möglichkeit zur Beilegung der Kontroverse mit den Griechen gesehen. Nun aber eröffneten sich für ihn völlig neue Spekulationen und Fragen. In großer Geschwindigkeit gingen ihm immer neue Aspekte durch den Kopf.

Natürlich, wenn Griechenland neueste U-Boote von der Norddeutschen Werft bekam, dann musste auch die Türkei solche Boote haben, und zwar nicht nach, sondern möglichst vor den Griechen.

Wenn Griechenland dabei war, das erste Boot der Klasse 311 abzunehmen, wäre es durchaus plausibel, dass die Türkei ein Interesse hätte, dies zu verhindern.

Und wenn es nun schon im griechischen Bauprogramm, vor allem bei der DYTIS, ordentlich hakte, dann war es logisch, dass der türkische Minister die Chance wahrnahm und sein Interesse an einem Einstieg in das notleidend gewordene Programm übermittelte.

Heino Überall schwang sich mit einem Ruck aus seinem Schreibtischsessel und lief in seinem Büro herum. Er fuhr sich immer wieder durchs Haar und überlegte angestrengt.

Du musst das vom Ende her betrachten. These ist, dass die Türken allein schon aus Nationalstolz alles tun wollen, um zu verhindern, dass die Griechische Marine vor ihnen mit diesen modernen, nicht detektierbaren Booten in der Ägäis herumtaucht.

Angenommen, diese These traf zu: Was müssten oder könnten die Türken dagegen tun?

Richtig: Sie mussten die Abnahme der SM DYTIS verhindern und das gesamte Programm zum Stillstand bringen.

Nun kam ihm erneut der immer noch nicht aufgeklärte Tod von Andrea Pamboulis in den Sinn. Es lief ihm ein kalter Schauer den Rücken hinunter, weil er nun zu verstehen glaubte, warum hierbei auch Menschen in Lebensgefahr geraten oder sogar umgebracht werden konnten. Er sah sich plötzlich auch selbst als einen Akteur in einem für ihn undurchsichtigen Geflecht gegensätzlicher Nationalinteressen.

Er riss eines der Fenster zur Förde hin auf, um frische Luft zu atmen und einen Moment Ruhe zu finden.

Die in der Werft aufgebockte SM DYTIS kam ihm auf einmal wie ein umkämpfter Schatz vor, dessen sich finstere Elemente zu bemächtigen suchten. Und er, Heino Laurenz Überall, war der Beschützer dieses Schatzes, ohne aber genau zu wissen, welcher Seite er mit seinen Aktionen in die Hände spielen würde.

War die Einleitung des Verkaufs der Hellenic Dockyards an Elephantinous Piräus-Gruppe nur der erste Schritt in eine ihm gestellte Falle? Oder war es gerade die Rettung des Schatzes für diejenigen, die schon achtzig Prozent seines Wertes bezahlt hatten? Konnte auch er selbst sich mit einem falschen Schritt in akute Gefahr bringen? Andrea Pamboulis war ja nicht irgendwo in Athen, sondern genau hier in Kiel getötet worden!

Heino Überall schloss das Fenster.

Ihm war plötzlich unheimlich, so allein in diesem großen Verwaltungsgebäude. Unwillkürlich sah er schon jemanden aus dem Vorzimmer um die Ecke kommen, der ihn zur Rede stellen und bedrohen würde.

Er schüttelte sich, verließ umgehend sein Büro und fuhr nach Hause.

„Du spinnst", war der erste Kommentar von Annegret Überall, nachdem ihr Mann ihr von der neuesten Wendung und seinen Gedanken dazu erzählt hatte.

„Sie nennen dich doch auf der Werft ‚Helü'. Erzähl' diesen Quatsch außer mir bloß niemandem, sonst kannst du bald deinem Namen Ehre machen als Geschichtenerzähler ‚He Lücht', wie in Hamburg auf der Barkasse."

Sie saßen mit einem Glas Wein vor dem Fenster zum Garten auf zwei bequemen Sesseln und hatten die Beine hochgelegt.

Heino Überall gab nicht auf.

„In der Griechischen Marine muss doch jeder vernünftige Admiral daran interessiert sein, die DYTIS möglichst schnell in den Betrieb zu bringen. Genau das gegenteilige Interesse muss die türkische Regierung haben. Das wird ja durch den Brief, den ich mitgebracht habe, sogar schwarz auf weiß belegt. Richtig?"

„So einfach wie überzeugend", meinte Annegret.

„Wenn dies so ist, dann wäre es deutlich plausibler, dass die Türken etwas gegen die Inbetriebnahme der DYTIS unternehmen, als dass die Griechen so etwas tun. Ebenfalls richtig?"

„Hier bin ich noch dabei."

„Schritt Nummer drei: Nehmen wir an, die Türken wären die eigentlichen Urheber der Mängelgeschichte, dann würde dies ein solides protürkisches Netzwerk innerhalb der Griechischen Marine oder sogar des Verteidigungsministeriums voraussetzen. Ob es so ein Netzwerk gibt oder überhaupt geben kann, ist allerdings rein spekulativ."

„Das kannst du wohl laut sagen."

„Aber nun kommt als Schritt Nummer vier der Tod von Kapitänin Pamboulis in den Blick. Gesichert scheint, dass sie für den griechischen Militärgeheimdienst tätig war. War sie in Wahrheit gar nicht uns auf den Fersen, sondern dem Netzwerk, das im Interesse der Türken die Indienststellung der DYTIS vereiteln sollte? Musste sie deshalb sterben? Unter Beihilfe von Kyriakos Skopostolos? Oder war er ihr Helfer und wurde dabei von dem Unbekannten verletzt, der sie tötete? Warum redet er dann nicht?“

Annegret Überall kam nun selbst ins Grübeln. Jedenfalls musste sie einräumen, dass Überlegungen ihres Mannes nicht so abwegig waren, wie sie am Anfang gedacht hatte.

„Also müssen wir jetzt dein Spiel weiter fortsetzen“, nahm sie den Ball auf, „und sehen, wie wir die anderen Spieler im Spielfeld zuordnen können. Dummerweise ist es nicht wie beim Schach, dass man direkt sieht, ob einer zu den Schwarzen oder Weißen gehört. Hier müssen wir es selber herausfinden.“

„Lass uns starten mit unserem guten Evangelos Nautarakis“, sagte Heino, froh, nun nicht mehr als „He Lücht“ abgestempelt zu werden. „Nautarakis war ja der Erfinder des DYTIS-Mangels. Somit ist auch er Teil des Netzwerks.“

„Nicht unbedingt. Es kann doch sein, dass er auch nur benutzt wird“, gab Annegret zu bedenken.

„Bei dem Thema Mängel der DYTIS war er immer sehr einsilbig, so als wollte er sich absichtlich auf einer vorgegebenen Linie halten. Kann schon sein, dass er persönlich gar nicht von dem Designmangel überzeugt ist.“

„Okay, also versehen wir ihn mit einem Fragezeichen.“

Heino Überall holte ein Blatt Papier, um die Namen aufzuschreiben und mit Kommentaren zu versehen.

„Weiter geht’s mit Minister Troianides“, sagte er. „Könnte er sogar der Kopf des Netzwerks sein? In diesem Fall wären natürlich die Geschichten, die man uns in Athen über den Wahlkampf ‚rot‘ gegen ‚schwarz‘ und die Rehellenisierungsabsicht von Troianides erzählt hat, nur Fassade und Ablenkung gewesen.“

„Was aber nicht gegen die Netzwerktheorie spricht“, sagte Annegret.

„Interessant ist nur, dass in Athen niemand auch nur andeutungsweise diese Türken-Theorie draufhatte“, meinte ihr Mann nachdenklich. „Bei so viel Spaß an Theorien und Gerüchten ist das eigentlich erstaunlich. Sei's drum: Nehmen wir mal an, Troianides wäre wirklich der Kopf des Netzwerks, dem einige in der Marine zuarbeiten. Dann müsste er doch einen Kreis von Vertrauten haben, die das für ihn umsetzen, obwohl sie als Marineoffiziere eigentlich eine andere Zielsetzung haben müssten, etwa Lapis und Papadopoulos. Undenkbar erscheint das nicht.“

„Sogar recht plausibel“, sagte Annegret. „Wenn es um reine Parteipolitik ginge, könnte eine solche Seilschaft wohl kaum so klar gegen die Marine-Interessen arbeiten. Zumindest gäbe es bei den ‚Roten‘ eine innerparteiliche Diskussion.“

„Und auf welcher Seite sehen wir unseren Spezialfreund Stylianos Elephantinou, der bei unserem letzten Treffen zusammen mit einer bulgarischen Schönheit namens ‚Anastacia‘ im Grande Bretagne auftauchte?“

„Da fragst du noch?“ Annegret Überall sah ihren Mann erstaunt an. „Bulgarien hat eine Grenze zur Türkei und, soweit ich weiß, auch einen türkisch-muslimischen Bevölkerungsteil. Da muss man ja nur noch eins und eins zusammenzählen. Die Dame war sicher die Aufpasserin des türkischen Geheimdiensts, die überwachen sollte, ob Elephantinou auch tut, was Troianides als Kopf des Netzwerks will.“

Heino Überall war beeindruckt, zu welchen spekulativen Verknüpfungen seine Frau plötzlich bereit war.

„Das bedeutet“, machte sie weiter, „dass der von Elephantinou so bereitwillig eingeleitete Kauf der Hellenic Dockyards ein Strohmanngeschäft für die Türken sein dürfte. Vielleicht steckt das ohnehin hinter der angeblichen Rehellenisierungsabsicht, nämlich die Werft einfach an einen türkischen Hintermann weiterzureichen.“

Heino Überall gingen diese Ideen nun eindeutig zu weit. Die Türken waren zwar in der ersten Hälfte des 19. Jahrhunderts aus

Athen abgezogen, aber wegen ihrer besonderen gemeinsamen Historie belauerten sich beide Länder in der Ägäis immer noch. Genau deswegen wäre es auch kaum vorstellbar, dass in Athen jemand von Hellenisierung sprach und eigentlich eine Türkisierung wollte. Wenn das herauskäme, würde eine stattliche Anzahl von Köpfen rollen.

Und was sollte er nun dem türkischen Verteidigungsminister schreiben? Den Brief musste er ja bald beantworten.

„Das ist doch ganz einfach“, meinte Annegret, „du gibst ihm zu verstehen, dass sich die Norddeutsche Werft über die Anfrage freut und du die Arbeit an dem Angebot sofort in Auftrag geben wirst. Zum Einstieg in den Griechen-Vertrag musst du erstmal nichts sagen, denn dem würde Athen ohnehin nicht zustimmen.“

„Wohl wahr.“

Heino Überall entwarf seine knappe Antwort, die er gleich zu Beginn des neuen Jahres an Minister Simtürk senden wollte:

S.g. Herr Minister, vielen Dank für Ihr Interesse an unserem U-Boot Typ 311. Wir werden umgehend ein Angebot für die Türkische Marine ausarbeiten und Ihnen dies innerhalb der nächsten sechs Wochen zustellen. Über eine nachfolgende Beauftragung würden wir uns auch vor dem Hintergrund der schon lange währenden Geschäftsbeziehungen zwischen der Türkischen Republik und der Norddeutschen Werft sehr freuen, …

Er beschloss, den Rat seiner Frau zu befolgen und auf das Thema eines möglichen Einstiegs in den laufenden Griechen-Auftrag gar nicht erst einzugehen. Die Gefahr diplomatischer Fettnäpfchen war einfach zu groß.

XIV.
Commander Nautarakis wieder im Ministerium

Das deutsche Weihnachtsfest hatte Familie Nautarakis bei der Verwandtschaft in Düsseldorf verbracht, das orthodoxe Anfang Januar in Griechenland. Während Anke und die Kinder dann nach Kiel zurückflogen, blieb Evangelos Nautarakis noch in Kap Sounion bei Tante Fanni und Onkel Ioannis, denn er war für den ersten Arbeitstag nach den Weihnachtsferien wieder zu Theodoros Lapis, dem Kommandeur der griechischen U-Boot-Flottille, nach Athen ins Verteidigungsministerium einbestellt worden.

Eigentlich hatte er sich abgewöhnen wollen, vor diesen Treffen darüber nachzudenken, was auf ihn zukommen würde. Zu oft schon hatte er sich getäuscht oder besser gesagt enttäuscht gesehen. Doch so richtig gelang ihm dieses Abschalten nicht, als er am Vorabend des Gesprächs auf das Meer bei Kap Sounion sah.

Dieses Mal würde es wohl um sein Bauüberwachungsteam gehen, um den Ersatz für Andrea Pamboulis, aber auch um Kapitänleutnant Kyriakos Skopostolos. Dessen Rolle war ihm seit den dramatischen Ereignissen in Kiel zunehmend mysteriös erschienen. Dass er irgendeine Nähe zu Andrea gehabt hätte, wie es die von den Ermittlern gefundenen Spuren nahelegten, war ihm zumindest nie aufgefallen. Daher fehlte ihm auch jede Vorstellung darüber, warum Kyriakos an dem fraglichen Abend in Andreas Wohnung war, nachdem Holger Gross diese verlassen hatte. Das hatte er auch Kommissar Fassmann gesagt, als der ihn zu Kyriakos Skopostolos befragte.

Angestrengt versuchte er seine Gedanken zu strukturieren. Er kam dabei immer wieder zurück zum Ausgangspunkt: Was bloß hatte Andrea Pamboulis zu ihrem Treffen mit Holger Gross angetrieben? Sicher hing es mit ihrer Tätigkeit für den Militärgeheimdienst zusammen. Darüber hatte sie mit ihm nie gesprochen. Aber was sollte dabei ihre Absicht und Agenda gewesen sein? Stand Andrea Pamboulis' Motivation vielleicht in einer

Beziehung zum Verhalten von Commodore Lapis, der seinerseits im Auftrag von Minister Troianides zu handeln behauptete? In der Erinnerung ging Evangelos Nautarakis nochmals die Begegnungen mit Lapis in dessen Büro durch – mit seinen penetranten Hinweisen auf Befehl und Gehorsam beim Finden von Mängeln der DYTIS. Lag hier der Schlüssel zur Erklärung des nachfolgenden Dramas? Konnte es sein, dass auch Andrea Teil von Commodore Lapis' Netzwerk gewesen war und Kyriakos ihr Helfer, Beschützer – oder etwa doch Gegner?

Und warum hatte eigentlich niemand versucht, ihn selbst, Kapitän Evangelos Nautarakis, tiefer in die Machenschaften hineinzuziehen, dic dort womöglich um ihn herum vorgegangen waren? Er vermutete, dass man ihn immer als zu deutsch angesehen und die Befürchtung gehabt hatte, er könnte der deutschen Seite zu viel verraten. Darum wohl hatte Lapis ihn mit dem simplen „Befehl und Gehorsam“ auf Linie gebracht.

Da hatte man aber seine Loyalität als Offizier der Griechischen Marine unterschätzt. Immerhin war er es ja gewesen, der ganz allein, wie von Lapis aufgegeben, einen Mangel der DYTIS gefunden hatte. Auch wenn es kein „Blattschuss“ gewesen war, hatte er letztlich doch erfolgreich den Vorwand für die Einstellung der Zahlungen geliefert.

Evangelos Nautarakis sah sich in diesem Moment als derjenige, der für das griechische Verteidigungsministerium die Weichen so gestellt hatte, wie Commodore Lapis und wohl auch Marinechef Papadopoulos und Verteidigungsminister Troianides selbst es gewollt hatten. Im Stillen hoffte er, dass ihm nun die erwartete Beförderung zum Kapitän zur See angekündigt würde.

Dieses Mal saß er mit einer gewissen Zuversicht im Taxi seines Freundes Dimitrios Malenos.

Der Verkehr von Kap Sounion in die Stadt war alles in allem gnädig, sodass Evangelos Nautarakis wieder eine halbe Stunde vor seinem Termin im Ministerium war. Er klopfte bei seinem Kameraden Christos Papanikolis an, dem Adjutanten von Marinechef Papadopoulos.

„Frohe Weihnachten gehabt zu haben“, wünschte ihm Papanikolis, „schön dich gleich nach dem Fest hier zu sehen! Darf ich raten? Du musst wieder zu Lapis?“

„Na klar“, gab Nautarakis zurück, „immer, wenn ich hier bin, muss ich mindestens auch zu ihm.“

„Mein Chef will jetzt plötzlich die Hellenic Dockyards besuchen“, sagte Papanikolis. „Er hat aber gleich dazugesagt, dass er keine Oberen aus Deutschland sehen will. Es reicht ihm, wenn er sich einen Eindruck verschaffen und den CEO Navarra treffen kann. Papadopoulos ist seit kurz vor Weihnachten ganz stark daran interessiert, was da mit seinen U-Booten in Piräus läuft. Das kannte ich vorher gar nicht von ihm.“

„Interessant“, meinte Nautarakis etwas ratlos, „aber schaden kann das nichts, denn schließlich muss es ihn ja interessieren, wann er die Brummer unter seine Regie bekommt.“

Nachdem er sich von Christos Papanikolis verabschiedet hatte, ging er zum Vorzimmer von Commodore Lapis, wo er von dessen beiden Sekretärinnen enthusiastisch begrüßt und nach seinen Weihnachtserlebnissen ausgefragt wurde. Als er auf seine Uhr sah und feststellte, dass es schon zehn Minuten nach neun war, warf er der älteren Sekretärin einen fragenden Blick zu.

„Commodore Lapis ist noch beim Minister, wohl zusammen mit Admiral Papadopoulos“, sagte sie

„Wird er befördert?“, fragte Nautarakis.

„Das wohl nicht“, antwortete sie, „aber die drei sind so ein verschworener Trupp, die hängen ständig zusammen.“

„Eben alle von den ‚Roten‘“, warf ihre jüngere Kollegin von ihrem Platz aus ein, „so wie eure Andrea Pamboulis, die es ja wohl etwas wild in Kiel getrieben hat.“

Evangelos Nautarakis versuchte, diese Bemerkung zu übergehen, indem er sich darauf zurückzog, dass ihn das nichts angehe und auch nie interessiert habe „War aber hier Flurgespräch", meinte die jüngere Sekretärin. „Man hat durch einen Heimkehrer aus Kiel allerhand gehört."

„Verstehe", log Nautarakis, der in diesem Moment seinen Vorgesetzten den Flur entlangkommen hörte und unwillkürlich Haltung annahm.

Commodore Lapis betrat das Vorzimmer, begrüßte Evangelos Nautarakis und bat ihn in sein Zimmer. Nachdem er sein Uniformjackett an den Schrank gehängt hatte, setzte er sich auf seinen angestammten Sessel und wies seinem Untergebenen den Sofaplatz zu.

„Nun, Evangelos, ihr hattet stürmische Zeiten in Kiel. Konntest du nicht besser auf deine Vertreterin aufpassen? Du wusstest doch sicher von dem Kontakt zwischen ihr und dem deutschen Projektleiter, diesem Holger Gross?"

„Ja, aber natürlich nichts Näheres."

„Da hättest du dich doch mal reinhängen können. So hat er ein Alibi, hat alle Spuren verwischt und unsere arme Andrea hat dran glauben müssen. Und der gute Kyriakos, der besser seine Finger aus dem Spiel gelassen hätte, hat ihr auch nicht helfen können. Deshalb hat unser Minister gesagt: Sie ist im Kampf gefallen, einem Kampf, den wir noch lange nicht zu Ende gekämpft haben. Du bekommst jetzt zwei neue Mitstreiter, Lieutenant Commander Spiros Troianides – übrigens ein jüngerer Bruder unseres Ministers – und einen Lieutenant, der Kyriakos Skopostolos ersetzen soll. Den Namen habe ich noch nicht. Spiros Troianides soll dir helfen, die DYTIS-Kiste, die ja dein taktisches Vermögen ein wenig übersteigt, bis zur Wahl auf dem Kurs zu halten, den der Minister vorgibt."

„Und welchen Kurs gibt er nun vor?", fragte Nautarakis.

„Genau das will ich dir heute erklären, aber pass gut auf, weil da viel Politik bei ist", sagte Commodore Lapis. „Ich fange damit an, was die Deutschen wollen. Die wollen die DYTIS abgenommen und bezahlt kriegen. Ansonsten drohen sie mit Vertragskündigung, womit sie sicher auch die ‚Schwarzen' auf ihre Seite bringen wollen. Unser Minister will die Hellenic Dockyards in irgendeiner Form hellenisieren, weil ihm dieser deutsche Eigentümer gegen den Strich geht. Die Norddeutsche Werft meint wohl, sie könne unsere Arbeiter in Piräus so behandeln, wie sie mit ihren Leuten in Kiel umgeht. Das lassen sich aber unsere Arbeiter so nicht bieten. Bei Hellenic Dockyards ist der Betriebsratsvorsitzende der heimliche CEO und alle Arbeiter jubeln ihm zu. Wenn Drakos da mit einer attraktiven Hellenisierung um die Ecke kommt, hat er diese Leute alle als Wähler im Sack. Außerdem wird das eine so prominente Kampagne auch in den Medien geben, dass er damit viele seiner potenziellen Anhänger mobilisieren kann. Dieser Plan funktioniert aber nur, wenn er die Deutschen weiterhin ordentlich unter Druck bringt. Dazu muss jetzt im neuen Jahr alles aufgeboten werden, was geht."

Er fixierte Evangelos Nautarakis mit kühlem Blick und fuhr fort:

„Dieses lächerliche Rollen der DYTIS war ja nur ein Anfang. Du musst alle Gutachten in Bausch und Bogen verwerfen. Lass dich von den Deutschen für nichts vereinnahmen. Das Thema Pamboulis muss weiter ausgeschlachtet werden und überhaupt alles, was du findest und was sich dafür eignet. Erinnere mal die Lokalpresse an ihren Rechercheauftrag: War da alles sauber mit dem Alibi von diesem Gross? Ist je die komplette Werft-Belegschaft DNA-überprüft worden? Wurde den deutschen Verfassungsschützern mal auf die Finger gesehen? Würde doch keinen wundern, wenn die unsere Andrea auf dem Gewissen hätten. Immer schön Druck aufbauen und Nebelkerzen werfen. Spiros ist ein zwar noch junger, aber politisch ausgebuffter Junge. Wenn Drakos die Wahl gewinnt, sorgt er dafür, dass ich sofort stellvertretender Marinechef werde und er selbst auch befördert wird. Dafür muss er sich jetzt erst noch U-Boot-Stallgeruch verdienen, aber auch zusehen, dass ihr in Kiel die richtigen Kampagnen gegen die Deutschen fahrt. Die Zeit ist jetzt wirklich knapp. Und denk dran, dass dich Drakos ganz genau beobachtet. Wenn du dich blöd anstellst, kannst du nach der Wahl deine Uniform ausziehen und sehen, wo du dein Geld verdienst. Haben wir uns verstanden, mein Lieber?"

„Jawohl, Herr Commodore", sagte Evangelos Nautarakis und erhob sich.

„Übrigens", rief Lapis ihm hinterher, als er schon halb aus der Tür war, „denk immer dran: Wenn die ‚Schwarzen' gewinnen, sind wir beide weg vom Fenster, ich sowieso und du auch, weil du ja für uns die Arbeit in Kiel gemacht hast! Also wähl gefälligst richtig!"

Evangelos Nautarakis war wieder übel.

Im Vorzimmer bei den Sekretärinnen stand ein Mann, der ihm vage bekannt vorkam. Er konnte sich nicht auf den Namen besinnen, aber irgendwie kannte er ihn aus Kiel. Richtig, war das nicht der Besitzer von diesem Restaurant „Hellas", das sich nicht lange gehalten hatte? Was hatte der denn hier zu suchen?

Sie nickten einander kurz zu.

Jetzt bloß raus aus dem Ministerium und ab zum Flughafen. Glücklicherweise stand sein Freund mit dem Aromataxi schon bereit. „Na, du bist ja kreideweiß", stellte Dimitrios Malenos fest, „war wohl doch nicht ein so einfaches Gespräch, wie du heute Morgen gedacht hattest?"

„Nee, kam wieder knüppeldick. Dieser Mann ist wirklich zum Kotzen", stellte Evangelos fest.

„Aber dann hättest du doch heute Morgen mehr essen sollen", sagte Dimitrios lachend.

„Hör bloß auf", sagte Evangelos und schluckte. Ihm war immer noch übel. Langsam ging ihm auch dieser Lavendelgeruch auf die Nerven.

Bis zum Athener Flughafen hatte sich Evangelos Nautarakis' Inneres wieder einigermaßen beruhigt. Auf dem Rückflug dachte er wie schon gewohnt über das Erlebte nach. Er setzte die heute aufgenommenen Gesprächsinhalte wie Mosaiksteine zusammen, um daraus ein Gesamtbild zu gewinnen.

Die Andeutungen im Vorzimmer, die Entsendung des Ministerbruders – er ordnete ihn als „Polit-Aufpasser“ ein. Was hatte es mit dem Treffen von Lapis, Papadopoulos und Troianides auf sich? Wie stand es mit der Hellenisierung der Werft als Kern der von Troianides inszenierten politischen Kampagne?

Wirklich mitgenommen hatte er den Auftrag, „die Deutschen“ dazu zu bringen, dass sie die Hellenisierung noch als Glück empfanden. Man könnte auch von einer Enteignung durch die kalte Küche sprechen, dachte er, als er sich wieder ein Fläschchen Rotwein bestellte.

Auch dieses Mal reiste er in seiner Uniform. Doch heute rief sie bei ihm kein vaterländisch-griechisches Pflicht- und Gehorsamsgefühl hervor. Im Gegenteil: Irgendwie schämte er sich. Er sah auf seine Ärmel und musste sich eingestehen, dass es mit dem breiteren Kapitänsstreifen wohl absehbar nichts werden würde.

In ihm stieg eine Neigung auf, sich all der Vorgaben und der Überwachung durch den Ministerbruder zu entziehen, indem er einfach den Dienst in der Marine quittierte. Aber wie?

Er überlegte: Ich habe Familie und trage Verantwortung. Ich bin Schiffbauer und verstehe etwas von U-Booten. Aber heißt das, dass die Norddeutsche Werft so einen Exoten wie mich einstellen und auch gut bezahlen würde?

Er bestellte eine zweite Miniflasche Rotwein.

Evangelos Nautarakis kam erst abends spät nach Kiel zurück, da der Anschluss von München nach Hamburg eine Stunde Verspätung gehabt hatte.

„Gut, dass du da bist“, begrüßte ihn Anke, „es war ganz schön blöd für uns, gestern allein aus Athen zurückzufliegen. Wir waren alle drei in schlechter Stimmung.“ „Da kann ich mithalten“, sagte Evangelos bitterer, als er eigentlich wollte, „für mich war es ein Scheißtag." „Na, zum Glück hab' ich schon den kretischen Weißwein aufgemacht. Was ist denn so schlecht gelaufen?"

Sie machten es sich auf dem Sofa gemütlich.

Nachdem er Anke das Gespräch mit Lapis und seine Gedanken während des Rückflugs geschildert hatte, versuchte sie ihn etwas aufzumuntern. Ihr fiel ein, was sie ihm eigentlich gleich zur Begrüßung hatte erzählen wollen.

„Dr. Überall hat dir eine ausführliche Weihnachtskarte mit Grüßen an die ganze Familie geschrieben. Das fand ich eine sehr nette Geste. Du solltest dich bei ihm bedanken. Irgendwie hat er ein Faible für dich, das solltest du nicht vergessen."

„Vielleicht ein Wink des Schicksals", sagte Evangelos.

„Denk immer dran: An allererster Stelle hast du uns und wir halten zu dir! Wenn du meinst, dass du von der Marine genug hast, müssen wir darüber nachdenken, was es für Alternativen gibt. Kann ja sein, dass die Karte von Dr. Überall ein Zeichen zur genau richtigen Zeit ist."

Gleich am nächsten Morgen rief Evangelos Nautarakis bei Sandra Nordmann an und bat um ein Gespräch bei Dr. Überall. Es fand bereits am folgenden Nachmittag statt.

Er erschien dazu nicht in Uniform, auch nicht in seinem üblichen Werft-Arbeitsdress, sondern in einem hellgrauen Zivilanzug mit blau-rot gestreifter NDW-Krawatte.

„Hallo, Commander Nautarakis", begrüßte ihn Dr. Überall, „heute im ungewohnten Outfit! Nicht in Uniform?"

„Ja", sagte Evangelos Nautarakis, „denn ich komme quasi in eigener Sache und nicht in erster Linie als Vertreter der Griechischen Marine." „Setzen Sie sich erst einmal, lassen Sie sich von Frau Nordmann einen schönen Kaffee machen und dann erzählen Sie, was los ist", sagte Dr. Überall, der merkte, dass es um etwas Besonderes ging. „Die Entscheidung, in eigener Sache zu Ihnen zu kommen, habe ich mir nicht leicht gemacht", begann

Evangelos Nautarakis seine vorher überlegte Einleitung. „Es kam dazu einiges zusammen, zuletzt mein Gespräch im Athener Ministerium. Daher muss ich Sie auch ersuchen, den Inhalt unserer Unterhaltung unbedingt vertraulich zu behandeln."

„Was ich Ihnen natürlich zusage", erwiderte Dr. Überall.

„Es ist so: Bei aller Loyalität, die ich als Offizier gegenüber meiner Marine und meinem Land empfinde, stehe ich unter einem derartigen Druck, dass ich nicht weiß, wie lange ich ihn noch aushalte. Die Ermordung meiner Kollegin Andrea Pamboulis, aber auch ihre Ersetzung durch den jüngeren Bruder unseres Ministers, die mir gestern mitgeteilt wurde, tragen zu diesem Druck erheblich bei. Daher habe ich zusammen mit meiner Frau überlegt, Sie zu fragen, ob Sie sich vorstellen könnten, mir eine Position als U-Boot-Fachmann bei der Norddeutschen Werft anzubieten." An der umständlichen Formulierung merkte Dr. Überall, wie schwer Evangelos Nautarakis diese Frage fiel. Er antwortete, indem er ihn lobte:

„Auch wenn Sie die Funktion des Bauüberwachers für unseren Kunden ausüben und wir daher nicht immer automatisch derselben Meinung sind, schätzen meine Kollegen und ich Sie als guten Schiffbauingenieur, als kenntnisreichen U-Boot-Mann und als fairen Gesprächspartner. Nur Ihr Verhalten bei der Testfahrt der SM DYTIS im letzten Oktober hat uns alle irritiert, das muss ich Ihnen ganz offen sagen, denn wir sind eigentlich davon ausgegangen, dass Sie als U-Boot-Spezialist das Rollverhalten des Bootes an der Wasseroberfläche genauso einordnen würden wie wir. Dadurch aber, dass Sie dieses Thema anschließend innerhalb der Griechischen Marine derart prominent ausgeflaggt haben, sind wir in die Probleme geraten, die uns jetzt im griechischen Wahlkampf weiter zu schaffen machen werden."

„Ich verstehe die Irritation, aber ich hoffe auf Ihr Verständnis, dass ich hier die Rolle des kritischen Kundenvertreters zu spielen hatte. Vor der Testfahrt bin ich von Commodore Lapis in sehr eindeutiger Form genau dazu aufgefordert worden, wohl auch, weil man im Ministerium die Befürchtung hatte, dass ich als Deutsch-Grieche innerlich mehr auf Seiten der Deutschen stehen könnte. Außerdem ahnte ich, dass meine Kollegin Andrea Pamboulis meine Rolle kritisch beobachten und mich kontrollieren sollte."

„Alles nicht einfach", gab Dr. Überall zu, „aber dennoch hätte ich, wenn wir Sie zu uns übernehmen, die Erwartung, dass Sie uns helfen, für die Abnahme der DYTIS eine Lösung zu finden. Anderenfalls hätte auch unsere Belegschaft kein Verständnis dafür, dass wir Ihnen einen hochbezahlten Job anbieten – was ich übrigens sehr gern tun würde. Das müssen Sie einfach verstehen und überlegen, wie Sie das mit Ihrem Loyalitätsempfinden vereinbaren können."

Evangelos Nautarakis verstand nur zu gut, worauf Dr. Überall abzielte, und bat um einige Tage Bedenkzeit.

Abends suchte Evangelos Nautarakis nochmals den Rat seiner Frau. Es war nun an der Zeit, auch ihr gegenüber die Karten offen auf den Tisch zu legen.

„Ich muss dir etwas erzählen, was ich bisher mit mir selber auszumachen versucht habe. Du musst mir versprechen, darüber mit niemandem zu reden."

„Natürlich", sagte Anke. Sie klang etwas überrascht und auch besorgt.

„Ich bin von meinem Chef Lapis schon seit September letzten Jahres unter Druck gesetzt worden, bei der DYTIS ein Haar in der Suppe zu finden. Ich habe schnell gemerkt, dass er Teil einer kleinen Crew von Leuten ist, die das Thema für den Minister Troianides politisch aufschaukeln wollen. Auf der Testfahrt war der Druck für mich dann gewaltig, weil ich ganz allein entscheiden musste, wie die Weichen zu stellen waren. Entweder hätte ich den mir von Lapis gegebenen Befehl ‚vergessen' müssen; in diesem Fall hätte er mich wegen Befehlsverweigerung zur Rechenschaft gezogen. Oder ich war verdammt, etwas zu finden. Ich habe mich dann für die Sache mit dem Rollen entschieden, die zu der bekannten Entwicklung geführt hat."

„Wie – alles nur Fake?", fragte Anke mit einem Ausdruck des Ekels.

„Nicht ganz, immerhin hat sich die DYTIS deutlich mehr auf die Seite gelegt, als wir das von den 309ern kannten. Man kann darüber streiten, ob das kritisch war oder nicht. Die NDW-Leute sagen natürlich, alles sei physikalisch ganz normal gewesen. Aber das eigentliche Problem ist, dass Lapis und seiner Polit-Crew das nicht reicht. Augenscheinlich wollen sie daraus einen großen Wahlkampfschlager für die ‚Roten' machen, bei dem sie der Norddeutschen Werft die Hellenic Dockyards wegnehmen wollen, um sie unter dem Beifall der griechischen Arbeiter zu ‚hellenisieren'."

„Und da bist du als harmloser kleiner Commander jetzt mittendrin?", rief Anke in einer Mischung aus Feststellung und Frage.

„Ja, so kann man es sehen", meinte Evangelos, „wobei sich hier genau für mich die Frage anschließt, ob ich das mit mir machen lassen will oder nicht."

„Und dann?", fragte Anke.

„Und dann war ich heute bei Dr. Überall, denn du hattest mir ja den Hinweis mit der Weihnachtskarte gegeben. Jetzt, wo ich das sage, fällt mir ein, dass ich mich dafür gar nicht bei ihm bedankt habe." „Schön blöd." „Ich bin zu ihm, weil ich hören wollte, ob es für mich eine Möglichkeit gibt, bei der Norddeutschen Werft anzuheuern." „Und?"

„Er war sehr freundlich und würde mir wohl auch einen Job anbieten. Aber er hat die klare Erwartung, dass ich mich eindeutig auf ihre Seite stelle und denen auch helfe, das Thema DYTIS zu lösen."

Evangelos Nautarakis breitete seinen inneren Konflikt vor Anke aus. Würde er im Ministerium offiziell sagen, was er vorhätte und was die Norddeutsche Werft im Falle seines Jobwechsels von ihm erwartete, würden seine griechischen Vorgesetzten ihm den Wechsel untersagen. Würde er es im Verborgenen tun und in Kiel in einem anderen Bereich arbeiten, aber trotzdem Dienstgeheimnisse aus seiner Marinezeit weitergeben, wäre es eine Art Hochverrat.

„In etlichen Ländern stünde darauf die Todesstrafe“, schloss er, „in Griechenland wahrscheinlich nur Gefängnis. Da stehe ja jetzt schon mit einem Bein, weil ich es dir erzählt habe.“

„Ich nehme dann auch ein Bein und stehe zusammen mit dir da drin“, sagte Anke, indem sie ihren Zeigefinger auf ihre Lippen legte, um das Schweigegelübde zu verdeutlichen. „Aber das ist wirklich ein scheußlicher Konflikt: Entweder du verrätst dein griechisches Vaterland, so schräg ich einige dort auch verhalten mögen, oder du stehst auf der Straße und kannst auf dem Kieler Wochenmarkt Pistazien verkaufen.“

„Genau, und was rätst du mir im Interesse von uns als Familie?“, fragte Evangelos, indem er sie in den Arm nahm.

„Unter dem Aspekt ist es einfach“, sagte Anke. „Solange du Soldat bist, kann dir, wenn du deine Pflicht tust, keiner ans Leder, auch nicht Troianides junior. Notfalls könntest du dich anderen Leuten im Ministerium oder in der Regierung offenbaren, falls der Druck von Lapis noch schlimmer wird und sie dich zu regelrechtem Unrecht zwingen wollten. Das ist eine nicht lustige, aber vergleichsweise komfortable Lage. Außerdem gibt es ja die Parlamentswahl, bei der sich die Gesamtkonstellation ändern könnte. Wenn du aber einmal bei der Norddeutschen Werft bist, und zwar mit dem Versprechen, denen alles zu sagen, sitzt du definitiv zwischen den Stühlen und es kann sein, dass du nach der Probezeit den Job schon wieder los bist. Meiner Meinung nach ist das der schlechtere Weg.“ „Und wie soll ich jetzt das Gespräch mit Dr. Überall weiterführen?“

„Du bedankst dich erst mal für die Weihnachtskarte und sagst ihm dann die Dinge, wie sie sind: Du hättest Angst, geheime Angelegenheiten der griechischen Nation preiszugeben. Entweder soll die Werft dir ein Angebot machen, das einen solchen Konflikt ausschließt und dir so etwas nicht zumutet, oder du müsstest eben auf einen NDW-Job verzichten. Und das, obwohl deine Familie sich hier in Kiel ausgesprochen wohlfühlt und sich nichts mehr wünschen würde, als langfristig hier bleiben zu können. Denk an den schönen deutschen Spruch: Ehrlich währt am längsten!"

„Na, was hat Ihre Bedenkzeit ergeben?", fragte Dr. Überall, als Evangelos Nautarakis eine Woche später wieder in seinem hellgrauen Anzug vor ihm saß.

„Dass ich mich noch für Ihre nette Weihnachtskarte bedanken muss. Das habe ich leider beim letzten Mal ganz vergessen, meine Frau hat sehr mit mir deswegen geschimpft."

Dr. Überall lächelte wohlwollend.

„In der Sache", fuhr Evangelos Nautarakis fort, „möchte ich Ihnen meinen Konflikt offen schildern. Sie erwarten, dass ich Ihnen, falls ich bei der die Norddeutschen Werft eine Tätigkeit übernehme, bei Bedarf mein ganzes Vorwissen offenlege. Mein jetziger Arbeitgeber verlangt von mir jedoch, dass ich Geheimnisse des griechischen Staates, seiner Streitkräfte oder seiner Marine unter allen Umständen für mich behalte. Dieser Konflikt lässt sich aus meiner Sicht nicht lösen, außer Sie wären einverstanden, dass ich bei einer NDW-Anstellung eingestufte militärische Geheimnisse meines heutigen Arbeitgebers für mich behalte, wenn ich meine, dass ich andernfalls in Konflikte käme."

„So würde ich wahrscheinlich auch argumentieren, wenn ich an Ihrer Stelle wäre", antwortete Dr. Überall. „Aber für uns ist es von existenzieller Bedeutung, wie wir die Konfrontation mit Ihrem Land im Rahmen des Programms U 311 lösen. Die Existenz der Norddeutschen Werft kann auf dem Spiel stehen. Natürlich sage ich hier nicht, dass mir dann jedes Mittel recht ist. Aber warum soll ich Sie aus Ihrer Situation befreien, dafür eine

Menge Geld ausgeben und keinen Effekt für mein größtes und drängendstes Problem daraus ziehen können? Verstehen Sie, dass mir das schwerfällt und es eigentlich auch niemandem vermittelbar ist, weder unserem Aufsichtsrat noch unserer Belegschaft?"

„Es könnte doch sein", insistierte Evangelos Nautarakis, „dass Sie für mich als studierten Schiffbauer und U-Boot-Experten unabhängig von der 311er-Frage Verwendung haben. Sie kennen mich gut, können mich fachlich einschätzen und könnten unter diesem Aspekt prüfen, ob es hier Arbeit für mich gibt."

„Das ist eine legitime Frage", räumte Dr. Überall ein, „bei der dann aber immer noch das Problem bleibt, dass Ihr bisheriger Arbeitgeber – wenn Sie erst einmal bei uns sind – natürlich davon ausgehen würde, dass Sie aus dem griechischen Nähkästchen plaudern. Mit anderen Worten: Obwohl ich in Wirklichkeit fair bin und Sie nicht in Konflikte bringe, geht Ihr Ministerium genau davon aus und verschärft den Konflikt nur noch mehr, indem es mir vorwirft, ich hätte Sie quasi als Agent umgedreht."

„Verstehe ich also richtig", sagte Evangelos Nautarakis, „dass aus Ihrer Sicht dieser Wechsel schon grundsätzlich nicht funktioniert?"

Innerlich hatte er sich schon fast als Mitarbeiter der Norddeutschen Werft und damit endlich unabhängig von diesen Typen im Ministerium gefühlt.

Nun musste er doch weiter kleine Brötchen backen.

„So ist es wohl im Augenblick zu bewerten", sagte Dr. Überall. Auch er klang etwas enttäuscht.

XV.
„Panta rhei“ und die Wahl fest im Blick

Verteidigungsminister Drakos Troianides war erwartungsgemäß Spitzenkandidat der „Roten“ für die griechische Parlamentswahl am 15. März geworden. Deren Wahlslogan lautete *Panta rhei*, „Alles fließt“, nach dem berühmten Zitat des altgriechischen Philosophen Heraklit.

Als Dr. Überall, Holger Gross und Dr. Hemmerle in der letzten Januarwoche in Athen ankamen, um sich erneut mit den Repräsentanten der Piräus Shipyards zu treffen, begegneten sie auf dem Weg vom Flughafen zum Hotel Grande Bretagne ständig diesem Spruch mit dem Konterfrei von Troianides.

„So sah der eigentlich nicht aus, als ich ihn das einzige Mal von Angesicht zu Angesicht gesehen habe“, meinte Dr. Überall, „in Wirklichkeit hat er nicht eine so dunkle Lockenpracht, sondern einen ziemlich wirren grauen Wuschelkopf, dazu einen verwegenen Schnauzbart und nicht so ein brav gestutztes Schnäuzerchen.“

Genauso häufig wie die Troianides-Plakate fanden sich die Werbetafeln der „Schwarzen“. Sie setzten weniger auf Personen, sondern mehr auf die Wirkung eines Akropolis-Fotos mit dem Spruch *Für nachhaltige Werte – in der Ruhe liegt die Kraft.*

„Hier steht Konfuzius gegen Heraklit“, bemerkte der klassisch gebildete Dr. Hemmerle. „Auch in ihrem Gegenwartsbezug stehen sich diese antiken Heroen in nichts nach, beide lebten so etwa 500 vor Christus. Jetzt fehlt nur noch, dass sich Troianides als Heraklit verkleidet. Die Haare und der Bart passen ja schon in etwa. Und außerdem sollten die ‚Roten‘ ruhig das ganze Zitat bringen.“

„Wieso?“, fragte Holger Gross etwas genervt.

„Weil der volle Spruch heißt: *Panta rhei, kai ouden menei.* Alles fließt und nichts bleibt.“

Am nächsten Tag um zehn Uhr stand im Raum „Churchill's“ im Hotel Grande Bretagne die Schlussbesprechung zwischen der von Stylianos Elephantinou geführten Investorengruppe Piräus Shipyards und dem NDW-Team an. Möglichst noch am selben Tag sollte die Vereinbarung unterzeichnet werden. Vor diesem Schlussakkord lagen jedoch einige Verhandlungshindernisse, die es aus dem Weg zu räumen galt.

„Verehrte Frau Gondolieris, sehr geehrte Herren“, begann Elephantinou gravitätisch, „wir haben vor, heute eine Verabredung von historischer Tragweite zu besiegeln: die Renationalisierung der Hellenic Dockyards. Persönlich bin ich sehr froh, dass es bisher gelungen ist, die Verhandlungen in aller Stille voranzutreiben. Vor diesem Hintergrund rufe ich die Themen auf, die nach meinen Informationen in der heutigen Sitzung noch gelöst werden müssen, nämlich die Garantien der Norddeutschen Werft für das Programm U 311 und die Bedingungen für das Auslösen der Abbruchvergütung.“

Elephantinou machte eine Handbewegung zu Dr. Überall, der sogleich an Justiziar Hemmerle verwies. Dieser führte zum Thema Garantien aus:

„Sie – die Piräus Shipyards – erwarten, dass wir – die Norddeutsche Werft – jegliches Risiko auf der technischen Seite des Programms U 311 übernehmen. Wir dagegen stehen auf dem Standpunkt, dass beide Parteien in Zukunft genau dieselben Risiken zu tragen haben, die sie bisher schon zu tragen hatten. Mit anderen Worten: Dass Sie die Anteile an Hellenic Dockyards übernehmen, kann nichts an den vertraglichen Verpflichtungen ändern, die Hellenic Dockyards bereits eingegangen ist. Dies gilt umso mehr, als wir diese Risiken ja bereits bei der Bemessung des Kaufpreises für die Hellenic-Dockyards-Anteile eingepreist haben.“

Dr. Überall nickte zustimmend, während Elephantinou erwartungsvoll seinen Rechtsberater Professor Aristoteles Kvasivopoulos anschaute.

Dieser bat etwas umständlich um Entschuldigung, dass er seinem Kollegen Hemmerle nicht folgen könne, denn man kenne ja einen gravierenden Designmangel der drei bei Hellenic Dockyards noch zu bauenden Boote, der ganz und gar nicht von Hellenic Dockyards zu verantworten sei. Dieses Fundamentalrisiko könne nicht im Kaufpreis eingepreist sein, da die Gefahr nicht von der Hand zu weisen sei, dass die Hellenic Dockyards zu einem kompletten Sanierungsfall mit weitreichenden Verlustrisiken werden könnte.

Elephantinou hatte sichtlich Gefallen an diesen Ausführungen und forderte Dr. Hemmerle auf, zum nächsten streitigen Punkt vorzutragen.

„Bei der Abbruchvergütung haben wir bereits eine weitgehende Annäherung der Standpunkte erreicht, nur nicht über die Fristen", sagte Dr. Hemmerle.

Er las den Wortlaut der vereinbarten Klausel vor, die bei ausbleibendem Abschluss eine an Piräus Shipyards zu zahlende Entschädigung vorsah.

„Sie fordern hier den 31. März als maßgebliches Datum", sagte er an Elephantinou gewandt, „wir den 30. Juni, weil wir glauben, dass nach der Wahl einige Zeit für die Bildung einer neuen Regierung vergehen und sich erst danach entscheiden wird, ob unsere Anteilsübertragung einen politischen Segen bekommt oder nicht."

„Das ist für uns wirklich ein wichtiger Punkt", sagte Dr. Überall. „Wir können Ihnen am 31. März nicht einfach hunderttausend Euro in die Hand drücken, nur weil man sich in der griechischen Politik so schnell noch nicht sortiert hat."

Elephantinou nahm diese Äußerung mit Pokerface zur Kenntnis und schlug nach diesem Austausch der Standpunkte vor, eine kurze Auszeit einzulegen. Zusammen mit Dr. Überall verließ er den Raum.

Dr. Überall und Stylianos Elephantinou hatten auf einer bequemen Sitzgruppe Platz genommen, die im Hotelflur vor dem

Raum „Churchill's" des Grande Bretagne für ein Vieraugengespräch bereitstand.

„Ich fürchte, wir müssen den Knoten jetzt irgendwie durchschlagen", begann Elephantinou. „Daher komme ich Ihnen – so bin ich – als Zeichen unseres guten Willens bei einem Punkt gleich entgegen. Dass der 31. März als Frist für ein Auslösen der Abbruchvergütung zu kurz ist, sehen wir auch. Ich schlage Ihnen den 31. Mai vor, sofern Sie sich in den anderen Themen auch bewegen."

„Ein anderer Punkt", tastete sich nun Dr. Überall vor, „ist die Frage der Garantie für die Technik der neuen Bootsklasse. Wir beide wissen doch, dass die Mängelrüge der DYTIS als Fake einzustufen ist. Das Argument Ihres Anwalts, wir hätten jegliches technische Risiko zu übernehmen, weil sich bei der DYTIS bereits ein Designmangel herausgestellt habe, kann ich auf keinen Fall akzeptieren. Wo ich Ihnen entgegenkommen würde, ist der Themenkomplex des parametrischen Rollens, weil dieses Thema nun einmal auf dem Tisch liegt. Wenn sich daraus ein Problem auch für die drei bei Hellenic Dockyards zu bauenden Boote ergeben sollte, übernimmt dafür die Norddeutsche Werft die Verantwortung. Denn ich sehe ein, dass man ansonsten sagen könnte, dass Ihre Gesellschaft die Hellenic-Dockyards-Anteile bereits im Wissen um dieses Risiko erworben hat und deshalb keine Ansprüche mehr daraus haben könnte."

Elephantinou lächelte, wobei sein mit Edelmetall verziertes Gebiss in voller Breite sichtbar wurde, erhob sich aus dem Sessel und streckte Dr. Überall die Hand entgegen. „Okay, it's a deal, wenn Sie mir statt hunderttausend hier und jetzt zweihunderttausend Euro Abbruchvergütung zusagen!" Dr. Überall stand ebenfalls auf, zögerte aber, seinerseits die Hand auszustrecken.

„Bei dem Datum sind Sie mir statt drei Monate nur zwei entgegengekommen", entgegnete er. „Also nicht zweihundert-, sondern nur einhundertsechsundsechzigtausend Euro!" Stylianos Elephantinou nickte und beide gaben sich die Hand.

Zurück im Raum „Churchill's" unterrichteten Dr. Überall und Stylianos Elephantinou die wartenden Delegationen über ihren Hand-Shake-Deal.

Dabei trat Albatros Kyriakides, der Schwager von Minister Troianides, einmal zu Elephantinou und flüsterte ihm etwas ins Ohr, ohne dass dieser sich dadurch aber zu einer Mitteilung an die anderen Teilnehmer veranlasst gesehen hätte.

Dr. Hemmerle ging mit Professor Kvasivopoulos die vereinbarten Änderungen an den „Heads of Agreement" durch. Dann begaben sich beide an die Hotelrezeption, um den Papierausdruck der Vereinbarung in drei Exemplaren zu organisieren.

Während der Abwesenheit der Juristen erläuterte Dr. Überall den Investoren, dass er auch Rüstungsdirektor Platonides aufsuchen werde, um ihm ein Gutachten der renommierten Technischen Universität Hamburg-Harburg zu den physikalischen Gegebenheiten der DYTIS zu überreichen. Es belege, dass sich das Boot bei seiner Testfahrt keineswegs abnorm, sondern im Einklang mit den Gesetzen der Physik verhalten habe, sodass keine Grundlage für eine Mängelrüge und erst recht nicht für einen Zahlungsstopp bestehe.

Die Zuhörer nahmen dies interessiert, aber ohne besondere Gemütsregung zur Kenntnis, jedenfalls nicht so, wie Dr. Überall es von künftigen Werfteigentümern erwartet hätte.

Professor Kvasivopoulos und Dr. Hemmerle kamen mit den Ausdrucken der „Heads of Agreement" zurück und legten die zur Unterzeichnung vorgesehenen Exemplare Dr. Überall und Elephantinou vor.

Nachdem die Unterschriften geleistet waren, regte Elephantinou an, diesen denkwürdigen Abschluss durch ein Glas Champagner und ein Gruppenfoto zu dokumentieren. Es dauerte etwa zehn Minuten, bis ein Etagenkellner die Gläser und zwei Champagnerflaschen hereinbrachte.

Abgelenkt von den Vorbereitungen des Umtrunks, war Dr. Überall völlig konsterniert, als er plötzlich Drakos Troianides im

Raum erblickte. Der griechische Verteidigungsminister wollte es sich offenbar nicht nehmen lassen, ebenfalls an der Zeremonie teilzunehmen.

Nun war Dr. Überall auch klar, was Albatros Kyriakides vorhin Elephantinou ins Ohr geflüstert hatte. Es musste die Ankündigung gewesen sein, dass der Minister höchstselbst anwesend sein würde.

Troianides hatte in seinem Schlepptau einen jüngeren Mann im dunklen Anzug, der sich als sein heute in Zivil auftretender Adjutant, Brigadier Ares Ministrakis, entpuppte, sowie einen Pressefotografen und – zu Dr. Überalls und Holger Gross' besonderer Überraschung – Elephantinous Begleiterin „Anastacia".

Der Minister begrüßte alle Anwesenden namentlich und so herzlich, als ob man sich gut kennen würde.

In durchaus geübtem Englisch hielt er dann eine kleine Rede, in der er seine Freude über die erreichte Verständigung zum Ausdruck brachte. Er gratulierte beiden Seiten und betonte, dass er keinen Zweifel am Erfolg des Programms U 311 habe. Zu Dr. Überalls weiterem Erstaunen fügte er am Schluss hinzu:

„Und, liebe Freunde, ich bin mir sicher, dass Piräus Shipyards dafür sorgen wird, dass auch andere Länder bei uns U-Boote der Reihe 311 bestellen werden." Troianides nahm sein Champagnerglas und prostete den Anwesenden zu. Elephantinou und „Anastacia", die inzwischen eng zusammen standen, warfen sich einen vielsagenden Blick zu und stießen als Erste miteinander an. Dr. Überall dachte sofort an den Brief des türkischen Verteidigungsministers und seine damit verbundenen Überlegungen. Nach dem Gruppenfoto ging er auf Troianides zu und stieß auch mit ihm an. „An welche anderen Länder haben Sie denn als Kunden gedacht?", fragte er den Minister.

Drakos Troianides hielt in einer Form, als brauche er bei seiner Antwort Unterstützung, nach Elephantinou und „Anastacia" Ausschau, die auch sofort an seine Seite eilte. Dr. Überall wiederholte seine Frage.

„Alle Länder kommen in Betracht, die man von Griechenland aus über das Meer direkt erreichen kann“, erwiderte „Anastacia“ mit strahlendem Lächeln. Der Minister lachte laut. „Eine sehr weise und diplomatische Antwort!“

Dr. Überall überlegte kurz, ob er etwas von deutschen Rechten an der Serie U 311 oder von deutscher Rüstungskontrolle sagen sollte, verkniff es sich aber, um den gerade unterzeichneten Deal nicht zu gefährden. „Wann ist denn nach Ihrer Einschätzung mit der Behebung der Mängel an der DYTIS zu rechnen?“, fragte der Minister ihn nun.

Jetzt hieß es, entweder Troianides einen umfänglichen Vortrag zu halten oder sich extrem kurz zu fassen. Da der Minister schon wieder auf dem Sprung schien, entschied Dr. Überall sich für die Kurzversion.

„Glauben Sie mir, es gibt keinen Mangel. Den Beweis werde ich Ihrem Rüstungsdirektor noch heute in Form eines unabhängigen Gutachtens vorlegen. Sie können die DYTIS ohne Probleme sofort abnehmen!“

Troianides lachte nochmals mit demonstrativ zur Schau gestelltem Gebiss, sodass Dr. Überall unwillkürlich an ein aufgerissenes Tigermaul denken musste. Dann gab der Minister „Anastacia“ ein Abschiedsküsschen und signalisierte mit einer Handbewegung, dass er nun seinen Rückzug anzutreten beabsichtigte.

Auch Dr. Überall und seine Mitstreiter hatten den Abgang des Ministers als Signal zum Aufbruch genommen, denn sie wollten um vierzehn Uhr im Büro von Rüstungsdirektor Platonides sein. Auf der etwa zwanzigminütigen Autofahrt reflektierten sie nochmals die soeben erlebte plötzliche Stippvisite des Ministers.

„Mal sehen, was die Zeitungen morgen daraus machen“, sagte Dr. Überall, während er eine SMS an Inka Kohlweder tippte, dass sie ab sofort die Online-Meldungen der griechischen Presse beobachten solle. „Es würde mich nicht wundern“, meinte Dr. Hemmerle, „wenn Sie morgen als der große Hellenisierer des griechischen Schiffbaus gefeiert werden, obwohl Sie noch vor wenigen Jahren als der große Architekt der Partnerschaft mit Deutschland gepriesen wurden.“

„Ja, der Weg vom ‚Hosianna‘ zum ‚Kreuziget ihn‘ – oder umgekehrt – ist manchmal nicht weit“, sagte Dr. Überall nachdenklich.

„Ich bin gespannt, mit welchem Tenor Troianides das heutige Ereignis ausschlachtet“, sagte Holger Gross, „denn dass er es ausschlachten wird, ist ja klar. Sonst wäre der gar nicht gekommen.“

Im Rüstungsdirektorat wurden die drei sofort zu General Platonides vorgelassen, der wiederum seinen Justiziar Dr. Spartakides zur Seite hatte.

Dr. Überall kam direkt zur Sache.

„Herr General, vielen Dank, dass Sie Zeit für dieses Gespräch haben. Zunächst möchte ich Ihnen ein Gutachten zum Rollverhalten der SM DYTIS während der Testfahrt übergeben, das die renommierte Technische Universität Hamburg-Harburg in den letzten Monaten für uns erstellt hat.“

Dr. Überall holte aus seiner Aktentasche zwei Exemplare des in englischer Sprache abgefassten Gutachtens und reichte sie über den Tisch.

„Es belegt in aller Klarheit, was ich immer vorgetragen habe: Die DYTIS hat sich bei der Überwasserfahrt in völliger Übereinstimmung mit den Gesetzmäßigkeiten der Physik bewegt. Daher gibt es keinerlei Designfehler, die Grund für eine Mängelrüge sein könnten. Angesichts dessen bitte ich Sie dringend, die zum 31. Dezember letzten Jahres fällige Zahlungsrate unverzüglich nachzuholen. Diese ist für uns entscheidend, da ansonsten der gesamte Vertrag notleidend werden könnte.“ General Platonides bedankte sich und versprach, das Gutachten sorgfältig auszuwerten. Zu der Zahlungsthematik schien er nicht Stellung nehmen zu wollen.

Dr. Überall legte nach.

„Sie wissen ja sicherlich, dass wir heute mit der Piräus Shipyards S.A. einen Vorvertrag über den Verkauf von hundert Prozent der Anteile an unserer Hellenic Dockyards abgeschlossen haben."

Der Rüstungsdirektor stutzte, schien also davon noch nicht gehört zu haben.

„Nun", erwiderte er gedehnt, „das ist natürlich eine Angelegenheit, bei der meine Dienststelle unmittelbar gefordert ist. Ich bin nicht sicher, ob der Minister dazu seine Genehmigung geben wird."

Bei dieser Anmerkung sah Platonides seinen Justiziar fragend an, der ihm jedoch beipflichtete.

Dr. Überall freute sich, mit seiner folgenden Mitteilung ein gewisses Überraschungsmoment auskosten zu können.

„Minister Troianides hat es sich nicht nehmen lassen, an dem Unterschriftszeremoniell vor zwei Stunden selbst teilzunehmen."

General Platonides entglitten kurz die Gesichtszüge, während Dr. Spartakides etwas in sein Notizbuch schrieb.

„Das freut mich für Sie", sagte Platonides, der sich schnell wieder gesammelt hatte, „allerdings muss ich sagen, dass solche Genehmigungen gewissen Regeln folgen, die wir hier im Rüstungsdirektorat zu exekutieren haben. Nicht zuletzt geht es darum, ob der neue Eigentümer genügend finanzielle Bonität und auch genügend Kompetenz hat, um die Verpflichtungen übernehmen zu können, die die Hellenic Dockyards uns, dem Ministerium gegenüber, in den bestehenden Verträgen übernommen hat. Da kann der Minister gern zu Ihnen auf ein Glas Sekt kommen. Diese Fragen jedoch vermag er ohne uns sicher nicht abschließend zu beurteilen." „Verstehe", sagte Dr. Überall.

Er dachte wieder an Troianides' von „Anastacia" soufflierte Antwort zu möglichen weiteren Kunden.

„Formell sind Sie als Rüstungsdirektor natürlich unser Vertragspartner, und da ist es Ihnen relativ egal, wer die politische Verantwortung hat."

„Das sind Ihre Worte, aber im Prinzip ist es so", erwiderte Platonides. „Wir hier sind die gesetzesausführende Konstante. Die Politiker da oben kommen und gehen. Das werden wir ja spätestens nach der Wahl sehen."

Am nächsten Morgen sah Dr. Überall das Foto von der Unterzeichnungszeremonie auf Seite eins aller griechischen Zeitungen, die er vor dem Frühstück mit Justiziar Hemmerle und Holger Gross im Dachgarten-Restaurant, soweit sie dort auslagen, vorsorglich einsammelte, um sie später bei sich zu archivieren.

Für den Text war er auf den bald danach eintreffenden Bericht von Inka Kohlweder angewiesen. Hier las er die Überschriften in deutscher Übersetzung: *Drakos Troianides leitet Rehellenisierung der Hellenic Dockyards in die Wege.* Und: *Roten-Chef sichert im nationalen Interesse Schlüsselarbeitsplätze im Schiffbau.* Und: *Troianides drückt Nationalisierung wichtiger Industrie durch.*

Während des Frühstücks erhielt Dr. Überall einen Anruf des deutschen Botschafters auf seinem Mobiltelefon.

„Hier Kindel, guten Morgen", tönte es ihm ungewohnt energisch entgegen. „Herr Dr. Überall, gerade lese ich in der griechischen Presse von Ihrem gestrigen Auftritt mit Minister Troianides. Zunächst einmal Glückwunsch zu diesem erfolgreichen Abschluss. Allerdings muss ich mich doch beschweren, dass ich von dieser Meldung so gänzlich kalt erwischt worden bin. Bitte setzen Sie mich kurz ins Bild, welche konkreten nächsten Schritte geplant sind. Sie werden sich vorstellen können, dass ich von verschiedensten Seiten angesprochen werde, warum die Deutschen dieser Rehellenisierung zugestimmt haben."

Dr. Überall entschuldigte sich in aller Form. „Auch ich bin von dem Troianides-Auftritt komplett überrascht worden. Aber

Sie haben natürlich recht, dass ich Sie danach hätte unterrichten müssen. In Wirklichkeit hängt nun alles davon ab, ob Troianides bereit ist, bis zum Wahltag die Voraussetzungen für ein späteres Wirksamwerden der Anteilsübertragung zu schaffen. Dafür muss er nicht nur die Übertragung der Hellenic-Shipyards-Anteile genehmigen, sondern die DYTIS als mangelfrei abnehmen und auch die bislang angehaltene Zahlungsrate freigeben. Überdies muss noch die Langfassung des Vertrags ausgehandelt und unterschrieben werden."

„Es bleibt also bei Ihrer Linie, dass vor der Wahl nichts mehr final vereinbart werden wird?", fragte Dr. Kindel.

„Auf jeden Fall werden wir genügend Gestaltungsoptionen haben, sodass der finale Abschluss bis zur Wahl und sogar darüber hinaus offengehalten werden kann."

„Genau dies ist mir wichtig", sagte der Botschafter. „Sie sind dann bitte so freundlich, mich über alle kommenden Entwicklungen auf dem Laufenden zu halten."

Im Februar und den ersten beiden Märzwochen wurden alle weiteren Schritte zur Implementierung des Anteilsverkaufs konsequent bearbeitet.

Am spannendsten blieb die Frage, ob Minister Troianides noch vor der Wahl schriftlich erklären würde, bei Abschluss der Anteilsübertragung die DYTIS tatsächlich abzunehmen und der Auszahlung der überfälligen Zahlungstranche von Ende Dezember zuzustimmen.

Immerhin gelang es, die Langfassung des Vertragswerks bis zum 13. März so auszuverhandeln, dass der Text von den Juristen paraphiert, also in seinem verhandelten Wortlaut abgeschlossen werden konnte.

Als Dr. Hemmerle ihn abends um sieben aus Athen anrief und Vollzug meldete, fiel Dr. Überall förmlich ein Stein vom Herzen. „Gut gemacht", rief er erfreut in sein Telefon. Dieser Freitag der dreizehnte war wohl als Glückstag anzusehen. Nicht auszudenken, wenn er die für Samstagnachmittag in Hamburg geplante außerordentliche NDW-Aufsichtsratssitzung mit der Begründung hätte absagen müssen, dass sie mit Elephantinou nicht zu Potte gekommen waren. Gut auch, dass ihr ausgebuffter Elefantenjäger diesen Zeitdruck nicht für sich noch stärker ausgekostet hatte. Vorsichtshalber hatte Dr. Überall die Einladung des Aufsichtsrats als geheime Kommandosache vorbereitet.

„Nun kommen Sie mal schnellstmöglich zurück", forderte er Dr. Hemmerle auf, „damit Sie notfalls für Rückfragen zum Kleingedruckten morgen zur Verfügung stehen. Da wir mit der Sitzung erst um vierzehn Uhr anfangen, sollte das doch kein Problem für Sie sein."

Danach rief er die Handynummer von Stylianos Elephantinou an. „Lieber Doktor", schallte es vom anderen Ende, „wir haben die Verhandlungen beendet. Für mich war es ein hartes Stück Arbeit, meine Investoren beieinander zu halten. Wenn unsere Transaktion gelingt, kostet Sie das einige Flaschen Dom Perignon und einige Portionen Kaviar!" Er lachte mit seiner sonoren Stimme in einer Weise, die Dr. Überall sofort signalisierte, dass er mit dem paraphierten Deal überaus zufrieden war.

Angesichts der besonderen Situation hatten sich die Mitglieder des NDW-Aufsichtsrats bereitgefunden, unter Verzicht auf alle Formen und Fristen der Einberufung am 14. März im Hamburger Atlantic-Hotel zusammenzukommen.

Einziger Tagesordnungspunkt war die Zustimmung zum Abschluss des Anteilsverkaufs der Hellenic Dockyards S.A.

Die Beschlussfassung stand jedoch unter dem Vorbehalt, dass auch der griechische Verteidigungsminister die entsprechenden Voraussetzungen erfüllen würde: Erteilung der Genehmigung zur Anteilsübertragung, Abnahme der SM DYTIS und Freigabe der überfälligen Zahlungstranche.

Die vom Aufsichtsratsvorsitzenden Alexander Geldmacher geleitete Sondersitzung begann mit einem Bericht von Dr. Überall zum Ablauf der Ereignisse, die zu dem nunmehr erreichten Stand geführt und den Verkauf unausweichlich gemacht hatten.

Nach kurzer Diskussion und wenigen Rückfragen zum Vertrag, die der im Direktflug aus Athen angereiste, etwas übernächtigt wirkende Dr. Hemmerle trotz allem in bewährter Form beantworten konnte, stimmte der Aufsichtsrat dem Verkauf der Hellenic-Dockyards-Anteile einstimmig zu.

Natürlich unter dem Vorbehalt, dass auch aus Griechenland die entsprechenden Schritte getan würden.

Auf der Rückfahrt nach Kiel ließ Dr. Überall die Dinge noch einmal Revue passieren.

Er erinnerte sich, wie er vor Jahren stolz mit dem Auftrag über die vier U-Boote und der Einigung über den Erwerb der Hellenic Dockyards nach Kiel zurückgekehrt war und auch von Politik und Presse gefeiert worden war. Er überlegte, ob er dies alles so gemacht hätte, wenn er gewusst hätte, welche Probleme dadurch auf die Norddeutsche Werft zukommen würden.

Schließlich zwang er sich, das Nachdenken über diese Frage einzustellen, denn eine solche Rückschau konnte jedes neue Geschäft blockieren. Jeder komplexe große Auftrag war nun mal ein Abenteuer eigener Art, auf das man sich bewusst einlassen musste. Nur über die Risiken nachzudenken, würde zu einer Business-Depression und am Ende zu Handlungsunfähigkeit führen.

XVI.
Die Qual (nach) der Wahl

Den Ausgang der Wahl am Sonntag, den 15. März verfolgte Dr. Überall zuhause am PC. Gegen zehn Uhr abends zeichnete sich ein Kopf-an-Kopf-Rennen zwischen „Schwarzen" und „Roten" mit leichtem Vorteil zugunsten der „Schwarzen" ab. Es war klar, dass beide Parteien mangels Alternativen wieder eine Koalition eingehen mussten. Also würde es mehr oder weniger so bleiben wie bisher und dem Abschluss des Anteilsverkaufs nun wohl nichts mehr im Weg stehen.

Am Morgen nach der Wahl bat Dr. Überall Commander Nautarakis zu sich ins Büro. Dieser erschien diesmal in seinem üblichen Jeans-und-Sneakers-Arbeitsoutfit.

„Im Grunde wie erwartet", erwiderte er auf Dr. Überalls Frage nach seiner Meinung zum Wahlausgang. „Die ‚Schwarzen' und die ‚Roten' lagen ja schon in den letzten Wochen bei allen Umfragen dicht beieinander. Die auf die Hellenic Dockyards bezogene Renationalisierungskampagne hat den ‚Roten' keinen erkennbaren Vorteil gebracht. Ich denke, dass dies für Troianides in den anstehenden Koalitionsverhandlungen eine Belastung bedeutet. Er wird das zurückdrehen müssen und dann auch ein anderes Ministerium als das Verteidigungsministerium übernehmen. Jedenfalls entspräche so etwas den bekannten Handlungsmustern griechischer Parteipolitik."

„Interessant", bemerkte Dr. Überall, „Was bedeutet das für Sie persönlich, wenn ich fragen darf? Speziell in Bezug auf Ihren Deputy, Spiros Troianides?"

Evangelos Nautarakis überlegte einen Moment.

„Der hat sich eigentlich weniger politisch entwickelt als befürchtet. Wenn ich richtig herausgehört habe, steht er sogar zu seinem Bruder in einer gewissen Distanz. Mal sehen, was das heißt, wenn sich die Spitze unseres Verteidigungsministeriums neu sortiert hat."

„Lassen Sie mich noch einmal auf die Abnahme der DYTIS kommen“, sagte Dr. Überall. „Wir haben es bekanntlich mit einer Hängepartie zu tun: Das Ihnen geläufige Gutachten der TU Hamburg-Harburg liegt beim Rüstungsdirektorat, das sich noch nicht offiziell geäußert hat. Drakos Troianides hat sich vor der Wahl nicht zur Abnahme entschließen können, die aber Voraussetzung für ein Inkrafttreten der Anteilsübertragung ist. Damit hängt auch das Thema der Dezemberrate noch in der Luft. Wie ist dazu Ihr Kenntnisstand?“

„Da ja nun Troianides seine Hellenisierungsidee nicht mehr ohne Weiteres durchsetzen kann, gehe ich davon aus, dass hier alles mit allem zusammenhängt. Die Frage der DYTIS-Abnahme war immer schon mit Politik verbunden. Das sage ich in dem Bewusstsein, mich hier an die Grenzen meiner Kompetenz zu bewegen. Insofern nehmen Sie dies nur als meine persönliche Meinung. Und sie bleibt bitte unter uns hier im Raum.“

„Das sage ich Ihnen zu“, sagte Dr. Überall und sah Nautarakis in die Augen. „Verstehe ich Sie richtig, dass die ganze Thematik des bemängelten Rollens der DYTIS immer auch eine politische Komponente hatte?“

„So habe ich es mit dem Hinweis auf strikte Diskretion gemeint, ja.“ „Also kann diese Sache auch politisch gelöst werden“, überlegte Dr. Überall, „oder sie muss es sogar, wenn sich jetzt die neue Regierung zurechtgeschüttelt hat.“

„Auch richtig, aber es müssen eben einige Stellen zusammenwirken, was erst zu erwarten ist, wenn der künftige Minister feststeht.“

Die Einschätzung des deutschen Botschafters in Athen, den Dr. Überall gleich danach anrief, ähnelte derjenigen von Evangelos Nautarakis.

„Auf den ersten Blick könnte man sagen, dass sich nicht allzu viel verändert hat“, sagte Dr. Lars Kindel, „aber in Wirklichkeit haben die ‚Roten' von Troianides wohl gerade wegen seiner Renationalisierungsanstrengung bei Hellenic Dockyards einen Dämpfer erhalten. So jedenfalls sehen es etliche Insider, mit denen ich gesprochen habe. Auch gab es unmittelbar vor der Wahl das Gerücht, Troianides wolle die Werft unter griechischer Kontrolle haben, um dann U-Boot-Geschäfte mit Mittelmeeranrainern einzufädeln und dabei kräftig zu verdienen. So etwas kommt hier bei vielen Wählern nicht gut an."

Dr. Überall musste an den Brief des türkischen Verteidigungsministers denken, behielt dies aber für sich.

„Nun wollen Sie sicherlich wissen, was das für Sie und Ihre Vereinbarung konkret bedeutet", sagte der Botschafter. „Da tue ich mich schwer, aber sehr wahrscheinlich ist, dass sich beide Parteien unter Leitung der leicht überlegenen ‚Schwarzen' für eine weitere Regierungsperiode zusammenfinden. Wegen der Spekulationen rund um die Hellenic Dockyards gehe ich davon aus, dass die ‚Schwarzen' den ‚Roten' bei den Koalitionsverhandlungen das Verteidigungsministerium abnehmen und wieder unter eigene Kontrolle nehmen werden. Alles andere würde mich sehr wundern, wobei ich sagen muss, dass einen – je länger man hier auf Posten ist – fast nichts mehr wundert. Aber das ist ein anderes Thema."

Der Tag brachte zum politischen Geschehen in Athen keinen weiteren Aufschluss. Jedoch wurde Dr. Überall vom Kieler Innenminister Justus Daum um ein Gespräch gebeten, zu dem er kurzfristig ins Ministerium hinüberfuhr.

„Uns liegen Erkenntnisse über durchaus nennenswerte Aktivitäten türkischer Dienste mit Blick auf Ihre Werft vor", informierte ihn Minister Daum. „Ich möchte Sie daher um Unterstützung für unser Landesamt ersuchen, wenn es Ihre türkischstämmigen Mitarbeiter mehr als bisher unter die Lupe nehmen wird." Der Minister beleuchtete dann umfassend den relevanten politischen

Hintergrund. Bekanntlich zelebrierten die Nato-Mitglieder Türkei und Griechenland rund um die Inseln der östlichen Ägäis seit Langem eine Rivalität, die natürlich auch so moderne Waffensysteme wie die U 311 in einem besonderen Licht erscheinen lasse. Wenn nun die Griechische Marine als erste überhaupt dieses System erhielte, bringe dies das militärische Gleichgewicht der türkischen und griechischen Streitkräfte durcheinander. Dass dies die Türkei nicht ruhen lasse, sei nachvollziehbar. Sein Verfassungsschutz habe ihn nun unterrichtet, dass wohl gerade deswegen die türkischen Geheimdienstaktivitäten auf der Werft stark zugenommen hätten.

Im Übrigen habe ihm Polizeipräsident Schrimpf berichtet, dass auch die seit Monaten stagnierenden Ermittlungen im Fall Pamboulis mittlerweile in diese Richtung deuteten. Vermutlich sei sie nicht nur für den griechischen Militärgeheimdienst, sondern auch für ein türkisches Netzwerk in Kiel aktiv gewesen. Für dessen Aktivitäten, Geschäfte und Verbindungen in die Türkei interessierte man sich auf Seiten der Ermittler gerade intensiv, auch in Zusammenarbeit mit den Verfassungsschutzämtern auf Landes- und Bundesebene. „Mich wundert hier bald gar nichts mehr“, sagte Dr. Überall. Er ließ nun seine bisherige Zurückhaltung über den kurz nach Weihnachten erhaltenen Brief des türkischen Verteidigungsminister fahren und erzählte Minister Daum von dem Interesse der Türkei an einem Angebot für U-Boote der Klasse 311.

„Hochinteressant“, meinte der Minister, „gut, dass ich davon erfahre. Das erklärt natürlich das verstärkte geheimdienstliche Interesse der Türkei. Sie sollten auch auf Seiten der Norddeutschen Werft die Sicherheitsmaßnahmen verstärken. Man verdrängt die Aktivitäten fremder Dienste immer gern, auch weil die Abwehr dagegen viel Geld kostet. Wie die Dinge nun im Fall Pamboulis zusammenhängen, muss sich noch zeigen.“

Zur bewährten Zeit gegen neun Uhr abends telefonierte Dr. Überall aus seinem heimischen Souterrain-Büro mit Stylianos

Elephantinou. Der Geschäftsmann berichtete, dass sein Freund Drakos Troianides mit dem Ausgang der Wahl für seine „Roten“ naturgemäß nicht zufrieden sei. Schließlich habe er sich sogar erhofft, das Amt des Regierungschefs zu übernehmen. Daraus wurde nun natürlich nichts.

Im Übrigen teilte Elephantinou die Einschätzungen von Kapitän Nautarakis und Botschafter Kindel: Drakos Troianides würden jetzt von seinen innerparteilichen Konkurrenten die Flügel gestutzt, was sich vermutlich auch auf die Übertragung der Hellenic-Dockyards-Anteile von der Norddeutschen Werft auf die Piräus Shipyards auswirken werde.

Es ergebe sich in der Öffentlichkeit nun ein Bild, wonach Troianides im Verteidigungsministerium ein ziemliches Durcheinander angerichtet hätte: Erst Mängelrüge bezüglich DYTIS mit nachfolgendem Zahlungsstopp, dann plötzlich doch Weichenstellung in Richtung Abnahme des Bootes und Auszahlung weiterer Gelder. Das verstehe niemand mehr.

Dass hinter den Kulissen auch über Eigeninteressen des Ministers spekuliert werde, mache für Elephantinou die Lage noch sensibler.

„Wenn ich das mal zusammenfassen darf“, sagte Dr. Überall, „verstehe ich Sie so, dass unser Abkommen in der Schwebe ist. Der bisherige Minister hat seine Entscheidungen noch nicht gefällt und jetzt liegt alles daran, wer die Position des Verteidigungsministers in der neuen Regierung übernimmt, Troianides oder jemand anderes.“

„Richtig“, sagte Elephantinou, „wobei ich viel darauf wetten würde, dass Troianides – jedenfalls als Verteidigungsminister – nicht zurück ins Kabinett kommt.“

„Schöner Schlamassel“, sagte Dr. Überall, ohne auf Widerspruch zu stoßen.

An jedem der folgenden Tage gab es in der griechischen Presse neue Spekulationen, wie denn die Regierungsbildung ausgehen könnte. Genau zehn Tage nach der Wahl wurde verkündet, dass

„Schwarze“ und „Rote“ wiederum eine Koalitionsregierung bilden würden. Die Meldung besagte, dass Verteidigungsminister Troianides und Finanzminister Paraskevolou ihre Ressorts tauschen wollten.

Dr. Überall erschien die Aussicht, den ihm wohlgesonnenen Alexis Paraskevolou demnächst im Verteidigungsministerium zu sehen, sehr attraktiv. Über Drakos Troianides als Finanzminister machte er sich weniger Gedanken. Er beschloss, beiden Ministern per E-Mail einen Glückwunsch zu schreiben, bei Paraskevolou verbunden mit der Bitte um eine Gesprächsmöglichkeit bezüglich des weiteren Fortgangs der Hellenic-Dockyards-Frage.

Zwei Tage vor dem nächsten vertraglichen Zahlungsdatum am 31. März erhielt Sandra Nordmann einen Anruf vom Vorzimmer des neuen Verteidigungsministers. Eine wie immer schlecht zu verstehende, dieses Mal weibliche Stimme sagte:

„Minister Paraskevolou wants to see Doctor Überall tomorrow in his office. Can you confirm 3 p.m.?“ Sandra Nordmann sagte nur „Hold on, please“, um dann anstelle ihres üblichen Durch-die-Tür-Schauens einen Hechtsprung direkt in Dr. Überalls Zimmer zu vollführen.

„Chef, der neue Verteidigungsminister will Sie morgen um fünfzehn Uhr sprechen, kann ich zusagen?“ „Hier in Kiel?“, fragte Dr. Überall. „Nein, natürlich in Athen!“ „Okay, das werden wir irgendwie hinbekommen, sagen Sie zu!“

Dr. Überall stand um vier Uhr morgens auf, um in Hamburg-Fuhlsbüttel den einzigen passenden Flug nach Athen zu erreichen. Seinen reisetechnischen Hürdenlauf beendete er pünktlich um vierzehn Uhr mit der Ankunft im Hotel Grande Bretagne.

Unmittelbar nach dem Einchecken brach er mit seinem Limousinen-Service in Richtung Verteidigungsministerium auf, wo er an der Wache von einem Oberstleutnant der griechischen Luftwaffe erwartet wurde.

Beim Eintritt in das Gebäude salutierten zwei dort postierte Wachsoldaten, was Dr. Überall von früheren Besuchen nicht gewohnt war.

Im fünften Stock wurde er sofort in das Büro des neuen Verteidigungsministers geführt, der ihn bereits erwartete. Der düster wirkende Raum hatte nur zwei Fenster und war durchweg dunkel möbliert.

Alexis Paraskevolou begrüßte Dr. Überall freundschaftlich.

„Ich bin Ihnen außerordentlich dankbar, dass Sie meiner Einladung zu einem Gespräch so schnell gefolgt sind. Mir war es ein Anliegen, die DYTIS-Frage, die mein Vorgänger ja etwas unglücklich behandelt hat, zu meinem ‚first thing in the new office' zu machen. Dabei spielen nicht nur die Interessen der Griechischen Marine eine Rolle, sondern auch die lange und vertrauensvolle Verbindung, die wir beide seit der Privatisierung der Hellenic Dockyards haben."

Dr. Überall lächelte.

„Natürlich muss auch ich mir erst ein komplettes Bild von der Lage machen", fuhr der Minister fort, „aber ich wusste ja immer, dass Kollege Troianides mit der Mängelrüge der DYTIS eine politische Absicht verfolgt hat, die sich auf den Wahltag richtete und demzufolge nun erledigt ist. Daher hat dieses Thema auch in den Koalitionsverhandlungen keine Rolle mehr gespielt. Dennoch haben wir die Mängelrüge als einen Tatbestand in den Akten und ich muss als verantwortlicher Minister einen Weg finden, damit sachgerecht umzugehen. Daher hoffe ich auf Ihr geschätztes Verständnis, dass ich jetzt nicht einfach das am morgigen Tag fällige Geld freigegeben kann."

Dr. Überall runzelte die Stirn.

„Natürlich gilt das auch für die am 31. Dezember bereits fällig gewordene Rate", fügte der Minister hinzu. „Ich muss mich also sehr vorsichtig bewegen, um mich nicht angreifbar zu machen."

Dr. Überalls Miene war jetzt eindeutig als düster zu bezeichnen. Aber Minister Paraskevolou war noch nicht fertig.

„Eine andere Frage, die ich Ihnen gegenüber gern ansprechen möchte, ist das Thema der Privatisierung. Natürlich ist die Übernahme durch die Piräus Shipyards kein Weg, den ich mitgehen kann. Das liegt schon an der Persönlichkeit des Herrn Elephantinou und seiner Nähe zu Troianides. Stattdessen würde ich gern den ganzen Vorgang mit Ihnen neu gestalten. Falls Sie weiter daran interessiert sind, die Anteile an Hellenic Dockyards in griechische Hände zu geben, was ich durchaus verstehen und auch unterstützen würde, hätte ich hinsichtlich des Erwerbers eine etwas andere Idee."

Paraskevolou hielt inne, um Dr. Überalls Reaktion abzuwarten.

„Herr Minister", begann der NDW-Chef, „nach all den Wirren der letzten Monate muss ich sagen, dass es mir schwerfällt, mich mit einem weiteren Aufschub der DYTIS-Abnahme und der damit verbundenen Zahlungen abzufinden. Ich möchte keinesfalls drohen, was auch unserer langjährigen Verbindung geschuldet ist. Dennoch möchte ich darauf hinweisen, dass uns mit dem Aufschub der morgen fälligen Zahlung gemäß Vertrag ein Kündigungsrecht zusteht. Wenn wir dieses ausüben, würde damit der gesamte, seinerzeit von uns gemeinsam ausgehandelte U-Boot-Vertrag in sich zusammenfallen. Das wollen sicherlich weder Sie noch ich." Paraskevolou nickte.

„Zu der Frage des Anteilsverkaufs bin ich offen gesagt gespalten", fuhr Dr. Überall fort. „Falls eine Lösung der DYTIS-Abnahme und der offenen Zahlungen nur hinzubekommen ist, wenn wir unsere Anteile an Hellenic Dockyards abgeben, strebe ich weiterhin einen Verkauf an. Wenn wir anderweitige Lösungen finden, können wir die Anteile auch behalten und der Griechischen Republik weiterhin als Partner zur Verfügung stehen. Diese Entscheidung liegt zuallererst bei Ihnen."

„Das sehe ich genauso", sagte Paraskevolou, „daher mein Rat, weiter den Verkauf zu verfolgen, allerdings nicht an die Piräus

Shipyards von Herrn Elephantinou." „Aber an wen stattdessen, was ist Ihr Rat?", fragte Dr. Überall mit wachsender Ungeduld.

„Nun, mein Rat wäre, hierzu das Gespräch mit der von mir sehr geschätzten Unternehmerin Kristina Gondolieris zu suchen, die Sie ja bereits kennengelernt haben. Sie gehört einer angesehenen, alteingesessenen griechischen Unternehmerfamilie an und steht obendrein unserer Partei deutlich näher als Herr Elephantinou. Sie sollten einfach mal mit ihr sprechen. Mein Sekretariat gibt Ihnen gern die Kontaktdaten."

„Danke", sagte Dr. Überall, „die habe ich, wir sind uns ja schon begegnet."

Nach Verlassen des Ministeriums dirigierte Dr. Überall seinen Limousinen-Chauffeur in Richtung Hotel Grande Bretagne.

Während der kurzen Fahrt rief er kurz entschlossen sofort Kristina Gondolieris an, denn er rechnete damit, dass Alexis Paraskevolou sie vorgewarnt hatte. Er bezog sich auf das mit ihm als neuem Verteidigungsminister geführte Gespräch und erhielt von ihr noch für denselben Abend eine Einladung zum Abendessen im Restaurant Spondi, die er dankend annahm.

Wie sollte er nun weiter mit Elephantinou verfahren? Nach einigen Versuchen erreichte er ihn auf seinem Mobiltelefon. Schnell erfasste der Geschäftsmann die Tragweite dessen, worum es ging, und lud Dr. Überall ein, am besten sofort zu ihm zu kommen. Also ging es nun statt zum Grande Bretagne zum Haus des Elefantenjägers.

Stylianos Elephantinou empfing ihn, eine seiner geliebten Zigarren rauchend, im Garten. Er saß in einer komfortablen Gartenschaukel und bot dem Gast einen Sessel ihm gegenüber an. Ein Bediensteter brachte ungefragt zwei Gläser Gin-Tonic.

„Also, lieber Doktor", sagte Elephantinou, „das ist ja alles ein ziemliches Durcheinander. Ich habe mit Drakos Troianides telefoniert, der natürlich flucht, wie es jetzt gekommen ist. Wenn es nach ihm gegangen wäre, säße er jetzt im ‚Megaro Maximou', dem Amtssitz des Premiers, und nicht auf dem undankbaren Job des Finanzministers, der sowieso nicht viel zu verwalten hat, weil hier niemand richtig gelernt hat, Steuern einzutreiben. Ich persönlich will mich gar nicht darüber beschweren, aber für das Land und seinen Kassenwart ist das ein großer Mist. Also ist Drakos jetzt frustriert. Dazu kommt, dass ihm jetzt Paraskevolou seine Werftenhellenisierung kaputt macht, jedenfalls die, bei der er indirekt mit von der Partie gewesen wäre. Außerdem hatten wir ja Großes vor rund um die Ägäis. Dazu gab es hinter den Kulissen schon Kontakte mit den Türken. Sie müssen wissen, lieber Doktor, Drakos ist ein politischer Visionär. Wenn er Premier geworden wäre, hätte er dieses Land und vermutlich auch Europa insgesamt verändert."

„Dann ist es vielleicht besser, dass er es nicht geworden ist", konnte sich Dr. Überall nicht verkneifen zu sagen. „Und was genau hatte er mit den Türken vor?"

Elephantinou, die Sonnenbrille ins Haar geschoben, in seiner rechten Hand das Gin-Tonic-Glas und in der linken seine Zigarre, lachte wieder sein lautes Siegerlachen.

„Ihm schwebte vor, als Antwort auf die unerträgliche Pfennigfuchserei der EU mit den Türken in großem Stil zusammenzuarbeiten. Dabei ging es auch um Hellenic Dockyards und die hier gebauten U-Boote. Mit den Dingern könnten die Türken und wir zusammen das gesamte Mittelmeer kontrollieren, nur mit Ausnahme von Israel. Aber sagen Sie, was hat denn Paraskevolou heute von Ihnen gewollt?"

Vor dem Hintergrund des gerade Gehörten fiel Dr. Überalls Antwort umso vorsichtiger aus.

„Nach meinem Eindruck ist er gar nicht gegen eine Renationalisierung der Hellenic Dockyards, sondern nur dagegen, dass Sie das machen. Da hat er wohl andere Vorstellungen."

„Und welche, falls er Ihnen das gesagt hat?", fragte Elephantinou.

Dr. Überall dachte nach, welche Auswirkungen es haben könnte, wenn er den Namen nannte. Letztlich wollte er es einfach ausprobieren.

„Ich solle mit Kristina Gondolieris reden."

Schlagartig war es vorbei mit Elephantinous entspannter Pose.

„Das schlägt dem Fass den Boden aus", rief er laut und warf seinen Zigarrenstummel wütend auf den Rasen.

Er griff zu seinem Mobiltelefon und wählte eine Nummer. Dr. Überall verstand nur die Anrede, „Kristina". Dem Rest des kurzen, lautstark auf Griechisch geführten Gespräches konnte er nicht folgen.

„Ich habe ihr gerade den Marsch geblasen", sagte Elephantinou, nachdem er aufgelegt hatte. „Denn ich war es, der sie in das Investorenteam der Piräus Shipyards geholt hat, um eine Brücke zu den ‚Schwarzen' zu bauen. Und jetzt bootet sie mich durch die kalte Küche aus. Ich habe ihr gesagt, dass das eine Sauerei ist. Aber vermutlich wird sie das nicht interessieren, denn sie ist eine Geschäftsfrau, wie wir alle Geschäftsleute sind. Wenn eine Chance am Wegesrand auftaucht, wird sie ergriffen, fertig! Aber eines sage ich Ihnen hier und jetzt: Ich bleibe mit meinem PSY-Team bereit für den Deal. Wenn Sie sich jetzt zurückziehen – wobei mir egal ist, warum –, müssen wir über die Fälligkeit der Abbruchvergütung reden."

„Ganz so einfach ist die Sache ja nun nicht", widersprach Dr. Überall, „denn klar ist, dass der jetzt amtierende Minister unserem Deal seine Genehmigung nicht erteilen wird."

„Da sind Sie aber harmlos, mein Lieber", erwiderte Elephantinou, „glauben Sie wirklich, Alexis Paraskevolou würde Ihnen das schriftlich geben? Hier funktionieren die Dinge nicht wie bei euch! Wenn Sie dem neuen Minister heute einen Brief schreiben und um schriftliche Bestätigung nachsuchen, dass er den Deal nicht genehmigt, können Sie auf eine Antwort bis zum Sankt-Nimmerleins-Tag warten. In einer so heißen Angelegenheit legt sich niemand fest, der politisch überleben möchte. Und dann sind wir ganz schnell wieder bei der Abbruchvergütung!"

Dr. Überall realisierte, dass es nichts bringen würde, mit Stylianos Elephantinou in dieser Stimmungslage weiter zu sprechen.

Als er sein Glas leerte und sich verabschieden wollte, erschienen plötzlich vier Polizisten im Garten. Auch er musste sich ausweisen, stand aber nicht im Mittelpunkt ihres Interesses. Dieses konzentrierte sich ersichtlich auf Stylianos Elephantinou, dem sie ein gestempeltes und unterschriebenes Dokument hinhielten. Als er es gelesen hatte, ergab sich ein heftiger Wortwechsel zwischen ihm und einem der Polizisten. Es wurde gestikuliert und laut gestritten, bis ein anderer Polizist seine Handschellen vom Gürtel nahm und sie Elephantinou anlegte.

„Die denken, sie müssen mich mit zu ihrer Wache nehmen", entschuldigte sich Elephantinou in Dr. Überalls Richtung grinsend, „dieses Land ist unfassbar. Machen Sie's gut und besuchen Sie mich mal im Gefängnis!"

Irgendwie wirkte Stylianos Elephantinou immer noch souverän, als die Polizisten ihn abführten.

Dr. Überall ließ sich zurück ins Hotel Grande Bretagne fahren. Etwas durchgerüttelt von den letzten Wendungen überlegte er, wie das gerade Erlebte mit seinen früheren Spekulationen in Sachen Türkei ins Verhältnis zu bringen war und was es für sein bevorstehendes Gespräch mit Kristina Gondolieris bedeutete.

Im Hotel angekommen, wechselte er schnell Oberhemd und Krawatte, um sich sofort wieder ins Auto zu setzen und sich zum Restaurant Spondi fahren zu lassen. Glücklicherweise traf er dort rechtzeitig vor Kristina Gondolieris ein.

Als er ihren Namen genannt hatte, wurde er zu einem für drei Personen eingedeckten Tisch an der Fensterfront geleitet. Das dritte Gedeck konnte er sich erst einmal nicht erklären, allerdings wunderte es ihn auch nicht, dass sie als Dame sich nicht allein mit ihm treffen würde.

Um kurz nach zwanzig Uhr sah er einen schwarzen Bentley Continental vor dem Restaurant vorfahren. Dem Fond des Wagens entstiegen Kristina Gondolieris, heute Abend im beige-silberfarbenen Chanel-Kostüm mit Hermès-Handtasche, und ihr Begleiter, bei dem es sich um keinen Geringeren als Alexis Paraskevolou handelte.

Beide betraten das Restaurant und kamen schnell auf Dr. Überall zu. Dieser konnte bei der Begrüßung sein Erstaunen offenbar schlecht verbergen.

„Wir haben doch keine Zeit zu verlieren", erklärte ihm daraufhin Kristina Gondolieris. „Deshalb habe ich mir erlaubt, meinen guten Freund, den neuen Verteidigungsminister, gleich mitzubringen. Denn am Ende des Tages handelt es sich ja um ein Dreiecksgeschäft, an dem wir alle beteiligt sind."

Dr. Überall zollte ihr innerlich Anerkennung, denn dieser klaren und auf den Abschluss konzentrierten Businesslogik konnte er sich natürlich nicht entziehen.

Kristina Gondolieris, eine zierliche, etwa 1,65 Meter große Frau, die auf ihren High-Heels etwas größer wirkte und heute ihre blondierten Haare zu einem Zopf frisiert hatte, nahm jetzt links von ihm Platz, Minister Paraskevolou auf dem Stuhl zu seiner Rechten. Nach anfänglichem Small-Talk und der Bestellung verschiedener Gerichte stießen die drei mit einem Glas Champagner auf die Zukunft der Hellenic Dockyards und der griechischen U-Boote an.

Das eigentliche Gesprächsthema eröffnete Kristina Gondolieris mit der Feststellung, dass sich mit der Wahl die Kräfteverhältnisse im Land verschoben hätten. Vor allem habe ein politischer Durchmarsch der „Roten" und damit auch Drakos Troianides als neuer Premier verhindert werden können.

„Dennoch erscheint es auch aus Sicht meiner Parteifreunde bei den ‚Schwarzen' richtig, die NDW-Anteile wieder in die Hände griechischer Eigentümer zurückzubringen, nur eben nicht derjenigen, mit denen Sie vor der Wahl verhandelt haben. Wie

Sie wissen, war ich mit von der Partie, aber nur mit symbolischen fünf Prozent. Das Spiel, das Stylianos Elephantinou mit seinem Freund Drakos vorhatte, läuft nun so nicht mehr. Das hat mein Freund Alexis Ihnen ja auch schon gesagt."

Sie deutete auf Paraskevolou, der selbstzufrieden lächelte.

„Um es konkret zu machen", fuhr sie fort, „ich biete Ihnen an, mit meiner Investmentgruppe Poseidon S.A. in genau die vertragliche Position einzutreten, die Sie bisher der Piräus Shipyards von Herrn Elephantinou zugebilligt hatten. Wir wollen schließlich keine Zeit verlieren und das Eisen schmieden, solange es heiß ist."

Dr. Überall sah Alexis Paraskevolou an.

„Und Sie, Herr Minister, würden dann sofort die nötige Genehmigung für die Anteilsübertragung erteilen, die DYTIS abnehmen und die überfälligen Zahlungen wieder in Gang bringen?"

„Das wäre meine Rolle, wie sie in den Verträgen auch bislang für den Minister vorgesehen war", erwiderte Paraskevolou.

„Das hört sich gut an", sagte Dr. Überall und nahm einen Schluck Champagner. „Allerdings ist da noch die Abbruchvergütung von hundertsechsundsechzigtausend Euro, falls wir aus der Vereinbarung mit Piräus Shipyards aussteigen. Die müssten Sie mir dann vom Hals schaffen. Der wohl einfachste Weg wäre Ihre offizielle Bestätigung, dass Sie der vor der Wahl geschlossenen Vereinbarung Ihre ministerielle Genehmigung versagen."

„Theoretisch denkbar", antwortete Paraskevolou, „aber praktisch kaum machbar, weil ich mich hierdurch im politischen Spiel zwischen ‚Schwarzen' und ‚Roten' extrem angreifbar machen würde. Das können Sie angesichts der bestehenden Koalition nicht von mir erwarten. Da müssen wir eine andere Lösung hinbekommen. Ich nenne es mal eine griechische Lösung."

Dr. Überall hob fragend die Augenbrauen.

„Wie sollte die denn aussehen?"

„Das läuft nach dem Prinzip ‚Kommt Zeit, kommt Rat' und bedarf der Kreativität mehrerer Beteiligter, die sich wechselseitig inspirieren", erwiderte Paraskevolou. „Verstehe", sagte Dr. Überall und schob sein Champagnerglas zurück. „Sie werden mich also nicht von dieser Abbruchvergütung befreien?"

„Seien Sie nicht immer so deutsch auf den Punkt", versuchte ihn Kristina Gondolieris zu besänftigen. „Ich mache Ihnen einen Vorschlag: Wir teilen uns die Abbruchvergütung, falls Sie diese nicht abwehren können, je zur Hälfte. Meine fünfzig Prozent können Sie als weitere Kaufpreisverbesserung nach Abnahme des zweiten Bootes in Ansatz bringen. Das erhöht zugleich für Sie den Anreiz, uns als Hellenic Dockyards mit den weiteren Booten nicht im Stich zu lassen."

Während Alexis Paraskevolou hierauf die Kreativität seiner lieben Freundin Kristina rühmte, fühlte sich Dr. Überall leicht überrumpelt.

„Das muss ich erst genau nachrechnen und anhand der Vereinbarung nachverfolgen", sagte er. „Darf ich übrigens fragen, Herr Paraskevolou, warum Stylianos Elephantinou in Polizeigewahrsam genommen wurde?"

Der Minister tat zunächst verwundert, dass Dr. Überall dies überhaupt bekannt sei. „Es handelt sich um eine Vorsichtsmaßnahme, auch zur Absicherung dessen, was wir an diesem Abend hier besprochen haben", antwortete er ausweichend.

Dr. Überall war insgeheim froh, Griechenland am nächsten Tag wieder verlassen zu können, auch wenn es sicherlich nicht seine letzte Reise hierher war. Nach diesem am Ende von der Norddeutschen Werft bezahlten Abendessen gingen die drei mit dem gegenseitigen Versprechen auseinander, die Transaktion innerhalb der nächsten beiden Wochen zügig zum Abschluss zu bringen.

Dr. Überall gönnte sich ganz allein ein ruhiges Frühstück im Dachgarten-Restaurant des Grande Bretagne. Er sah bewusst auf die Akropolis und den Parthenon-Tempel, der von den Türken einst als Munitionslager zweckentfremdet worden war, was ihm nach einer Explosion die heutige Form verschafft hatte.

Während er sein Egg Benedict verspeiste, fragte er sich, wie Stylianos Elephantinou wohl mit den Türkei-Plänen von Drakos Troianides verbunden gewesen sein mochte. Ihm kam wieder das Abendessen hier im Dachgarten mit Elephantinou und der rätselhaften „Anastacia" in den Sinn, die offenbar auch eng mit Troianides verbunden war – was immer „eng" in diesem Zusammenhang bedeutete.

Er zog die griechische Ausgabe von „Kathimerini" aus dem Stapel der Zeitungen hervor, die er sich am Restaurant-Eingang genommen hatte.

Auf der ersten Seite prangte ein Foto von Drakos Troianides.

Dr. Überall winkte einen Ober heran, von dem er wusste, dass er Englisch konnte.

„Sagen Sie mir doch bitte, was diese Schlagzeile bedeutet."

„Oh, gern", war die Antwort. „Troianides ist ja gestern Abend als Finanzminister zurückgetreten. Da steht: *Rücktritt wegen seiner Türkei-Pläne – Minister der verdeckten Arbeit für Ankara überführt.*"

Dr. Überall wurde blass. Schlagartig wurde ihm klar, dass er um Haaresbreite Teil dieses politischen Erdbebens geworden wäre. Immerhin hatte er auch seinem Aufsichtsrat die mit Troianides' Segen ausgehandelte Vereinbarung zur Zustimmung vorgelegt.

Nun war auch klar, warum Stylianos Elephantinou Besuch von der Polizei bekommen hatte. Er war sicherlich Teil des von Troianides eingefädelten Komplotts.

Zurück in Kiel, erteilte Dr. Überall Justiziar Hemmerle den Auftrag, unverzüglich nach Athen zu reisen, um alle nötigen Veränderungen an der bereits ausverhandelten Anteilsübertragung zu besprechen und den Wechsel von Piräus Shipyards zu Poseidon rechtlich auszuarbeiten. Auch gab er ihm ausdrücklich auf, das Fälligwerden der Abbruchvergütung an Piräus Shipyards soweit irgend möglich zu vermeiden.

Von Polizeipräsident Schrimpf erhielt Dr. Überall die Einladung zu einem ausführlichen Gespräch im Präsidium, zu dem ausdrücklich auch Projektleiter Holger Gross gebeten sei. Schrimpf könne aus Zeitgründen leider nicht zu ihnen auf die Werft kommen. Natürlich folgten sie seiner Einladung umgehend und saßen nun auf den unbequemen Besucherstühlen vor dem überquellenden Behördenschreibtisch des Polizeipräsidenten, der ihnen mit ungerührter Miene Haarsträubendes berichtete.

„Es gibt entscheidende Neuigkeiten im Fall Andrea Pamboulis. Ich denke, Sie sollten vor der Veröffentlichung in der Presse hiervon erfahren."

„Vielen Dank", sagte Dr. Überall.

„Nach der Aushebung des protürkischen Netzwerks in Griechenland ist endlich auch in unsere Ermittlungen Bewegung gekommen. Kapitänleutnant Kyriakos Skopostolos hat ausgesagt."

„Unglaublich!", rief Dr. Überall. „Hat er sein Gedächtnis wiedergefunden?"

„Es scheint so. Dazu später mehr. Auch unser Verfassungsschutz hat zusätzliche Erkenntnisse: Die zum protürkischen Netzwerk gehörenden Personen in Kiel haben unter direkter Kontrolle des türkischen Geheimdiensts gestanden. Kapitänin Pamboulis war zwar für den griechischen Militärgeheimdienst tätig, arbeitete aber für die protürkischen Pläne von Minister Troianides und stand daher in Kontakt mit dem entsprechenden Netzwerk hier. Sie sollte dafür sorgen, dass die Werft genug unter Druck stand, um Troianides' Rehellenisierungsplänen folgen zu müssen. Das wäre umso besser gelaufen, je mehr sie von Ihnen über Designprobleme der DYTIS herausbekommen hätte."

Der Polizeipräsident blickte Holger Gross an,

„Auch in Athen sind jetzt Leute gesprächig geworden", fuhr er fort. „Im Rahmen der jüngsten Entwicklungen ist ein ehemaliger Marineoffizier namens Kostas Aslanides verhaftet worden. Sie werden ihn vielleicht als Besitzer des Restaurants ‚Hellas' in Kiel in Erinnerung haben."

„Ja, jetzt wo Sie es sagen. Aber das war doch nicht von langer Dauer?"

„Es war seine damalige Tarnung. Aslanides war Mitarbeiter des griechischen Militärgeheimdiensts, aber zugleich Verbindungsmann zum türkischen Geheimdienst in Kiel."

„Also eine Art Doppelagent?", fragte Holger Gross.

„Ja. Jetzt hat er ausgepackt und auch digital gespeichertes Beweismaterial vorgelegt. Er war der Führungsoffizier von Frau Pamboulis und hat nicht nur Sie und Ihre Frau im Restaurant ‚Hellas' ausgehorcht, sondern auch Ihre Treffen mit Kapitänin Pamboulis gesteuert, mittels deren Handy abgehört und aufgezeichnet."

Holger Gross und Dr. Überall starrten Präsident Schrimpf entgeistert an.

„Bei dem Treffen in Pamboulis' Privatwohnung waren zwei als Taxifahrer tätige türkische Geheimdienstler in der Nähe, um notfalls eingreifen zu können. Einer von ihnen fuhr Sie dann plangemäß nach Hause. Übrigens haben Sie an dem Abend keinen Mangel der DYTIS erwähnt."

„Schön, dass ich das jetzt auch weiß", sagte Holger Gross.

„Leider war der Abend damit nicht beendet. Der andere türkische Geheimdienstler – es handelte sich um Andrea Pamboulis' eigentlichen Freund Mehmet Findik – verblieb mit seinem Taxi vor Ort und auch Aslanides blieb über ihr Handy zugeschaltet, um sie, nun aber ohne ihr Wissen, weiter zu überwachen. Beide waren ihr gegenüber misstrauisch geworden, weil sie unmittelbar nach der DYTIS-Fahrt eine Affäre mit Kapitänleutnant Kyriakos Skopostolos begonnen hatte."

Holger Gross und Dr. Überall zogen synchron die Augenbrauen hoch.

„Sie hatte behauptet, die Affäre sei nur zweckorientiert im Sinne ihres Spionageauftrags, aber Aslanides vermutete, dass

Skopostolos sie seinerseits auch aushorchen sollte. Das bestätigte dieser nun in seiner Aussage. Er sei nach dem DYTIS-Vorfall von den ‚Schwarzen' im griechischen Militärgeheimdienst aufgefordert worden, Andrea Pamboulis zu beobachten, weil sie bereits im Verdacht stand, für die Türken zu arbeiten. Durch die gemeinsame Vorliebe für erotische Fesselspiele gewann er ihr Vertrauen dann stärker, als es ihrem Führungsoffizier Aslanides und ihrem Freund Mehmet Findik behagte."

Holger Gross und Dr. Überall lauschten dieser fatalen Geschichte mit immer größeren Erstaunen.

„Ob Commander Nautarakis davon gewusst hat?", fragte Dr. Überall.

„Gegenüber Kommissar Fassmann gab er sich jedenfalls ahnungslos", erwiderte Polizeipräsident Schrimpf und beeilte sich, seinen Vortrag fortzusetzen.

„Lieutenant Skopostolos wusste von dem geplanten Abend mit Ihnen, Herr Gross, und hielt sich in der Nähe auf, um gleich anschließend Kapitänin Pamboulis darüber auszufragen. Beide glaubten sich erstaunlicherweise unbeobachtet. Kostas Aslanides hatte jedoch Findik angewiesen, auf sein Kommando die Fortsetzung ihres Treffens zu unterbinden, falls Andrea Pamboulis sich verleiten ließ, neu gewonnene Erkenntnisse über die DYTIS preiszugeben oder ihre eigene Doppelagententätigkeit offenzulegen. Sie begann dann tatsächlich Andeutungen über das protürkische Kieler Netzwerk zu machen. Aslanides versuchte sie durch einen Telefonanruf zu stoppen, doch sie reagierte nicht. Er gab nun Findik das Signal zum Einsatz und dieser betrat die Wohnung. Um nicht als Anstifter der Tötung zu erscheinen, behauptet Aslanides zwar, die folgende Eskalation der Situation nicht beabsichtigt zu haben. Doch als Findik das Paar im Schlafzimmer antraf, griff er Lieutenant Skopostolos sofort mit einem Faustschlag an und bezichtigte die mit Kabelbindern ans Bett gefesselte Andrea Pamboulis des Verrats. Sie bezeichnete ihn in offensichtlich besänftigender Absicht als ‚Retter' und forderte Lieutenant Skopostolos zum Verlassen der Wohnung auf, woraufhin er die Flucht ergriff. Die Tonaufnahme endet hier und das Geschehen nahm den am Ende tödlichen Verlauf. Was das genaue Motiv von Mehmet Findik war, Pamboulis zu töten, oder ob es sich um fahrlässige Tötung handelt, müssen die weiteren Ermittlungen zeigen. Findik scheint immerhin noch Frau Pamboulis' Laptop und ihr Geheimdienst-Handy an sich genommen zu haben, um Spuren zu beseitigen. Er floh dann offenbar in seinem Taxi. Dank den Aussagen von Kostas Aslanides und Kyriakos Skopostolos haben wir jetzt einen Namen, eine Personenbeschreibung und Angaben zu dem mutmaßlichen Fluchtfahrzeug, sodass die internationale Fahndung hoffentlich irgendwann Erfolg hat."

„Und Kostas Aslanides, kommt der jetzt einfach so davon?", fragte Holger Gross.

„Das glaube ich nicht. Erst einmal wird er sich in Griechenland wegen seiner Tätigkeit für das türkische Netzwerk verantworten müssen. Ob er oder auch Kyriakos Skopostolos sich der Beihilfe zu einer Straftat oder unterlassener Hilfeleistung schuldig gemacht haben, muss noch bewertet werden. Aslanides will nach Abbruch der Tonübertragung den türkischen Geheimdienstler, der Sie, Herr Gross, nach Hause gefahren hatte, wieder zu Pamboulis' Wohnung geschickt haben, doch sei dann schon die Polizei vor Ort gewesen. Er selbst setzte sich nach Bekanntwerden des Todesfalls umgehend nach Athen ab."

„Und was ist nun mit Lieutenant Skopostolos?", fragte Dr. Überall. „Er wurde gestern aus der Untersuchungshaft entlassen. Gemäß seiner Aussage war er durch den griechischen Botschaftsanwalt von den ‚Roten' unter Druck gesetzt worden, zu den Vorgängen zu schweigen, um die griechisch-türkische Verschwörung nicht auffliegen zu lassen. Wir haben den Anwalt auch in Verdacht, Skopostolos' Handy sowie den Laptop in seiner Wohnung beseitigt zu haben. Skopostolos hat jetzt einen neuen Anwalt, der ihm durch eine gewisse ‚Majesty Advisory Group' vermittelt wurde."

„Ach, schau an", entfuhr es Dr. Überall.

„Kennen Sie die?"

„Kann man so sagen. Freut mich sehr zu hören. Überhaupt bin ich bei aller Betroffenheit glücklich darüber, dass nun endgültig kein Verdacht mehr auf unseren Werftmitarbeitern und dem griechischen Team liegt."

„Gestern traf ich übrigens Evangelos Nautarakis", sagte Holger Gross. „Er war ungewöhnlich guter Laune. Der jüngere Troianides ist aus seinem Team urplötzlich verschwunden und auch sein Chef, Commodore Lapis, ist nicht mehr da. Er meinte, nun könne es wieder vorangehen und wir könnten endlich wieder als Fachleute vernünftig zusammenarbeiten."

Dr. Frank Hemmerle verbrachte zwei Wochen in Athen, bevor er Vollzug des neuen Deals melden konnte. Insbesondere die Verhandlungen mit Piräus Shipyards wegen der Abbruchvergütung verliefen extrem zäh.

Letztlich gab Alexis Paraskevolou auf Drängen seiner Freundin Kristina Gondolieris doch eine schriftliche Erklärung ab, wonach er der ursprünglich ausgehandelten Anteilsübertragung seine Ministergenehmigung verweigert hätte. Nach der Aufdeckung der Türkei-Pläne seines Vorgängers Troianides fiel ihm dies politisch leicht.

Somit war klar, dass das Scheitern dieser Vereinbarung nicht von der Norddeutschen Werft zu vertreten war. Der Abbruchvergütung zugunsten von Piräus Shipyards war damit der vertragliche Boden entzogen, sodass auch die neue Erwerberin Poseidon S.A. darauf beim Kaufpreis keine Rücksicht mehr nehmen musste.

Gleich nachdem Dr. Hemmerle „weißen Rauch" übermittelt hatte, informierte Dr. Überall seinen Aufsichtsrat über den Wechsel der Erwerberin. Zu seiner Freude erhielt er auch unter diesen geänderten Umständen grünes Licht für die Transaktion.

Kurz vor Ostern konnte Dr. Überall nach Athen fahren, um die neue Vereinbarung zu unterschreiben und zugleich in Kraft zu setzen, denn jetzt lagen auch die Genehmigung des Verteidigungsministers, die Abnahmeerklärung für die SM DYTIS und die Bestätigung der nachgeholten Zahlungen vor. Damit schloss sich nun der Kreis, den Alexis Paraskevolou und er vor einigen Jahren, wenngleich unter anderen Erwartungen, gemeinsam eröffnet hatten.

Dr. Überall nahm diese positive Entwicklung zum Anlass, zusammen mit seiner Frau, die mit nach Athen gekommen war, über Ostern ein paar Urlaubstage auf Kreta zu verbringen. Am Flughafen von Heraklion trafen sie Commander Nautarakis mit Frau und Kindern, die anscheinend dieselbe Idee gehabt hatten. Hier lagen ja schließlich auch die griechischen Wurzeln der Familie.

Heino und Annegret Überall waren schon lange nicht mehr so entspannt wie in diesen fast schon sommerlichen Frühlingstagen am Mittelmeer. Nur manchmal dachte „Helü" zurück an die Worte von Herodot, die Dr. Eleonore Dytis damals bei der denkwürdigen Taufe des U-Bootes zitiert hatte.

Lasset nichts unversucht, denn nichts geschieht von selbst, sondern alles pflegt vom Menschen her zu geschehen.

Der Autor

Christoph Dien (Pseudonym) verfügt über langjährige eigene Erfahrungen in dem Metier, aus dem er den Stoff für den vorliegenden Roman gewonnen hat. Auch in seiner praktischen Tätigkeit als Manager beschäftigte ihn die Frage, wie Menschen im Berufsleben mit den tagtäglich auftauchenden Problemen und Belastungen ihres beruflichen Alltags umgehen. In mehreren fiktiven Texten hat der Autor dieses Thema beleuchtet.

Im vorliegenden Roman geht es vor allem um zwei ganz unterschiedliche Protagonisten, die durch eine von dritter Seite gesteuerte Handlung nicht zuletzt in ihrem Verhältnis untereinander in besonderer Form herausgefordert werden. Damit werden sie unversehens Teil einer Kriminalgeschichte mit politischem Hintergrund.

Danksagung

Der Plan, die vorliegende Geschichte zu erzählen, wurde durch die Covid-bedingten Lockdowns unerwartet begünstigt und beschleunigt. Die Handlung dieses Romans hat Anknüpfungspunkte an eine reale Geschichte, ist aber in weiten Teilen der Gedankenwelt des Autors geschuldet. Sie sollte also an keiner Stelle persönlich genommen werden, insbesondere nicht dort, wo sich Parallelen zur Realität und zu bestimmten Personen aufzudrängen scheinen.

Herzlich danken möchte ich diversen Test-Leserinnen und -Lesern, dabei in erster Linie meiner Frau, die viele gute Anregungen gegeben haben, ebenso wie den U-Boot-sachkundigen Lesern CBS und HJO für ihre vielen sachdienlichen Hinweise.

Ein besonderer Dank gilt meiner unermüdlichen Lektorin, Annette Krüger, die mich zunächst von mehreren Umarbeitungsnotwendigkeiten überzeugt und am Schluss durch ihr „Hand anlegen“ den Erzählfluss des Textes noch einmal wesentlich gesteigert hat.

Schließlich danke ich dem Maximilian Verlag und seinem Verleger Peter Tamm sehr herzlich dafür, dass er dieses Buch in sein Programm aufgenommen hat.

Christoph Dien
im Sommer 2024

Personenregister

Albrecht, Dr. Martin – Chefredakteur der Kieler Nachrichten

„Anastacia“ – bulgarische Freundin von Stylianos Elephantinou

Aslanides, Kostas – ehemaliger Offizier der Griechischen Marine, Chef des Restaurants „Hellas“ in Kiel

Brückner, Bernd – Lokalreporter der Kieler Nachrichten

Daum, Justus – Innenminister des Landes Schleswig-Holstein

Detlefsen, Dr. Lutz – Ministerpräsident des Landes Schleswig-Holstein

Dytis, Dr. Eleonore – Schwiegertochter von Apostolos Dytis, früherer U-Boot-Kapitän, späterer Vizeadmiral und Chef der Griechischen Marine; Namensgeber des U-Bootes SM DYTIS

Elephantinou, Stylianos – griechischer Geschäftsmann, Chairman Akropolis Investments und Chairman der Piräus Shipyards S.A.

Engels, Ralf – stellvertretender Projektleiter (Kfm.) des Programms U 311 bei der Norddeutschen Werft

Fassmann, Volker – Hauptkommissar der Kieler Kriminalpolizei

Findik, Mehmet – Kellner und Taxifahrer in Kiel

Fischmann, Ewald – Fotograf der Norddeutschen Werft

Geldmacher, Dr. Alexander – Aufsichtsratsvorsitzender der Norddeutschen Werft

Georgios – früherer König von Griechenland

Glückauf, Kornelius – Vizeadmiral und Inspekteur der Deutschen Marine

Gondolieris, Kristina – Mitglied einer bekannten griechischen Reeder- und Unternehmerfamilie; Chefin der Poseidon S.A.

Gross, Karen – Ehefrau von Holger Gross

Gross, Holger – Projektleiter des Programms U 311 bei der Norddeutschen Werft

Grossenegger, Horst – Chefredakteur der Lübecker Nachrichten

Hansen, Frido – Fahrer von Dr. Überall bei der Norddeutschen Werft

Hemmerle, Dr. Frank – Chefjustiziar der Norddeutschen Werft

Kazantzakis, Ioannis – Konteradmiral, Flottenchef der Griechischen Marine

Kindel, Dr. Lars – deutscher Botschafter in Athen

Kohlweder, Inka – Pressesprecherin der Norddeutschen Werft

Koulas, Demosthenes – griechischer Geschäftsmann

Kvasivopoulos, Prof. Dr. Aristoteles – Rechtsanwalt in den Diensten der Piräus Shipyards S.A.

Kyriakides, Albatros – griechischer Bauunternehmer

Lapis, Theodoros – Commodore und Kommandeur der U-Boot-Flottille der griechischen Marine

Malenos, Dimitrios – Taxiunternehmer in Athen

Meyer, Hajo – Hoteldirektor im Kieler Yacht-Club

Ministrakis, Ares – Brigadier der griechischen Streitkräfte und Adjutant von Minister Troianides

Myrtis, Prof. Aristoteles – griechischer Botschafter in Deutschland

Nautarakis, Evangelos Christos – Commander (Fregattenkapitän) der Griechischen Marine und Chef des Baubetreuungsteams Kiel

Nautarakis, Anke – Frau von Evangelos Nautarakis

Nautarakis, Alici – Tochter von Evangelos Nautarakis und seiner Frau Anke

Nautarakis, Georgi – Sohn von Evangelos Nautarakis und seiner Frau Anke

Nautarakis, Ioannis – Onkel von Evangelos Nautarakis, Gastwirt in Kap Sounion

Nautarakis, Fanni – Tante von Evangelos Nautarakis, Frau von Ioannis Nautarakis

Navarra, Vassilios – CEO der Hellenic Dockyards

Nordmann, Sandra – Sekretärin von Dr. Heino Überall,
CEO der Norddeutschen Werft

Pamboulis, Andrea – Lieutenant Commander (Korvettenkapitän) der Griechischen Marine und Stellvertreterin von Commander Evangelos Nautarakis

Papadopoulos, Stephanos – Vizeadmiral, Chef der griechischen Marine

Papanikolis, Christos – Commander (Fregattenkapitän) der griechischen Marine, Adjutant von Marinechef Vizeadmiral Papadopoulos

Paraskevolou, Alexis – griechischer Minister der Finanzen und danach der Verteidigung

Platonides, Ioannis – Generalleutnant und Direktor des Rüstungsdirektorats im griechischen Verteidigungsministerium

Rothengatter, Peter – Leiter des NDR-Studios Kiel

Schmahlfuss, Andreas – Werftkapitän der Norddeutschen Werft

Schnabel, Thorsten – stellvertretender Projektleiter (Technik) des Programms U 311 bei der Norddeutschen Werft

Schrimpf, Bodo – Polizeipräsident der Stadt Kiel

Skopostolos, Kyriakos – Lieutenant (Kapitänleutnant) der Griechischen Marine und Teil des Teams von Evangelos Nautarakis

Sonderburg, Dr. Friedrich August Prinz von Schleswig-Holstein Sonderburg-Plön – Geschäftsführer der Majesty Advisory Group Limited

Spartakides, Dr. Demosthenes – Chefjustiziar des griechischen Rüstungsdirektorats und Mitarbeiter von Generalleutnant Platonides

Stourinios, Poseidonis – Vizeadmiral a.D. und früherer Chef der Griechischen Marine

Stelloglou, Xenia – Korrespondentin von Kathimerini in Deutschland

Troianides, Drakos – griechischer Minister für Verteidigung

Troianides, Spiros – Commander (Korvettenkapitän) der griechischen Marine, Bruder von Minister Drakos Troianides

Überall, Annegret, geb. Clausen – Ehefrau von Dr. Heino Laurenz Überall

Überall, Dr. Heino Laurenz – CEO der Norddeutschen Werft